"의미 있고 균형 있는 삶을 살아가며 웰빙 수준을 증진시킬 수 있는 방법"

# [ 라이프 코칭 ]
## Life Coaching

탁진국 저

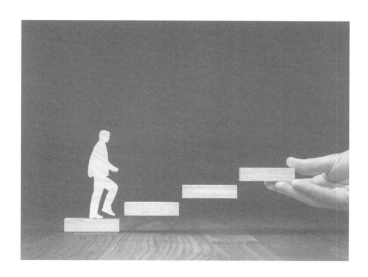

학지사

이 저서는 2021년도 광운대학교 연구년에 의하여 발간되었음

머리말

　2009년 국내에서 처음으로 코칭분야의 전문가 양성을 위해 코칭심리전공 석사과정을 광운대학교에 개설한 지 10년이 지났다. 개설 이후 학부와 대학원에서 코칭심리 관련 과목을 강의하면서 활용할 수 있는 교재가 별로 없어서 아쉬움이 컸다. 이제는 여러 대학에 코칭 또는 코칭심리 전공분야의 대학원 과정이 개설되었지만 아직도 코칭분야의 전공서적은 많지 않은 실정이다. 2019년에 필자는 코칭심리에 관한 개론 서적인 『코칭심리학』을 출판하여 학부 및 대학원 수업 시 활용하였다. 하지만 코칭의 세부 영역에 관한 교재가 없어서 여전히 다른 코칭 수업을 진행하는 데 아쉬움이 컸다.

　라이프코칭은 대부분의 코칭 이슈와 직간접적으로 관련되어 있을 정도로 코칭분야에서 폭이 넓다고 할 수 있으며 그만큼 관련 교재의 필요성이 상대적으로 크다. 여러 해 전부터 대학원에서 라이프코칭 과목을 개설하여 가르치게 되었는데, 교재가 없어서 주로 해외 논문 위주로 강의 내용을 구성하여 진행하였다. 당시에도 '라이프코칭'이라는 제목으로 출판된 일부 해외 서적이 있기는 하였지만 대부분 저자가 진행하는 라이프코칭 내용을 소개하는 정도였다. 라이프코칭에 적용할 수 있는 다양한 심리이론과 연구를 토대로 하여 전문적으로 기술된 책은 찾기 어려웠다. 이 책은 이러한 아쉬움을 덜기 위하여 삶과 관련된 다양한 심리영역에서의 이론 및 연구결과를 토대로 라이프코칭에 적용할 수 있는 내용으로 구성하였다. 따라서 이 책은 라이프코칭뿐만 아니라 다양한 코칭영역에서 코칭 또는 코칭심리를 공부하는 학부생 및 대학원생, 일반인, 그리고 전문코치로 활동하는 분들을 위한 교재나 참고 서적으로 활용될 수 있을 것으로 기대된다.

이 책은 총 3부 12장으로 구성되어 있다. 필자는 라이프코칭에서의 핵심 내용은 어떻게 하면 삶을 의미 있고 균형 있게 살아가고 스트레스를 덜 받으며 웰빙 수준을 증진시킬 수 있을지에 관한 것이라고 판단한다. 따라서 이 책 제1부에서는 라이프코칭의 기본 개념을 소개하고 삶의 의미 및 균형과 관련된 내용을 다룬다. 특히 라이프코칭에서 중요한 개념인 '삶의 의미'에 대해 별도의 장을 구성하여 설명하였다. 직장인들의 라이프코칭 이슈로 일과 삶의 균형에 관한 욕구가 많이 나타나고 있어서 '일과 삶의 균형'을 이루는 내용도 별도의 장으로 소개하였다. 또한 라이프코칭과 유사한 웰니스코칭에 대해 소개하고, 구체적인 라이프코칭 진행방법도 설명하였다.

제2부와 제3부는 라이프코칭의 적용 및 응용을 다룬다. 제2부에서는 라이프코칭의 궁극적인 목적이라고 할 수 있는 개인의 웰빙을 증진시키기 위한 적용방법에 대해 기술하였다. 먼저, 웰빙 증진의 기본이 되는 심리학 이론인 자기결정이론에 대해 소개하고 라이프코칭에서의 시사점에 대해 기술하였다. 또한 행복 증진을 위한 구체적인 방법에 대해서 제시하였고, 자아존중감 증진을 위해 자기자비를 활용하는 방법에 대해서도 별도의 장으로 구분하여 설명하였다. 마지막으로, 라이프코칭 과정에서 자주 등장하는 이슈인 습관변화에 관한 내용을 다루며 생활습관변화 코칭프로그램을 소개하면서 구체적인 습관변화 방법에 대해 기술하였다.

　제3부에서는 모든 사람이 살아가면서 경험하는 스트레스를 해소하기 위한 방법에 대해 소개하였다. 수많은 방법이 있지만 여기서는 심리학 이론에 기반하면서 동시에 주로 상담에서 활용되는 이론 중 코칭장면에서 활용할 수 있는 내용을 기술하고자 하였다. 먼저, 개인적으로 선호하며 외부 특강 때 많이 소개하는 성장마인드셋에 관한 내용을 토대로 스트레스에 대처하는 코칭방법을 소개하였다. 다음으로는, 수용전념치료(ACT)의 개념을 소개하면서 이 이론을 코칭에 활용할 수 있는 내용에 대해 기술하였다. 마지막으로, 일반적으로는 경계선 성격장애에 있는 분들을 대상으로 심리치료를 할 때 많이 사용되는 변증법적 행동치료(DBT)에서 활용하는 기법 가운데 일반인들의 스트레스를 해소하기 위해 적용할 수 있는 일부 기법을 설명하였다.

　이 책이 출간될 수 있도록 도움을 주신 분들이 많다. 먼저, 라이프코칭 교재 출판을 기꺼이 수용해 주신 학지사 김진환 대표님과 전체 내용을 내 책같이 꼼꼼하게 살펴봐 주신 편집부 이영봉 님에게 감사드린다. 또한 그동안 대학원 라이프코칭 수업을 수강했던 석사과정 학생 및 박사과정 학생들에게도 감사의 마음을 전한다. 강의를 준비하면서 모았던 논문과 자료들이 이 책을 집필하는 데 매우 큰 도움이 되었다. 라이프코칭의 주제가 워낙 방대하기 때문에 다루어야 할 내용이 많다. 앞으로도 이 분야에 대한 지속적인 연구를 통해 향후 책의 내용을 확장시켜 나가는 노력을 하고자 한다. 이 책이 국내에서 라이프코칭의 활성화에 조그마한 도움이 되기를 기대하며 이 글을 마무리한다.

2022년 5월
탁진국

# 차례

제**2**부

# 라이프코칭의 적용: 웰빙 증진

제**3**부

**라이프코칭의 적용: 스트레스 해소**

# 제1부

# 라이프코칭의
# 개념 및 방법

.
.
.

제1장

# 라이프코칭이란

삶을 살아가면서 고민이 없는 사람은 아마 없을 것이다. 누구나 크고 작은 다양한 이슈로 인해 힘들어하고 걱정스러워한다. 현대사회의 특징 중 하나가 사회 환경의 빠른 변화인데, 최근 4차 산업혁명 시대에 접어들면서 사회 환경은 더욱 빠르게 변화하고 있으며, 복잡하고 예측이 힘든 사회에서 살아가면서 미래에 대한 불확실로 인해 개인의 삶은 더 힘들어지고 있다.

특히 우리나라 국민들의 삶의 질 수준은 매우 낮은 것으로 알려져 있다. OECD의 'Better Life Index(BLI, 더 나은 삶 지수)'에 따르면 2017년 기준 우리나라의 BLI 순위는 38개국 중 29위였으며, 다양한 지표 가운데 삶의 만족도 순위는 30위에 머물고 있는 실정이다. 라이프코칭은 대상이나 코칭이슈가 제한적인 다른 코칭(예: 비즈니스코칭, 커리어코칭, 학습코칭 등)에 비해 다양한 이슈를 가진 모든 사람을 대상으로 한다. 라이프코칭을 통해 개인이 직면하고 있는 다양한 이슈를 해결해 줌으로써 개인의 삶의 질 또는 삶의 만족도 수준을 높이는 데 크게 기여할 수 있을 것으로 기대한다. 이 장에서는 라이프코칭이란 무엇을 의미하는지 살펴보고 어떻게 사는 것이 좋은 삶인지에 대해 논의하고자 한다.

## 1. 개념 및 정의

라이프코칭에 관한 개념 및 정의는 탁진국(2019)이 집필한 『코칭심리학』의 14장에 나와 있는 라이프코칭의 정의에 관한 내용을 토대로 작성되었다. 라이프코칭의 정의가 무엇인지에 관해 명확하게 정의한 문헌이나 책은 매우 드물다. Grant(2003)는 라이프코칭을 코치가 정상적인 고객의 삶 증진과 개인과 직장생활에서의 목표 달성을 촉진시키기 위하여 고객과 협력적으로 진행하는 해결중심적이고 결과지향적인 시스템적 과정으로 정의하였다. Zandvoort, Irwin과 Morrow(2009)는 라이프코칭을 단순히 코치가 고객이 자신의 목표를 달성하도록 돕는 행동변화기법으로 정의하였다.

이러한 정의는 Grant와 Stober(2006)가 코칭에 대해 정의한 내용과 매우 유사하다. Grant와 Stober는 코칭을 "코치와 고객이 상호협력적이고 평등한 관계를 유지하면서 함께 목표를 설정하고 해결방법을 찾고 이를 실행하는 과정을 의미하며, 이를 통해 고객의 지속적인 자기주도적 학습과 성장을 함양하는 것을 목표로 하는 것"으로 정의한 바 있다. 이 내용은 앞에서 Grant가 라이프코칭을 정의한 내용과 매우 유사하다. 먼저, 고객과 상호협력적으로 진행한다는 의미는 거의 동일하며 고객의 목표를 달성하기 위한 것이라는 점도 동일하다. 단지 라이프코칭의 정의에 삶을 증진시킨다는 내용이 추가된 것으로 볼 수 있다.

라이프코칭의 정의가 코칭과 유사한 이유는 라이프코칭의 대상이나 주제의 범위가 그만큼 다양하고 폭이 넓기 때문인 것으로 해석할 수 있다. 비즈니스코칭이나 임원코칭은 대상이 기업 또는 조직의 구성원으로 국한되고 코칭이슈는 대부분 리더십 증진과 관련된 내용을 다룬다. 커리어코칭의 경우 대상은 청소년부터 중장년층을 포함해 노년까지 다양하지만 코칭이슈는 진학이나 취업 시 자신에게 적합한 학과 또는 직업을 찾거나 직장인이 전직하는 이슈 등으로 제한된다. 하지만 라이프코칭의 경우 대상이 청소년에서부터 노년층까지 다양할 뿐 아니라 코칭이슈도 다양하다. 예를 들면, 삶을 어떻게 사는 것이 의미 있게 사는 것인지에 대한 고민, 배우자, 자녀 또는 부모와의 관계가 매끄럽지 않아 생기는 고민, 건강이 좋지 않아서 생기는 고민, 향후 어떤 커리어를 쌓아 나갈지에 대한 고민, 심지어 임원인 경우 일과 가정의 균형을 어떻게 유지하면서 직장생활을 할 것인지에 대한 고민 등이 모두 라이프코칭에서 다룰 수 있는 주제이다.

라이프코칭에서 다룰 수 있는 대상과 주제가 이와 같이 다양하다면 라이프코칭은 비즈니스코칭이나 커리어코칭과 접점이 존재한다. 바로 앞에서 예로 들었듯이 커리어를 쌓아 나가는 과정에 대한 고민은 라이프코칭에서뿐만 아니라 전통적으로 커리어코칭에서 다루는 주제이고, 임원의 일과 가정 간의 균형에 대한 고민은 비즈니스코칭이나 임원코칭에서도 중요한 코칭 주제이다.

탁진국(2019)은 라이프코칭의 구성개념이 명확하지 않은 점을 고려하여 이를 명료하게 정의하기 위해 라이프코칭을 "피코치가 자신이 살아온 삶의 다양한 영역을 살펴보고 특정 영역에서 주도적으로 삶의 비전과 목표를 세우며 이러한 목표를 달성하여 다양한 삶의 영역에서 균형적인 삶을 살도록 협력적으로 이끌어 가는 과정"이라 정의한 바 있다.

여기서 삶의 다양한 영역을 살펴본다는 것은 라이프는 일(커리어), 여가, 건강, 가족, 친구, 취미, 재정 상태 등과 같이 삶의 다양한 영역을 포함하는 개념이며, 바쁜 현대 생활에서 삶의 다양한 영역에 대해 살펴볼 기회가 부족했던 사람들에게 각 영역에서 자신이 어떠한 삶을 살아왔고 자신이 바랐던 이상적 상태가 얼마나 충족되었는지를 성찰하는 것을 의미한다.

'특정 영역에서 주도적으로 삶의 비전과 목표를 세운다'는 것은 다양한 삶의 영역을 살펴보게 되면 현재 만족스럽지 못한 영역이 나타나게 되고 이 특정 영역에서 향후 어떤 삶을 살면 좋겠는지를 생각해 보면서 비전과 구체적인 목표를 수립하는 것을 의미한다. 여기서 '주도적'이라는 단어가 중요한데, 코칭의 궁극적인 목적이 피코치의 성장에 있듯이, 라이프코칭에서도 코치는 피코치가 스스로 계획을 수립하고 이를 실행해 나가는 주도적인 삶을 살아갈 것을 유도하는 것이 바람직하다. 이를 통해 피코치가 더욱 성장해 나갈 수 있기 때문이다.

'이러한 목표를 달성하여 다양한 삶의 영역에서 균형적인 삶을 살도록 협력적으로 이끌어 가는 과정'에서 '균형적인 삶을 산다'는 의미는 삶의 특정 영역에서만 만족한 삶을 사는 것이 아닌 삶 전체적인 측면에서 다양한 영역에서 만족을 추구하는 것을 의미한다. 필자는 살아가면서 다양한 영역에서 만족스러운 삶을 경험해 보는 것이 한 영역에서만 만족을 추구하는 것보다 개인의 성장에 도움이 되고 좀 더 의미 있는 삶이 될 것으로 판단하여 이러한 정의를 도출하였다. 예를 들어, 재정 상태가 만족스럽지 못하여 어떻게 하면 돈을 모을 수 있을지에만 집중하여 살다 보면 다른 삶의 영역에서 불만스러운 부분이 나타날 수밖에 없고 결국 전체적인 삶의 만족도는 떨어질 것이다. 따라서 부족한 재정 상태를 충족시키기 위한 노력을 하면서 동시에 이러한 노력이 삶의 다른 영역에 미치는 긍정적 및 부정적 영향을 고려할 필요가 있으며, 가능하다면 여러 영역에서 균형적인 만족을 추구하는 것이 전체 삶의 만족도 또는 삶의 질을 향상시키는 데 도움이 될 수 있을 것이다.

마지막으로, '협력적으로 이끌어 가는 과정'은 코칭의 기본 진행과정을 의미하며, 코치와 피코치가 서로 협력해서 코치는 피코치가 수립한 목표를 달성하도록 돕는 것을 뜻한다.

한편, 이러한 정의를 토대로 라이프코칭을 진행하는 과정에서 다른 코칭과의 개념적 구분이 명확하지 않은 경우가 있을 수 있다. 예를 들어, 특정 피코치가 자신의 삶을 돌아보면서 일(커리어) 영역이 가장 만족스럽지 못하고 그 이유가 현재 직장에서 하고 있는 일에 대한 불만이 많기 때문이라고 가정해 보자. 이 상황에서 새로운 목표를 수립한다는 의미는 지금 하고 있는 업무를 떠나서 자신에게 좀 더 적합한 새로운 일자리를 찾는 것을 의미할 수 있다. 이 과정만을 살펴보면 기존의 커리어코칭과 유사해서 차이점이 무엇인지 구분하기 힘들다.

차이점은 코칭과정에서 코치가 커리어에 관련된 이슈에 대해서만 얘기를 나누는지, 아니면 커리어뿐 아니라 삶의 다른 영역에 대해서도 논의를 진전시키는지에 있다고 볼 수 있다. 일반적인 커리어코칭에서는 피코치가 처음부터 커리어 관련 이슈를 가지고 오게 되며 자신에게 적합한 커리어 목표를 수립하고 이를 달성하기 위한 실행 의도를 도출하게 된다. 하지만 라이프코칭에서는 피코치가 커리어 목표를 수립하고 실행하는 과정에서 단순히 목표수립과 실행과정에만 초점을 두지 않고 피코치가 특정 커리어를 선택하는 것이 향후 자신의 삶에서 의미하는 바가 무엇이며 삶의 다른 영역에 미치는 영향은 무엇인지를 조망해 보게 함으로써 다른 삶의 영역과의 균형을 추구하도록 진행한다는 점에서 차이가 있다고 할 수 있다.

## 2. 좋은 삶이란

라이프코칭에 관해 본격적으로 설명하기 전에 먼저 좋은 삶(good life)이란 무엇인지를 논의할 필요가 있다. 좋은 삶이라는 것이 구체적으로 어떻게 사는 것을 의미하는 것인지 한마디로 말하기는 어렵다. 일상적인 말로 얘기하면 잘 산다는 것인데, 잘 산다는 것이 행복하게 사는 것을 뜻할 수도 있고, 경제적으로 여유 있게 사는 것일 수도 있으며, 자신이 목표한 것을 달성하면서 사는 것을 의미할 수도 있는 등 다양하게 설명될 수 있다. 하지만 심리학 분야에서 좋은 삶에 관한 경험적 연구는 많지 않은 실정이다.

그래도 일부 심리학자들이 좋은 삶 또는 잘 사는 것에 대한 개념을 언급한 바 있다. Ryff와 Singer(1998)는 철학자들이 좋은 삶을 설명하는 것에 대해 심리학적 관점에서 긍정적 개인건강(positive human health)이라는 용어를 사용하면서 긍정적인 삶을 살기 위해서는 다음의 네 가지 요인이 중요하다고 강조하였다. 네 가지 요인은 삶의 목적(purpose in life), 타인과의 긍정적 관계(quality connections to others), 자존감(self-esteem), 그리고 숙달(mastery)이다.

삶의 목적은 개인이 살아가면서 설정한 목표가 있고 이를 달성하기 위해 노력을 하고 있는지와 관련된 내용으로, 한 번에 모든 것이 해결되는 것이 아니라 매일매일 지속적으로 노력하는 역동적 과정을 의미한다(Ryff & Singer, 1998). 타인과의 긍정적 관계는 가족, 친구 등을 포함한 다른 사람들과 얼마나 밀접한 관계를 맺고 있는지를 의미하는 것으로, 많은 심리학 연구에서 대인관계 및 사회적 지지가 개인의 정신건강에 긍정적 역할을 한다는 것이 입증된 바 있다(Ryff & Singer, 1998). Ryff와 Singer는 이 두 가지가 개인의 긍정적 건강에 핵심적인 역할을 한다고 주장하였다. 또한 자긍심 및 자기존중을 의미하는 자존감과 어떤 일을 잘 해낼 수 있다고 믿는 효능감과 주변 환경을 통제할 수 있다는 통제감을 의미하는 숙달이 삶의 목적과 타인과의 긍정적 관계를 증진시키는 역할을 하는 것으로 가정하였다.

한편, 좋은 삶이라는 구체적 표현은 하지 않았지만 개인의 웰빙 수준을 높이기 위한 심리학 연구는 많이 진행된 바 있다. 이와 관련된 다양한 심리학 이론 가운데 Deci와 Ryan(1985)이 주장한 자기결정이론은 개인의 웰빙 증진을 위해서는 무엇보다 세 가지 기본심리욕구(basic psychological needs)가 충족되는 것이 중요하다는 것이다. 세 가지 기본욕구는 스스로 결정하기를 원하는 자율성(autonomy) 욕구, 자신의 능력을 발휘해서 무엇인가 하고 싶고 능력이 있다는 것을 인정받고 싶어 하는 유능성(competence) 욕구, 그리고 타인과 밀접한 관계를 맺으려는 관계성(relatedness) 욕구를 의미한다. 기본심리욕구와 웰빙 간의 관계를 살펴본 메타연구도 많이 진행되었는데, 최근 Tang, Wang과 Guerrien(2020)은 메타연구를 통해 기본심리욕구와 웰빙 간의 관계를 분석하였다. 분석 결과 전체적으로 세 가지 기본심리욕구에 대한 만족은 긍정웰빙 변인들(예: 생애만족, 주관적 건강, 긍정 정서, 활력 등)과 유의하게 정적으로 관련된 것으로 나타났다. 즉, 세 가지 기본심리욕구가 충족되어야 개인이 좋은 삶을 살 수 있다는 것을 의미한다.

King과 Napa(1998)는 사람들이 좋은 삶에 대해 어떻게 인식하는지를 알아보기 위해 행복, 삶의 의미, 그리고 금전 등 3개의 변인을 선정하였다. 대학생을 대상으로 한 첫 번째 연구에서 연구자는 연구참여자들에게 특정 개인의 커리어정보를 제공하고 그 사람이 얼마나 바람직한 삶을 살고 있을지를 평정토록 하였다. 개인의 커리어정보는 세 가지 변인(행복, 의미, 돈)에 따라 다른 내용을 포함하고 있도록 조작하였다. 행복변인에서 높은 행복 조건의 경우 "업무하면서 행복감을 느낀다."와 같은 문항에서 매우 동의한다는 높은 점수를 부여한 정보를 제시하였고, 낮은 행복조건의 경우 이와는 반대로 동일한 문항들에 동의하지 않는다는 낮은 점수를 부여한 정보를 읽도록 하였다. 의미변인의 경우 높은 의미조건에서는 "업무하면서 의미감을 느낀다."와 같은 문항에서 "매우 동의한다"는 높은 점수를 부여한 정보를 제시하였으며, 반대로 낮은 의미조건에서는 동일한 문항에 "전혀 동의하지 않는다."는 낮은 점수를 부여한 정보를 제시하였다. 돈의 경우에는 개인의 연 수입으로 높은 조건과 낮은 조건을 구분하였다. 따라서 전체 여덟 가지 다른 정보가 조합된 조건이 생성되었고 각 연구참여자는 이 가운데 한 조건에 배정되어 해당되는 정보를 읽고 설문에 답하였다.

설문은 자신이 읽은 정보에서 나타난 개인의 삶의 바람직성에 대해 응답토록 하였는데 자신이 이러한 삶을 살고 싶은지, 이러한 삶이 좋은 삶이라고 생각하는지, 그리고 이러한 삶의 질은 어떻다고 생각하는지 등의 세 가지 질문에 답변토록 하였다. 분석 결과, 높은 행복조건의 경우 낮은 행복조건보다 삶의 바람직성에서 유의하게 높은 점수가 나타났고 높은 의미조건의 경우에도 동일한 결과가 나타났지만 돈과 관련해서는 유의한 차이가 나타나지 않았다. 세 가지 변인이 삶의 바람직성에 미치는 상대적 영향을 알아보기 위해 추가적으로 효과분석을 실시한 결과, 의미의 효과가 가장 높았고( .50), 다음은 행복이었으며( .45) 돈의 효과는 매우 작게 나타났다( .01).

이러한 결과는 대학생을 대상으로 한 것이라서 King과 Napa는 성인을 대상으로 동일한 연구를 실시해서 유사한 결과가 나타나는지를 검증하였다. 성인의 경우 각 변인에 대한 분석에서 대학생과 동일하게 높은 수준의 행복과 의미 조건에서 삶의 바람직성이 유의하게 높게 나왔지만 돈의 경우 대학생과는 다르게 연봉이 높은 조건에서 삶의 바람직성이 유의하게 높은 것으로 나타났다. 세 변인이 삶의 바람직성에 미치는 상대적 효과 크기를 분석한 결과에서는 대학생 집단과 동일하게 의미의 효과가 가장 높았고( .30), 다음은 행복이었으며( .25), 돈은 효과가 매우 낮은 것으로 나타났다( .09).

이러한 결과는 개인이 좋은 삶이라고 생각하는 데 있어서 금전보다는 개인이 지각하는 삶의 의미와 행복이 더 중요한 역할을 하며, 특히 삶의 의미가 가장 큰 영향을 미친다는 것을 보여 준다. 즉, 자신이 살아가면서 의미 있는 삶을 살고 있다고 인식하는 것이 좋은 삶에 중요한 영향을 미치게 된다. 하지만 좋은 삶에 영향을 미치는 다양한 요인이 있음에도 불구하고 앞의 연구에서는 3개의 변인만을 포함시켰다는 점이 제한점으로 작용한다.

Tafarodi, Bonn, Liang, Takai, Moriizumi, Belhekar와 Padhye(2012)는 캐나다, 인도, 중국 및 일본 대학생을 대상으로 국가별로 좋은 삶에 대한 인식에서 차이가 있는지를 알아보았다. 연구에 참여한 4개 국가의 대학생들은 자신의 삶에서 거의 마무리할 때가 된 대략 85세쯤 된 먼 미래를 상상하면서 자신이 가치 있는 삶 또는 좋은 삶을 살았다고 말하기 위해서는 어떤 요인이 중요한지 6가지로 자유롭게 기술하도록 요청받았다. 추가로 자신과 연령대가 비슷한 대학생들은 어떤 요인을 중요하다고 생각할지 생각해 보고 6개 요인을 기술하도록 하였다. 마지막으로 Schwartz(1992)가 개발한 10개 문항으로 구성된 단축 가치 척도(권력, 성취, 쾌락, 자극, 자기주도, 보편주의, 자비, 전통, 순응, 안전 등)에서 각 가치가 자신에게 얼마나 중요한지 9점 척도(0: 전혀 중요하지 않다, 9: 매우 중요하다)를 활용해 응답토록 하였다.

이들이 자유롭게 기술한 내용들을 연구자들이 범주로 구분한 결과 전체 30개의 범주를 도출할 수 있었다. 4개 국가 전체로 분석했을 때 가장 많은 사람이 기술한 세 가지 범주를 살펴보면 "밀접하고 지속적인 친구관계를 갖는 것"이 가장 많았고, 다음은 "행복하고 건강한 가정을 이루는 것"이었으며, 세 번째 범주는 "타인에게 긍정적인 영향을 미치고 세상을 더 좋은 곳으로 만드는 것"이었다.

자신이 아닌 자신과 연령이 비슷한 대학생들이 중요하게 생각할 것으로 기술한 내용을 살펴보면 "큰 부와 자산을 갖는 것"이 가장 많이 나타났고, 다음은 "행복하고 건강한 가정을 이루는 것" "밀접하고 지속적인 친구관계를 갖는 것"의 순으로 나타났다. "큰 부와 자산을 갖는 것"은 자신을 기술한 내용에서는 6번째의 순서로 나타났다. 또한 자신을 기술한 내용에서 세 번째 범주로 나타난 "타인에게 긍정적인 영향을 미치고 세상을 더 좋은 곳으로 만드는 것"은 타인을 기술한 내용에서는 11번째로 나타났다. 이러한 결과는 자신이 가치 있는 삶이라고 말할 때는 자신을 타인에게 긍정적으로 보이도록 하려는 성향이 영향을 준 것으로 해석할 수 있을 것이다. 하지만 타인의 가치 있는 삶에 대해 기술할 때는 이러한 성향이 덜 나타나며 오히려 현실적인 상황을 더 고려하는 것으로 해석 가능하다.

4개 국가별로 구분해서 분석하였을 때 다소의 차이가 있는 것으로 나타났다. 캐나다 대학생의 경우 상위 3개 범주는 "타인에게 긍정적인 영향을 미치고 세상을 더 좋은 곳으로 만드는 것"이 가장 높았고, 다음은 "사랑스런 결혼생활을 하는 것"이었으며, 마지막은 "즐겁고 유쾌한 경험을 많이 갖는 것"이었다. 중국 대학생에게서 가장 높게 나타난 상위 3개 범주 순서는 "행복하고 건강한 가정을 이루는 것" "밀접하고 지속적인 친구관계를 갖는 것", 그리고 "성공적인 경력을 쌓는 것"이었다. 인도의 경우 "타인에게 긍정적인 영향을 미치고 세상을 더 좋은 곳으로 만드는 것"의 범주가 가장 많았고, 다음은 "가족과 좋은 관계를 유지하는 것" "웰빙과 만족"의 순서였다. 마지막으로, 일본 대학생들에게서 가장 많이 나타난 범주는 "밀접하고 지속적인 친구관계를 갖는 것" "큰 부와 자산을 갖는 것" "즐겁고 유쾌한 경험을 많이 하는 것" 순이었다.

가치의 중요성에 대한 인식에서는 남녀 간 차이는 없었지만 4개 가치에서 국가별로 유의한 차이가 나타났다. 안전 가치에서는 중국과 일본 대학생들이 유사한 정도로 크게 중요시하였는데, 인도와 캐나다 대학생보다 더 중요하게 생각하였으며 캐나다 학생의 점수가 가장 낮게 나타났다. 순응 가치에서는 중국 학생의 중요도 점수가 가장 높았고 캐나다 학생의 점수가 가장 낮았으며 인도와 일본은 유사하였다. 쾌락 가치에서는 캐나다 학생들의 점수가 가장 높았고 중국 학생들의 점수가 가장 낮았다. 자극 가치에서는 중국 학생들의 점수가 가장 높았고 다음은 캐나다, 인도, 일본의 순서였다. 이와 같이 Tafarodi 등(2012)의 다양한 연구결과는 무엇을 좋은 삶이라고 인식하는지가 개인마다 국가마다 차이가 있다는 것을 보여 주는 동시에 그만큼 좋은 삶을 정의하는 것이 쉽지 않음을 시사한다.

Park과 Peterson(2009)은 좋은 삶을 살기 위한 심리학 연구의 필요성을 강조하면서 미래의 연구방향을 제시하였다. 먼저, 기존 연구는 일반 사람들을 대상으로 조사연구를 통해 좋은 삶이 무엇인지 또는 좋은 삶에 영향을 주는 요인들이 무엇인지를 파악하는 데 초점을 두었다는 제한점을 지적하였다. 이를 통해 향후 연구에서는 실제로 잘 사는 사람들을 대상으로 이들이 구체적으로 어떤 행동을 하는지에 초점을 두고 행동을 분석할 필요성을 강조하였다. 둘째로는 질적 연구를 통해 좋은 삶에 영향을 주는 다양한 변인과 이들 간의 상호작용을 분석할 필요성을 제기하였다. 또한 좋은 삶이라는 것이 일시적으로 나타나는 것이 아니라 시간이 지남에 따라 서서히 변화되는 것이기 때문에 종단연구의 필요성을 주장하였다.

좋은 삶에 관한 이러한 심리학 연구결과를 살펴볼 때 아직도 좋은 삶이 무엇을 의미하며 어떻게 살아야 하는 것인지에 관해 일관되고 모두가 동의하는 결론은 도출하고 있지 못하다. 하지만 King과 Napa의 연구에서도 나타났듯이 삶의 의미가 좋은 삶을 사는 데 가장 큰 영향을 미치며, 삶의 질에 관한 과거 연구(예: Chamberlain & Zika, 1988)에서도 의미 있는 삶을 사는 것의 중요성을 강조한 바 있기 때문에 다음 장에서는 삶의 의미에 대해 상세하게 알아보고 라이프코칭에서 삶의 의미가 갖는 중요성에 대해 기술하고자 한다.

---

# 제2장

# 삶의 의미

라이프코칭에서 가장 중요한 이슈 중 하나는 삶의 의미일 것이다. 내가 어떻게 사는 것이 바람직할지에 대해 한 번도 생각해 보지 않은 사람은 없을 것이다. 대부분의 사람은 살아가면서 좀 더 보람 있고 의미 있게 살기를 원한다. 하지만 바쁘게 살다 보면 살아가는 의미에 대해 생각해 볼 기회가 많지 않은 것도 사실이다. 라이프코칭에서 코치는 피코치가 자신의 현재 삶을 조망해 보고 지금까지 살아온 삶이 얼마나 의미 있는지에 대해서도 돌아보며 향후 좀 더 의미 있는 삶을 살기 위해 어떤 노력을 해야 할지를 탐색하도록 이끌어가는 것이 중요하다. 이 장에서는 삶의 의미가 무엇이고 왜 중요하고 어떻게 측정하는지에 관한 연구를 살펴보면서 라이프코칭에서의 시사점에 대해 논의하고자 한다.

## 1. 삶의 의미의 중요성

심리학적 관점에서 삶의 의미란 무엇일까? '삶의 의미는 무엇일까?'는 일종의 철학적 질문과 같이 심오한 뜻을 포함하는 것으로 인식되어 심리학자들은 초기에 삶의 의미에 관한 연구에 큰 관심을 기울이지 않았다(Battista & Almond, 1973). 이들은 삶의 의미가 무엇인지를 설명하기 위해서는 먼저 삶을 의미 있게 만드는 것이 무엇인지가 설명될 필요가 있음을 강조하였다. Battista와 Almond는 삶의 의미를 "자신의 삶의 목표를 충족시키고 있다는 믿음"으로 정의하면서 삶의 목표와 이를 충족시키기 위한 노력을 중시하였다. 그렇다면 왜 사람은 삶에서 의미를 찾으려고 하는 것일까? 본능적인 특성에 의한 것인지 아니면 교육과 학습을 통해 이러한 노력을 하게 되는 것인지에 관한 논쟁이 있을 수 있다. Frankl(1963)은 인간은 삶에서 의미를 찾으려는 본능적인 추동을 의미하는 "의미에 대한 의지(will to meaning)"를 가지고 있으며 이를 충족하지 못할 경우 심리적 고통을 경험하게 된다고 주장하였다(Reker, Peacock, & Wong, 1987에서 재인용). 하지만 이러한 본능적인 특성 이외에도 사회와의 상호작용을 통해 살아가는 데 중요한 가치를 학습하는 등의 환경적 요인도 영향을 줄 수 있을 것이다.

삶의 의미에 관한 연구는 어떤 측면에서 중요한 것일까? 삶의 의미에 관한 연구에 따르면 삶의 의미는 삶에 대한 만족(Chamberlain & Zika, 1988) 및 행복(Debats, van der Lubbe, & Wezeman, 1993) 등의 긍정적 성과와 유의한 관련이 있는 것으로 나타났다. 즉, 삶에서 더 많은 의미를 인식할 경우 삶의 만족도가 높아지고 행복도 증진된다. Battista와 Almond(1973)가 정의한 대로 삶의 의미가 높다는 것이 자신이 가지고 있는 삶의 목표가 충족되고 있다는 믿음이 강함을 뜻한다면 자신이 바라는 목표가 충족되고 있기 때문에 삶의 만족과 행복이 높아지는 것으로 해석할 수 있을 것이다.

하지만 기존의 삶의 의미에 관한 연구를 살펴보면 삶의 의미에 대한 정의와 삶의 의미를 측정하는 척도에 포함된 요인에서 차이가 있는 것으로 나타나고 있다. 삶의 의미를 정의하거나 이를 측정하는 데는 두 가지 접근방법이 있다. 첫 번째는 개인별로 생각하는 삶의 의미를 파악하여 이를 문항 또는 요인으로 측정하는 것이다. 하지만 개인별로 중요하게 생각하는 삶의 의미에 차이가 있기 때문에 삶의 의미를 측정하는 과정에서 어떤 내용을 문항으로 포함시킬 것인지는 쉽지 않다. 예를 들어, 어떤 사람은 무엇보다 본인이 건강하게 사는 것이 의미 있다고 생각할 수 있고, 어떤 사람은 타인에게 도움이 되는 역할을 하며 살아야 중요한 의미가 있다고 생각할 수 있으며, 또 어떤 사람은 매일 새로운 것을 학습하면서 조금이라도 성장하는 느낌을 가져야 의미 있는 삶이라고 인식할 수 있을 것이다. 따라서 삶의 의미를 구체적인 문항으로 측정하는 것은 쉬운 일이 아니다.

Diener, Emmons, Larsen과 Griffin(1985)은 삶의 만족을 측정하는 과정에서 구체적으로 무엇을 하면서 살아야 만족스러운 삶일지는 개인마다 차이가 있기 때문에 이에 관한 모든 문항을 포함시키기 어렵다고 주장하며 이러한 문제점을 해소하기 위해 단순히 "내 삶에 대해 만족한다."와 같은 광범위하고 매우 주관적인 소수의 문항을 포함시킨 바 있다. 삶의 의미를 측정하는 데 있어서도 Diener 등과 같은 방법이 가능하다. 따라서 두 번째 측정방법은 이와 같이 삶의 의미를 포괄적으로 측정하는 것이다. 예를 들어, "내 삶의 의미가 있다."와 같은 문항으로 삶의 의미를 측정하는 것이다. 하지만 이 방법 또한 문제가 있다. 특정 개인의 삶의 의미 점수가 높게 나올 경우 그 사람의 삶의 의미가 높다는 것은 알 수 있지만 그것이 무엇을 의미하는지는 이해하기 어렵다는 점이다. 점수만으로는 자신이 추구하는 목표를 달성해서 의미가 있는 것인지 아니면 살아가는 목적이 있기 때문에 의미가 있는 것인지 파악할 수 없게 된다.

따라서 삶의 의미를 이해하고 이를 라이프코칭 과정에서 다루기 위해서는 먼저, 삶의 의미에 관한 정의와 이러한 정의를 토대로 삶의 의미를 어떠한 문항으로 측정하는지를 살펴볼 필요가 있다.

## 2. 삶의 의미 정의

삶의 의미는 다양하게 정의되고 있다. 일찍이 Battista와 Almond(1973)는 삶에서 얼마나 일관된 삶을 살아가고 있는지를 통해 삶의 의미를 정의한 바 있다. 일관된 삶이란 의미는 자신이 어떠한 삶을 살고 있는지를 이해하는 것과 관련되어 있다. 이 정의에 따르면 교육자로서 평생 학생들의 성장을 위해 살아오고 있다고 인식하고 있는 사람은 삶의 의미가 높다고 할 수 있다. 하지만 무엇을 위해 일을 하고자 하는지에 대한 인식 없이 특정 회사에 다니다가 상사에 대한 불만 때문에 다른 직장으로 옮겼다가 회사가 작다는 불만 때문에 또는 업무가 재미없어서 또는 조직문화가 마음에 들지 않아서 회사를 지속적으로 옮기는 사람이 있다고 한다면 이 사람은 삶의 의미가 낮다고 할 수 있을 것이다.

Baumeister(1991; King, Hicks, Krull, & Del Gaiso, 2006에서 재인용)는 삶에서의 의미 있는 경험은 각자의 목적, 가치, 효능감 및 자부심(self-worth) 등의 네 가지 심리욕구가 충족될 때 나타난다고 주장하였다. 즉, 개인은 살아가면서 이러한 네 가지 욕구가 충족될 때 자신의 삶이 의미 있다고 인식하게 된다는 것이다.

Reker, Peacock와 Wong(1987)은 삶의 의미를 인식하는 데 있어서 목적의 중요성을 강조하였다. 이들은 삶의 의미감을 갖는 것은 살아가면서 목적을 갖고 목표를 달성하기 위해 노력하는 것을 의미한다고 주장하였다. 그만큼 개인이 살아가면서 삶의 목표 또는 목적이 있는 것이 삶을 의미 있다고 인식하는 데 중요함을 말해 준다.

최근에 George와 Park(2016)는 삶의 의미를 자신이 어떤 삶을 사는지 이해하고 있고 자신이 중시하는 목표를 달성하는 방향으로 나아가기 위해 동기화되며 자신이 살고 있는 세계에 기여하는 존재임을 인식하는 정도로 정의하였다. 즉, 자신의 삶이 매우 의미 있다고 인식하는 사람은 자신이 중시하는 가치와 일관된 삶을 살고 있고 삶의 목표를 달성하기 위하여 노력하며 세상에 기여하는 바가 크다고 지각하는 사람이다. 반면, 살아가는 의미가 낮다고 인식하는 사람은 가치와 일관되지 않은 삶을 살고 있고 살아가는 뚜렷한 목표가 없으며 자신의 존재가 세상에 기여하는 바가 거의 없다고 지각하는 사람이라고 할 수 있다.

국내에서 박선영과 권석만(2012)은 삶의 의미를 삶에서 추구하는 목적이며, 동시에 개인이 삶에서 중요하다고 판단하는 구성된 실체로 정의하였다. 이들은 삶의 의미에 영향을 주는 근원에 초점을 두고 삶의 의미의 원천을 측정하는 척도를 개발한 바 있다.

삶의 의미에 관한 다양한 정의를 살펴보면 대부분의 정의에서 공통적으로 삶의 목표 또는 목적이 포함되어 있는 것을 알 수 있다. 결국 개인이 삶을 얼마나 의미 있게 사는지를 인식하는 데 있어서 삶의 목표나 목적이 있는지의 여부가 매우 중요함을 이해할 수 있다.

삶의 의미의 구성개념에 대한 이해를 높이기 위하여 다음에는 삶의 의미를 측정하는 척도들에 관해서 살펴보기로 한다. 이러한 척도들에서 어떤 요인을 측정하고 있는지를 파악함으로써 삶의 의미에 관한 이해를 증진시킬 수 있을 것이다.

# 3. 삶의 의미 측정

## 1) 삶의 의미 자체 측정

삶의 의미를 측정하기 위한 척도가 많이 개발되었다. 초기 삶의 의미 척도의 문제점은 측정 문항들이 "내 삶은 의미가 있다."와 같이 내용이 추상적이라는 것이다. 삶의 의미가 무엇을 의미하는지를 측정하기 위한 것인데, 실제 문항에서 의미의 개념을 구체화하지 못하고 있다는 문제점이 제기되었다.

Steger, Frazier, Oishi와 Kaler(2006)는 삶의 의미와 관련된 기존 척도가 구체적인 의미 내용을 다루지 않고 "내 삶은 좋다." "삶에 대해 생각하면 기분이 좋다." 등과 같이 기분 등과 같은 변인과 구성개념이 중복되고 요인구조의 일관성이 부족하며 삶의 의미를 어떻게 찾을 것인지에 관한 구체적 내용이 없다는 문제점을 지적하였다. 이들은 삶의 의미를 "자신의 존재에 대해 유의하게 느끼는 인식"으로 정의하면서 개인마다 삶의 의미를 구성하는 내용이 다름을 강조하였다. 이들은 기존 이론과 삶의 의미 및 의미 찾기 측정도구 등을 참고하면서 삶의 의미의 다양한 영역을 포괄하는 문항을 도출하고자 노력하였다. 먼저, 83개 문항을 개발하였고 이 가운데 명료성과 긍정 및 부정 정서와 중복되지 않는다는 기준을 토대로 44개 문항을 선정하였다.

대학생을 대상으로 자료를 수집하여 주축요인분석과 확인적 요인분석을 통해 분석한 결과 삶의 의미 또는 목적의 존재(presence of meaning or purpose)와 의미탐구(search for meaning)라는 두 요인이 도출되었으며 최종 문항 수는 10개로 감소하였다. 존재 요인은 자신의 삶이 의미가 있다고 믿는 주관적인 인식을 의미하며 이 요인에 속하는 문항으로는 "내 삶의 의미를 이해한다." "내 삶에 명확한 목적이 있다." 등이 포함된다. 탐구 요인은 삶에서

의미를 찾기 위한 동기 및 지향성을 의미하며 "내 삶을 의미 있게 만들어 주
는 무언가를 찾는다." "항상 내 삶의 목적을 찾기 위해 노력한다." 등의 문항
으로 구성되어 있다.

두 요인 간의 상관은 유의하지 않아서(r = −.09) 서로 독립적임을 알 수 있
다. 이러한 결과는 현 상황에서 삶의 의미가 있고 목적이 있다고 생각하는 사
람 가운데 지속적으로 삶의 의미를 찾기 위해 추가 노력을 할 수도 있지만 현
재 상태에 만족하고 추가 노력을 하지 않는 사람도 있을 수 있다는 점을 의
미한다. 또한 두 요인은 다양한 심리적 변인과 다르게 관련된 것으로 나타났
다. 예를 들어, 존재 요인은 삶의 만족과 정적으로 유의하게 관련되고 우울과
는 부적으로 유의하게 관련되었지만 탐구 요인은 삶의 만족과는 유의한 관련
이 없었고 우울과는 정적으로 유의하게 관련되었다. 또 다른 대학생 표집을
통한 분석 결과에서도 존재 요인은 삶의 만족, 자존감 및 낙관성 등의 변인과
정적으로 유의하게 관련되었지만 탐구 요인은 모두 부적으로 유의하게 관련
된 것으로 나타났다. 이러한 결과는 의미를 찾는 과정이 심리적으로 힘들고
좌절을 경험할 수도 있음을 시사하는 것으로 해석할 수 있다. 하지만 삶의 의
미 자체가 긍정적인 성과와 관련되어 있다는 과거 연구결과를 고려할 때 삶
의 의미를 측정하는 두 요인이 심리적 웰빙과 서로 반대로 관련된 것으로 나
타난 결과는 삶의 의미를 해석하는 데 또 다른 어려움을 초래할 수 있다는 단
점이 있다.

또한 일부 문항들의 경우 응답 시 모호한 부분이 있다는 문제점이 있다. 예
를 들어, 존재 요인에서 "내 삶의 의미를 이해한다."와 같은 문항의 경우 내 삶
의 의미를 어떻게 해석해야 하는지가 명료하지 않고 개인마다 해석에서 차이
가 있을 수 있다. 삶의 의미를 측정하기 위해서는 삶의 의미를 어떻게 정의할
것인지를 명료화하고 이를 문항에 반영해야 할 필요가 있다. 구체적인 내용을
문항에 포함시키지 않고 단순히 "내 삶의 의미를 이해한다."와 같이 문항을 구
성하게 되면 응답자 입장에서는 답하기가 쉽지 않을 것이다. 이러한 문제점은

탐구 요인에서도 나타나는데, 예를 들어 "내 삶을 의미 있게 만들어 주는 무언가를 찾는다."와 같은 문항의 경우에도 내 삶을 의미 있게 만들어 주는 것이 무엇인지 어떤 삶을 살아야 의미 있게 사는 것인지가 명확하지 않고 이 역시 개인마다 차이가 있기 때문에 응답점수의 정확도가 낮아질 수 있다.

Morgan과 Farsides(2009)는 의미 있는 삶을 측정하기 위해 어떠한 삶이 중요한지를 고려하여 5개의 요인을 도출하였다. 첫째, "재미있는 삶(exciting life)"으로, "내 삶은 따분하다." "내 삶은 재미있다."와 같은 문항으로 구성되어 있다. 둘째, "성취한 삶(accomplished life)"으로, 대표적 문항은 "지금까지 삶에서 성취한 것에 대해 만족한다." 등이다. 셋째, "가치 있는 삶(principled life)"으로, "내 삶을 의미 있게 해 주는 가치를 가지고 있다." 등의 문항이 있다. 넷째, "목적 있는 삶(purposeful life)"으로, "나는 미래에 대한 목표가 있다."와 같은 문항으로 측정한다. 다섯째, "보람 있는 삶(valued life)"으로, 이 요인을 측정하는 문항으로는 "내 삶은 보람이 있다." 등이 있다.

이들은 23개 문항으로 구성된 의미 있는 삶 척도의 타당도를 검증하기 위해 249명의 성인을 대상으로 자료를 모아 분석하였다. 척도의 구성타당도를 검증하기 위해 확인적 요인분석을 실시한 결과 5요인 모형의 부합도가 높게 나타났으며, 5요인 간의 상관은 .53에서 .71 사이로 비교적 높게 관련되었다. 또한 이 척도는 심리적 웰빙, 영성 및 자존감 등의 척도와 유의하게 관련된 것으로 나타나서 수렴타당도가 검증되었다.

이 척도의 경우 기존의 삶의 의미를 측정하는 척도 문항에서 나타난 문제점을 어느 정도 개선할 수 있는 것으로 판단된다. 이 척도는 문항 내에 삶의 의미를 물어보는 내용을 포함하지 않고 재미있다, 성취하였다, 보람 있다, 가치가 있다, 목표가 있다 등의 내용을 포함하여 삶에서 의미가 있다는 내용이 무엇인지를 구체적으로 제시하였다. 이를 통해 응답자 입장에서는 의미라는 주관적 구성개념을 자신의 관점에서 해석할 필요 없이 삶이 재미있거나, 보람 있거나, 가치가 있거나, 목표가 있는지 또는 성취한 것이 있는지 등을 판단하여 응답하면 되기 때문에 응답 시 모호함이 감소될 수 있다. 하지만 요인 간 상관이 높아서 유사한 구성개념이 중복되어 측정될 가능성이 있다는 단점이 있다. 또한 '재미' 요인의 경우 삶이 단순하거나 반복적이면 삶의 의미 점수가 낮고 삶이 재미있고 새롭다고 인식할수록 삶의 의미 점수가 높은 것으로 측정되고 있다는 점은 삶의 의미를 단순하게 접근하고 있는 것으로 판단된다. 예를 들어, 노숙자를 위해 매일 식사를 만들어 대접하는 일을 하는 사람의 경우 단순하고 반복적인 일을 할 수 있지만 자신은 삶이 의미가 있다고 인식할 수 있기 때문이다.

최근에 George와 Park(2016)는 삶의 의미에서 이해(comprehension), 목적(purpose), 중요성(mattering) 등 세 가지 중요한 요인으로 삶의 의미를 측정하는 것이 바람직함을 주장하였다. 먼저, 이해는 자신이 어떤 일관된 삶을 살고 있으며 이로 인해 자신이 어떤 삶을 살고 있는지 이해하는 정도를 측정한다. 예를 들어, 비영리단체에 들어가서 사회적 약자를 위해 봉사하며 살고 있는 사람은 이해 요인에서 점수가 높게 나올 것이다. 자신이 어떠한 삶을 살고 있는지에 관해 이 사람 입장에서는 "나는 약자를 위해 도움을 주는 삶을 살고 있다."라고 확실하게 얘기할 수 있기 때문이다. 반면, 특별한 목적 없이 직장을 선택하고 직장생활이 힘들어서 어떻게 살 것인지에 대한 고민 없이 살고 있는 사람의 경우 자신이 어떤 삶을 살고 있는지에 대한 질문에 명확하게 답변하기 어려울 것이며, 이로 인해 이해 요인에서의 점수는 낮을 것이다.

목적 요인은 자신의 삶에서 목표가 있고 목표를 향해 동기화되는 정도를 의미한다. 따라서 살아가면서 뚜렷한 목표나 목적이 있는 사람이라면 이 요인에서 점수가 높게 나오게 되며, 삶의 목적이나 목표에 관해 생각해 보지 않고 하루하루를 살아가는 사람이라면 점수가 낮게 나올 것이다.

중요성 요인은 자신의 존재가 세상에서 의미 있고 중요하며 가치 있다고 느끼는 정도를 의미한다. 점수가 높을수록 자신이 세상이 더 나아지게 하는 데 기여한다고 느끼는 정도가 높음을 뜻하며, 점수가 낮을수록 세상에 기여

하는 바가 낮아서 자신이 있건 없건 세상이 달라지지 않는다고 느끼는 정도
가 강함을 의미한다.

필자의 경우로 예를 들어 보면, 교수가 된 후 일관되게 학생들을 한 단계
성장시키기 위해 교육하고 전공분야 연구 증진을 위해 노력해 왔기 때문에
스스로 어떤 삶을 살았다고 명확하게 얘기할 수 있으며, 따라서 이해 요인에
서 높은 점수로 평정할 수 있다. 또한 코칭심리라는 분야를 개척해서 이 분야
를 발전시키겠다는 뚜렷한 목표를 가지고 있기 때문에 목적 요인에서도 높은
점수를 얻을 수 있을 것이다. 마지막으로 코칭심리를 국내에 처음 도입함으
로써 이 분야를 공부하는 사람들에게 영향을 주었다고 자부하고 있기 때문에
존재감이 높다고 생각하며 중요성 요인에서도 높은 점수를 얻을 수 있다.

George와 Park(2016)는 자신들이 제안한 삶의 의미 3요인을 측정하기 위
한 척도를 개발하고 이 척도의 타당도를 검증하였다. 자신들이 주장한 3요인
을 측정하는 문항을 만들고 대학생을 대상으로 자료를 모아 탐색적 요인분석
과 확인적 요인분석을 통해 3요인 모형의 구성타당도를 검증한 결과 3요인이
구분되는 것으로 나타났다. 최종 척도는 각 요인별로 5개 문항을 포함하여 모
두 15개 문항으로 구성되었다. 삶의 의미 척도에서 이해 요인을 측정하는 문
항으로는 "나는 내 삶에 대해 이해한다." "내 삶을 전반적으로 볼 때 어떤 삶
을 살고 있는지 명확히 이해가 된다." 등이 있다. 목적 요인 문항의 예로는
"내 삶에서 추구할 가치가 있는 목표가 있다." "나를 계속 정진하게 하는 삶의
목표가 있다." 등이 있다. 마지막으로 중요성 요인에 속하는 문항은 "천 년이
지나도 내가 존재했다는 것은 중요할 것이다." "이 넓은 세계에서 내가 존재
한다는 것은 중요하다." 등이 있다.

또한 준거관련타당도를 검증하기 위해 삶의 만족, 긍정 및 부정 감정, 우
울, 불안, 그리고 스트레스 등의 준거와의 관련성을 다중회귀분석을 통해 분
석한 결과 삶의 의미 척도는 모든 준거 변인을 유의하게 설명하는 것으로 나
타났다. 요인별로 구분해서 살펴보면, 전체적으로 긍정 감정을 제외한 다른

준거를 설명하는 데 있어서 이해 요인이 상대적으로 가장 중요한 것으로 나타났다.

George와 Park(2016)는 자신들이 개발한 삶의 의미 척도가 기존의 척도에 비해 삶의 의미를 측정하는 과정에서 모호한 부분을 해소했다고 주장하고 있다. 앞에서도 각 요인별로 일부 문항의 예를 제시하였지만 전체적으로 "내 삶의 의미가 있다."와 같은 문항들을 포함하고 있지 않아서 기존 척도의 문제점을 해결하였다고 볼 수 있다. 하지만 필자의 판단으로는 여전히 이러한 문제가 완전히 해결되었다고 주장하기는 어려운 점이 있다. 특히 이해 요인의 경우 앞에서도 기술하였지만 "나는 내 삶에 대해 이해한다."와 같은 문항을 포함하고 있는데, 응답자 입장에서는 내 삶에 대해 무엇을 이해하고 있다는 것인지 이해하기가 쉽지 않다. 필자의 판단으로는 "나는 내가 어떤 삶을 살아왔다고 자신 있게 말할 수 있다."와 같은 문항이 '이해' 요인의 구성개념을 좀 더 명확하게 측정할 수 있을 것으로 보인다.

또한 중요성 요인에서도 문항의 내용을 살펴보면 "천 년이 지나도 내가 존재했다는 것은 중요할 것이다."와 같이 '천 년'이라는 단어가 일반인들 입장에서는 지나치게 거창하고 부담되는 내용일 수 있다. 자신의 존재가 중요해서 자신이 살고 있는 집단이나 공동체에 얼마나 기여할 수 있는지를 측정하는 문항으로 구성하는 것이 원래 측정하고자 하는 중요성의 구성개념을 좀 더 정확하게 측정할 수 있을 것으로 판단된다. 예를 들어, "내가 속한 공동체나 집단에서 내가 기여하는 바가 많다." "내가 존재하는 것은 내가 속한 집단이나 공동체에서 중요하다."와 같은 문항이 적절할 수 있다.

목적 요인에서는 "내 삶에서 추구할 가치가 있는 목표가 있다." 또는 "나를 계속 정진하게 하는 삶의 목표가 있다."와 같은 문항으로 구성되어 있어서 일반인들이 응답과정에서 모호함을 덜 느끼면서 답할 수 있을 것이다. 대부분의 사람이 자신이 살아가면서 목표가 있는지 또는 없는지를 충분히 판단할 수 있기 때문이다.

앞에서 기술한 삶의 의미를 측정하는 척도를 정리해 보면(〈표 2-1〉 참조) 공통적으로 나타나는 요인은 목적이다. 즉, 개인이 삶에서 의미가 있다는 인식을 갖기 위해서는 무엇보다 살아가면서 자신의 목적 또는 목표가 있는지가 중요함을 알 수 있다. 또한 자신이 속한 공동체나 사회에 기여한 정도가 얼마나 큰지(그로 인해 존재감을 얼마나 인정받을 수 있는지), 자신이 어떤 삶을 살아 왔다고 자신 있게 얘기할 수 있는지, 살면서 자신이 원하는 것을 성취했는지 등의 내용이 삶의 의미를 측정하는 데 중요한 요인으로 볼 수 있다.

한편, King, Hicks, Krull과 Del Gaiso(2006)는 긍정 및 부정 정서와 목표평가가 삶의 의미에 미치는 영향을 분석하였다. 목표평가는 목표가치와 목표난이도라는 2개의 변인을 통해 측정하였다. 목표가치는 개인이 일상생활에서 경험할 수 있는 다양한 목표(예: 많은 친구 사귀기, 매력적으로 보이기 등)에 대해 이러한 목표를 얼마나 중요하게 생각하는지, 목표가 얼마나 명확한지, 그리고 목표 달성을 위한 과정에 얼마나 만족하는지 등의 3개 문항을 통해 측정하였다. 목표난이도는 목표가 얼마나 어려운지, 목표가 다른 목표와 갈등이 되는지, 목표가 무엇인지 얼마나 혼란스러운지 등의 세 문항을 통해 측정하였다. 대학생을 대상으로 한 연구에서 다중회귀분석 결과 긍정 정서와 목표가치는 삶의 의미에 정적 영향을 미쳤고 부정 정서와 목표난이도는 삶의 의미에 부적 영향을 미치는 것으로 나타났다. 또한 4개의 선행변인 가운데 긍정 정서가 삶에 미치는 영향이 가장 큰 것으로 나타났다. 이러한 결과는 일상생활에서 평소의 긍정적 기분이 삶의 의미를 인식하는 과정에서 중요한 목표보

**표 2-1** **삶의 의미 척도 요인 정리**

| 척도 이름 | 저자 | 요인 |
|---|---|---|
| 삶의 의미 | Steger, Frazier, Oishi, & Kaler (2006) | 의미/목적 존재, 의미/목적 탐색 |
| 의미 있는 삶 | Morgan & Farsides (2009) | 재미, 성취, 가치, 목적, 보람 |
| 삶의 의미 | George & Park (2016) | 이해, 목적, 중요성 |

다 더 중요한 역할을 할 수 있음을 시사한다고 해석할 수 있다.

## 2) 삶의 의미 근원에 대한 측정

삶의 의미를 측정하는 기존 척도의 문제점을 살펴보면, 앞에서도 일부 기술하였듯이 삶의 구체적인 영역이나 부분에 대한 만족이나 불만족 등을 측정하지 않고 광범위하게 전반적인 삶에 대한 의미를 측정한다는 점이다. 일부 척도의 경우(예: George & Park, 2016) 이러한 문제점 개선을 위해 살아가면서 목적이 있거나 남에게 기여하는 바가 있는지 등을 측정하고 있다. 하지만 여전히 삶의 의미에서 높은 점수가 나온다 해도 어떤 이유 때문에 그러한 점수가 나왔는지를 파악하기 어렵다.

이러한 문제점 개선을 위해 삶의 의미를 측정하는 일부 척도는 삶의 의미의 근원(sources)에 초점을 두고 있다. 즉, 어떠한 이유 때문에 자신의 삶이 더 의미 있다고 인식하는지를 측정하려고 한다. Schnell(2009)은 삶에서 의미감을 인식하는 데 있어서 영향을 미치는 구체적인 내용이 무엇인지를 파악하기 위해 구조화된 심층면접을 통해 도출된 26개 의미 근원 요인과 의미 척도 간의 관계를 분석하였다. 의미 근원 요인의 예를 들면, 건강, 도전, 성취감, 지식, 즐거움, 사랑, 조화 등을 포함한다.

또한 의미 근원 이외에도 삶의 의미 자체를 측정하기 위해 의미의 긍정적 측면과 부정적 측면을 측정하는 의미 있음(meaningfulness)과 의미 위기(crisis of meaning) 척도도 추가로 개발하였으며 전체 척도를 의미 근원 및 생애의미 척도(The Sources of Meaning and Meaning in Life Questionnaire: SoMe)로 명명하였다. 의미 있음 하위척도에 포함되는 문항의 예로는 "내가 하는 것에 의미가 있다고 생각한다." 또는 "나는 충족된 삶을 살고 있다." 등이 있다. 의미 위기 하위척도는 "삶의 의미에 대해 생각하면 공허감을 느낀다." 또는 "내 삶은 의미가 없다." 등의 문항을 포함한다.

　　상관분석 결과 의미 근원 요인들은 의미 있음 척도와 정적으로 유의하게 관련되었다. 또한 의미 위기와는 부적으로 유의하게 관련되었지만 상관 크기는 낮은 것으로 나타났다.

　　국내에서 박선영과 권석만(2012)은 삶의 의미의 원천에 초점을 두고 대학생을 대상으로 개방형 설문을 통해 삶의 의미는 무엇이고 삶의 의미를 무엇으로부터 경험하는지를 물어보았다. 이들의 답변을 토대로 내용분석을 통해 문항을 도출하고 대학생들에게 설문을 실시하였다. 응답자들은 각각의 문항이 자신의 삶에서 얼마나 중요한지를 4점 척도(0: 전혀 중요하지 않다; 3: 매우 중요하다)를 사용하여 답변하였다. 예를 들면, "정신적으로 건강하고 안정적인 삶" 또는 "타인에게 봉사하는 삶" 등이 있다.

　　설문조사를 통해 수집된 자료를 요인분석을 실시한 결과 전체 15개 요인을 도출할 수 있었다. 도출된 15개 요인은 종교 및 영성, 신체 및 정신 건강, 배우자(이성)와의 관계, 봉사 및 사회적 기여, 긍정적 대인관계, 확고한 신념과 실천력, 사회적 성공과 타인의 인정, 긍정적 가족관계, 자녀양육 및 부모 되기, 경제적 안정, 타인에 대한 긍정적 영향력, 직업적 성취 및 목표 추구, 사회적 관심과 참여, 자기 이해 및 수용, 그리고 다양한 경험과 즐거움 등이었다.

　　삶의 의미 구조 파악을 위해 15개 요인에 대한 요인분석 결과 자기 관련 요인, 타인과의 관계 요인, 영성 및 공동체 의식 요인 등의 3개의 상위요인을 도출할 수 있었다. 자기 관련 상위요인은 신체 및 정신 건강, 확고한 신념과 실천력, 사회적 성공과 타인의 인정, 경제적 안정, 직업적 성취 및 목표 추구, 자기 이해 및 수용, 그리고 다양한 경험과 즐거움 등의 7개 요인으로 구성되었다. 타인과의 관계 상위요인에는 배우자(이성)와의 좋은 관계, 긍정적 대인관계, 긍정적 가족관계, 그리고 자녀양육 및 부모 되기 등의 4개 요인이 포함되었다. 마지막으로, 영성 및 공동체의식 상위요인은 종교 및 영성, 봉사 및 사회적 기여, 타인에 대한 긍정적 영향력, 그리고 사회적 관심과 참여 등의 4개 요인으로 구성되었다.

이 척도는 수렴타당도 분석에서 기존의 삶의 의미 척도(원두리, 김교헌, 권선중, 2005)와 유의하게 관련된 것으로 나타났다. 또한 준거관련타당도 분석에서도 삶의 만족 및 심리적 안녕과도 유의하게 관련되었다.

## 4. 라이프코칭에서의 시사점

앞에서 삶의 의미를 측정하는 방법에 대해 설명하였다. 크게 개인이 인식하는 삶의 의미 정도를 측정하는 방법과 삶의 의미에 영향을 주는 요인들을 측정하는 방법 등 두 가지로 구분할 수 있다. 삶의 의미 자체를 측정하는 방법에는 여러 척도가 있지만 삶의 목적이 있는지, 일관된 삶을 살아가고 있는지, 그리고 남에게 도움이 되는 존재감 있는 삶을 살아가고 있는지 등이 주요 내용으로 되어 있다. 삶의 의미 근원 척도는 삶에 영향을 주는 다양한 요인으로 구성되어 있어서 어떠한 이유 때문에 삶에서 의미감을 크게 인식하는지를 좀 더 구체적으로 파악할 수 있다.

라이프코칭에 관한 연구 또는 라이프코칭을 진행할 경우 연구자의 관심 내용에 따라 특정 척도를 사용하는 것이 가능할 것으로 판단된다. 먼저, 연구 분야에서 살펴보면 전반적인 삶의 의미 정도를 살펴보고 이러한 삶의 의미에 영향을 주는 개인 또는 환경 특성에는 어떠한 것들이 있는지를 파악하기 위한 연구를 진행하고자 하는 경우 삶의 의미 척도를 사용하는 것이 도움이 될 것이다. 반면, 삶의 의미에 영향을 주는 다양한 요인(삶의 근원)을 토대로 이 가운데 어떠한 요인이 삶의 의미 또는 삶의 만족 등과 같은 변인에 중요한 영향을 미치는지를 알아보고자 할 경우 삶의 의미 근원 척도를 사용하는 것이 바람직할 것이다.

라이프코칭을 진행한다고 하면 두 유형의 척도 모두 활용 가능할 것으로 판단된다. 삶의 의미 척도를 사용할 경우, 먼저 피코치의 삶의 의미 요인에서의 점수를 파악한다. 이러한 점수를 토대로 코치는 피코치에게 왜 그러한 점수가 나왔는지를 물어보면서 코칭을 진행하면 된다. 예를 들어, 목적 요인에서 점수가 나왔다면 어떠한 삶을 살아왔기에 그러한 점수가 나왔다고 생각하는지 물어볼 수 있을 것이다. 살아가면서 어떠한 목적을 가지고 살아가는지, 목적이 있다면 그러한 목적이 삶을 의미 있게 만드는 데 어떠한 영향을 주는지 등의 추가 질문이 가능하다. 또는 라이프코칭의 효과를 검증할 경우에도 삶의 의미 척도를 코칭을 시작할 때와 코칭이 끝난 후 실시하여 차이점수를 구하면 된다.

  삶의 근원 척도의 경우에도 코칭과정 중 적절한 시점에 척도를 실시하고 각 요인에서의 점수를 얻는다. 피코치가 전체 요인 점수를 살펴보도록 하고 이 가운데 삶의 의미에 큰 영향을 주었다고 생각하는 요인과 반대로 영향을 주지 못한 요인을 선정토록 한다. 상대적으로 큰 영향을 준다고 판단하여 선정한 요인에 대해서 코치는 피코치가 어떠한 이유 때문에 그렇게 생각하는지 물어보고 각 요인을 증진시키기 위한 노력을 더 할 동기가 있는지 물어본다. 상대적으로 영향을 미친 정도가 낮은 요인에 대해서는 각 요인 점수 증진을 위해 대해 추후 더 많은 노력을 기울일 의지가 있는지 물어보고, 있다면 구체적으로 어떤 행동을 할 것인지 실행계획을 수립하도록 한다.

—— 제3장 ——

# 일과 삶의 균형

　라이프코칭의 대상인 피코치는 모든 사람이 될 수 있다. 대상을 좁히자면 아무래도 삶에서 살아온 기간이 얼마 되지 않은 아동이나 청소년보다는 어느 정도 이상의 삶을 살아온 성인이 주요 대상이 될 것이다. 성인은 직장이나 자영업 등의 직업이 있는 사람과 직업이 없는 사람으로 구분할 수 있다. 라이프코칭은 직업의 유무와 상관 없이 모든 사람이 대상이 된다.

　제1장에서 기술했듯이 라이프코칭은 우선적으로 피코치가 살아온 삶의 다양한 영역을 탐색하게 된다. 이 과정에서 직장인들은 아무래도 자신의 일에 너무 많은 시간을 보내다 보니 다른 삶의 영역을 소홀히 하게 되고 이로 인해 삶의 질이나 의미가 낮아질 수 있다. 이 장에서는 직업이 있는 성인들을 대상으로 자신의 일과 삶의 균형에 관한 과거 연구를 살펴보고자 한다. 일과 삶의 균형에서 삶을 어떻게 정의하고 측정하는지, 일과 삶의 균형 여부에 따른 긍정적 및 부정적 효과 등에 관해 살펴보고 이를 통해 라이프코칭에서의 시사점을 찾고자 한다.

## 1. 일과 삶 균형의 의미

일에만 몰입하다 보면 시간이 부족해서 또는 심리적으로나 신체적으로 지쳐서 이외의 다른 삶의 영역에 몰입할 여유가 부족하게 된다. 이 분야에 관한 연구는 일과 삶의 다양한 영역 가운데 가정에 초점을 두고 진행되었으며 직장이 있는 여성들을 주요 대상으로 두고 진행해 왔다. 지금은 사회 분위기가 많이 바뀌었지만 선진국에서도 초창기에는 직장이 있는 여성들이 가정까지 돌봐야 하는 경우가 많았다. 일에 많은 시간을 투자하다 보니 가정에 소홀해질 수밖에 없게 되고 그로 인해 일과 가정 사이에서 균형을 맞추기가 힘들어지고 갈등이 발생하게 되면서 자연스럽게 일과 가정 간의 갈등에 초점을 두게 되었다. 이제는 여성뿐 아니라 남성의 경우에도 집안일에 시간을 투자해야 할 것을 요구받음에 따라 일-가정 간의 갈등 또는 균형은 직장이 있는 모든 사람들에게 중요한 이슈가 되었다.

하지만 가정만이 삶의 전부가 아니며 특정 개인에게는 여가나 건강 또는 사회봉사 등과 같은 삶의 다른 영역도 매우 중요할 수 있다. 최근의 연구는 삶의 영역의 폭을 넓혀 일과 이러한 다양한 삶의 영역 간의 균형을 이루어 갈등을 줄이는 데 관심을 두고 있다. Kelliher, Richardson과 Boiarintseva(2019)는 일과 삶의 균형(work-life balance)에 관한 기존 연구들의 몇 가지 문제점을 들고 있다. 먼저, 자녀가 있는 직장인들을 주요 대상으로 하여 연구를 진행함으로써 삶의 영역을 가정을 포함한 육아문제에 초점을 두었다는 점이다. 즉, 살아가면서 개인이 관심을 갖게 되는 건강, 여가, 교육, 운동, 경제, 종교, 커뮤니티 활동 등과 같이 다양한 삶의 영역이 있음에도 불구하고 일과 이러한 영역 간의 갈등 또는 균형에 큰 관심을 두지 않았다는 점을 지적하고 있다.

물론 삶의 영역의 확대뿐 아니라 일의 내용이나 유형에서도 많은 변화가 있어 왔다. 예를 들어, 비정규직이 많아지고 재택근무자가 늘어나고 한 가지 일만 하는 것이 아니라 돈벌이를 위해 여러 일을 하는 사람도 늘어나고 있으며, 창업하는 사람들도 많아지고 있다. 따라서 과거 연구에서 주로 직장에서 정규직으로 일하는 사람들을 대상으로 했던 것에서 벗어나 일의 범위를 확장시켜 다양한 유형의 일에 종사하는 사람들도 포함시킬 필요가 있을 것이다. 하지만 이 책은 라이프코칭에 관한 내용을 다루고 있기 때문에 일 영역에서의 변화보다는 삶의 영역에서의 변화에 초점을 두고자 한다.

라이프코칭에서 일과 삶의 균형이 중요한 이유 가운데 하나는 일과 삶의 균형이 개인의 웰빙에 긍정적 영향을 미친다는 점이다. 이에 관한 일부 연구를 살펴보면 Lunau, Bambra, Eikemo, van der Wel과 Dragano(2014)는 유럽 27개국 24,096명의 종업원들로부터 자료를 얻어 일과 삶의 균형과 건강 간의 관계를 분석하였다. 일과 삶의 균형 측정을 위해 간단히 하나의 문항으로 자신의 업무시간이 가정 및 사회생활에 몰입하는 데 얼마나 부합하는지를 물어보았다. 종업원들의 건강상태 측정을 위해서는 긍정 기분을 느끼고, 활력 있고 재미있는 일이 많은지 등을 평가하는 5개 문항으로 구성된 WHO-5 웰빙 지수와 자신의 일반적인 건강 수준을 물어보는 하나의 문항을 실시하였다. 분석 결과, 일과 삶의 부합이 낮을수록 두 가지 방법으로 측정한 건강 수준 모두 낮은 것으로 나타났으며 이러한 결과는 남녀 성별 간에 차이가 없었다.

Gröpel과 Kuhl(2009)은 대학생과 직장인을 대상으로 일과 삶의 균형과 주관적 웰빙 간의 관계를 분석하였다. 일과 삶의 균형은 일(또는 공부)로 인해 가족이나 친구와 보낼 여유가 있는 정도로 측정하였으며, 주관적 웰빙은 삶의 만족을 측정하였다. 분석 결과, 일과 삶의 균형이 높을수록 주관적 웰빙이 유의하게 증가하였다. 또한 매개분석 결과, 일과 삶의 균형은 욕구충족을 거쳐 주관적 웰빙에 긍정적 영향을 주었다. 즉, 일과 삶의 균형이 높을수록 일과 사회생활과 관련해 자신이 바라던 목표를 달성할 가능성이 높아지고 이로인해 삶의 만족도가 높아지는 것으로 나타났다.

다양한 직장에 근무하는 3만 명 정도의 대규모 한국 직장인들을 대상으로 한 연구에서도(Yang, Suh, Lee, & Son, 2018) 일과 삶의 균형은 심리적 웰빙과 유의하게 관련된 것으로 나타났다. 이들의 연구에서 일과 삶의 균형은 앞에서 기술한 Lunau 등(2014)에서 사용한 문항과 동일하게 자신의 업무시간이 가정과 사회생활을 영위하는 데 얼마나 부합하는지를 측정하였다. 심리적 웰빙도 동일한 WHO-5 웰빙지수를 사용하였다.

## 2. 다양한 삶의 영역

이상의 연구들은 일과 삶의 균형이 개인의 웰빙에 긍정적 영향을 미친다는 것을 보여 준다. 라이프코칭에서는 코칭을 통해 피코치의 웰빙을 증진시키는 것이 중요하기 때문에 일과 삶의 균형에 관한 내용에도 관심을 가질 필요가 있다. 하지만 앞에서 살펴본 연구들은 대부분 일과 삶의 균형을 측정하는 과정에서 삶의 영역을 제한적으로 보고 있다. 즉, 대부분의 연구가 삶의 영역을 가정과 사회생활에만 초점을 두고 있다.

일과 삶의 균형에 관한 연구들의 대부분이 이와 같이 삶의 영역을 제한적으로 보고 있는 것에 대한 비판이 일어나면서 삶의 영역을 좀 더 다양하게 살펴볼 필요가 있음을 주장하는 연구가 시도되었다. Keeney, Boyd, Sinha, Westring과 Ryan(2013)은 기존의 일과 삶의 균형을 측정하는 척도의 대부분이 삶의 영역을 가족에만 초점을 두고 좁게 해석하였다는 점을 지적하였다. 또한 삶을 측정하는 과정에서 일로 인한 시간부족 또는 긴장으로 인한 갈등 가운데 하나만을 측정하였다는 단점을 지적하면서 이들의 연구에서는 삶의 영역을 다양화하고 일로 인한 시간부족 또는 스트레스로 인한 갈등 두 가지 요인을 모두 측정하는 척도를 개발하고 타당도를 검증하였다.

이들은 과거 문헌과 연구진의 논의를 통해 삶의 주요 영역으로 건강, 가정, 친구, 집안일(household management), 교육, 이성관계(romantic relationship),

여가, 지역사회봉사(community involvement) 등의 8개 영역을 도출하였다. 8개 영역 중 가정과 집안일 영역 간에 다소 중복되는 부분이 있을 것으로 보일 수 있다. 여기서 가정은 아이를 돌보거나 부모를 방문하거나 돌보거나 집안 모임에 참석하는 등 가정과 관련된 내용에 초점을 두고 있다. 반면, 집안일은 청소하고, 마켓에 가고, 집을 보수하는 등 집을 잘 관리하기 위해 하는 행동에 초점을 두고 있다. 이 밖에 건강 영역은 신체 및 정신 건강을 위해 하는 모든 활동(예: 운동, 명상, 병원 가기 등)을 의미한다. 친구 영역은 친구들과 어울려 지내는 모든 활동(예: 식사하기, 영화관 가기, 얘기하기 등)을 포함한다.

교육 영역에는 회사에서 제공하는 훈련이나 교육은 제외하고 자신이 자발적으로 업무에서 요구하지 않는 책을 읽거나 학위나 자격증 공부를 하거나 자기계발을 위해 교육과정을 이수하는 등의 활동이 포함된다. 이성관계 영역은 자신에게 중요한 사람과 데이트를 하거나 시간을 같이 보내는 활동을 포함한다.

여가 영역은 다양한 취미활동 및 독서 혹은 텔레비전을 보면서 쉬는 활동 등을 의미한다. 마지막으로 지역사회봉사 영역에는 지역사회봉사를 위한 다양한 활동(예: 주민 모임회 참석, 구민축제 참석, 투표 참여 등)이 포함된다.

연구진은 영역별로 10개의 예비 문항을 만들었으며 파일롯 검사를 통해 48개 문항을 선정하였다. 시간부족으로 인한 갈등 문항의 예를 살펴보면 건강영역의 경우 "업문에 쓰는 시간 때문에 건강을 위해 쓰고 싶은 시간이 줄어든다."와 같은 문항이 있으며, 가정영역의 경우 "업무에 쓰는 시간 때문에 가정에서 보낼 시간이 부족하다." 등이 포함된다. 한편 스트레스로 인한 갈등 문항의 예로는 건강 영역의 경우 "일로 인한 스트레스 때문에 건강에 집중하기가 어렵다." 등이 포함된다. 가정영역의 경우에는 "일로 인한 스트레스 때문에 가정에 집중하기가 어렵다."와 같은 문항을 포함한다(<부록 3-1>에 일부 문항 제시).

연구 1에서는 1,811명의 직장인을 대상으로 설문을 실시하였으며 이 과정에서 특정 삶의 영역에 참여했는지의 정도를 물어보고 전혀 하지 않고 있다고 응답한 사람은 해당 일-삶의 균형 문항에 답하지 않도록 하였다. 예를 들어, 어떤 개인이 지역 사회봉사 활동에 전혀 참여한 적이 없다고 한다면 이 하위척도 문항에는 응답하지 않았다.

척도의 구성타당도 분석을 위해 확인적 요인분석을 실시한 결과 16개 요인모형이 8개, 2개 또는 1개 모형보다 부합도가 높게 나타났다. 여기서 16개 요인은 앞의 8개 삶의 영역을 시간부족으로 인해 제대로 참여하지 못하는 경우와 스트레스로 인해 참여하지 못하는 경우로 구분했기 때문에 실제 삶의 영역의 수는 8개를 의미하며 원래 의도한 8개 요인모형이 입증된 것으로 해석하면 된다. 삶의 8개 영역에서 응답자들이 가장 중요하게 생각하는 영역은 가정이었고 다음은 이성관계와 건강의 순서였다.

Keeney(2013) 등은 연구 2를 통해 3,145명의 직장인으로부터 자료를 얻어 일과 삶의 균형과 삶의 만족, 정신건강, 직무만족 및 이직의도 등의 변인과의 관련성을 분석하였다. 전반적으로 일과 삶의 영역 간의 갈등이 작을수록 삶의 만족, 정신건강 및 직무만족 수준이 높아지고 이직의도는 낮아지는 것으로 나타났다. 또한 추가분석을 통해 일과 삶의 균형 척도에서 일과 가정 간 갈등(균형) 하위척도를 분리하여 분석하였는데, 일과 가정 간 갈등 영역을 제외한 다른 일과 삶의 갈등(균형) 척도는 직무만족, 삶의 만족, 이직의도 및 정신건강을 설명하는 데 있어서 일과 가정 간 갈등이 설명하는 것 이상의 변량을 유의하게 설명하였다. 이러한 결과는 삶의 만족과 정신건강 등의 개인의 웰빙을 설명하는 데 있어서 기존의 일과 가정 간 갈등 또는 균형만이 중요한 것이 아니라 다른 다양한 삶의 영역과의 균형도 중요하고 의미가 있음을 시사하는 것으로 해석할 수 있다.

Keeney 등이 도출한 연구결과는 라이프코칭을 진행할 때도 중요한 시사점을 줄 수 있다. 이들의 연구결과에서 보듯이 일과 삶의 균형을 고려할 때 가정이라는 하나의 삶의 영역에만 초점을 둘 것이 아니라 다양한 영역을 고려하는 것이 개인의 웰빙 수준을 증진시키는 것으로 나타났다. 따라서 라이프 코칭을 진행할 때도 개인이 경험할 수 있는 다양한 삶의 영역을 도출하여 각 각의 영역에 대한 만족도가 어떠한지를 살펴보는 것이 개인의 전반적인 심리 적 웰빙 수준을 높이는 데 도움이 될 것이다.

　문제는 삶의 다양한 영역을 얼마나 세부적으로 구분하는지에 관한 것으로 볼 수 있다. 예를 들어, Keeney 등의 연구에서는 삶의 영역을 8개로 구분하 였다. 보통 사람들이 생각하는 삶의 영역이 8개 이외에도 다른 영역이 있을 수 있을까? 아마도 가능할 수 있을 것이다. 예를 들어, 금전과 관련된 재정적 인 영역이 있을 수 있다. 직장이 있다 하더라도 월급이 충분하지 않거나 또는 현재는 충분하다 해도 향후 퇴직 후 노후생활을 위해 재정 영역에 관심을 기 울일 수 있다. 주식 또는 부동산 투자를 한다거나 또는 퇴근 후 또는 주말에 다른 일을 하는 등의 방법이 있을 수 있다. 이러한 영역이 일부 직장인에게는 중요하지 않을 수 있지만 다른 직장인에게는 다른 영역 못지않은 중요한 영 역이 될 수 있다.

　또는 재정 영역이라 하더라도 이 영역에 포함되는 내용을 어느 정도까지 세부적으로 다룰 것인지에 관한 논의도 필요하다. 예를 들어, 바로 앞에서 설 명하였지만 재정 영역에 들어갈 수 있는 내용으로 주식에 투자하거나 퇴근 후나 주말에 다른 일을 해서 돈을 버는 활동이 가능하다. 이 두 가지 활동은 모두 재정과 관련된 내용이지만 주식투자는 틈틈이 시간을 내서 점심시간 등 을 활용하여 할 수 있는 활동인 데 반해서 퇴근 후나 주말에 다른 일을 하는 것은 상당한 신체적 노력과 시간을 요구하는 힘든 활동이다. 모든 사람이 이 두 가지 활동을 다 하는 것은 아니기 때문에 이러한 두 활동을 분리해서 가칭 '투자' 영역과 '투잡(two jobs)' 영역으로 구분하는 것도 가능할 것이다.

　어느 정도까지 삶의 영역을 다면화하고 내용을 세부적으로 구분할 것인지 를 결정하는 것은 쉬운 일이 아니다. 이와 관련해 경험적 연구를 통해 입증하 는 것도 중요하지만 라이프코칭 실무를 통해 코치가 어느 정도 영역을 세분화하는 것이 바람직한지를 사례를 통해 판단하는 것도 필요할 것이다. 중요한 점은 라이프코칭 과정에서 피코치가 자신이 지금까지 삶에서 고려하지 않았던 다양한 삶의 영역에 대해 탐색할 수 있는 기회를 갖는다는 것이다. 이러한 과정은 피코치에게 새로운 삶을 살아갈 수 있는 동기를 제공할 수 있으며 이를 통해 삶의 질이나 웰빙이 높아질 수 있는 계기가 될 수 있을 것이다.

## 3. 일과 삶의 관계: 갈등 또는 조화

앞에서 잠시 설명했지만 일과 삶의 균형에 관한 연구는 처음에 일-가정 간의 갈등 또는 일-가정 간의 균형에 관한 연구에서 시작되었다. 초창기의 일-가정 간의 갈등에 관한 연구는 기본적으로 일에 관한 역할이 많다 보니 가정에서 해야 할 역할에 소홀하게 되어 두 역할 간에 갈등이 존재한다는 것을 가정으로 하고 있다. 즉, 일-가정 간의 갈등은 역할결핍(role scarcity) 이론을 토대로 하고 있다. 역할결핍 또는 역할긴장(role strain)이론에서는 개인이 다양한 역할에 쓸 수 있는 에너지가 고정되어 있다고 가정한다. 따라서 한 역할에 더 많은 에너지를 쓰게 되면 다른 역할에 쓸 에너지가 부족해서 충분한 역할을 하지 못하게 되고 이에 따라 두 역할 간에 갈등이 생긴다는 것이다(Goode, 1960).

반면, 역할축적(role accumulation) 이론에서는 다양한 역할에 몰입함으로써 얻게 되는 이득이 있다고 본다(Marks, 1977; Ruderman, Ohlott, Panzer, & King, 2002에서 재인용). 예를 들어, 직장에서 일을 통해 얻게 되는 문제해결력이라든가 직장동료와의 갈등관계를 해결하는 것을 통해 얻어진 갈등관계해결력과 같은 자원과 에너지를 갖게 되며, 이러한 자원과 에너지는 가정에서 발생하는 여러 가지 어려움을 해결하는 데 도움이 될 수 있다는 것이다. 즉, 한 역할에서 얻어진 자원이 다른 역할을 하는 데 활용되어 다른 역할을 더 잘

할 수 있도록 기여한다는 것이다.

다시 말하면, 에너지는 고정된 것이 아니라 다중 역할을 통해 충분히 확장 가능하다는 점을 강조한다. 물론 많은 역할을 맡게 됨으로써 이로부터 생기는 어려움이나 스트레스가 발생하게 된다. 역할축적 이론에서는 이를 부정하는 것이 아니라 그러한 문제점이 있을 수 있지만 각 역할을 통해 얻게 되는 긍정 자원을 통해 전체적으로 긍정적으로 작용하는 이득이 있다는 점을 강조한다.

Ruderman 등(2002)은 역할축적 이론을 검증하기 위하여 여성 관리자들을 대상으로 두 가지 연구를 실시하였다. 첫 번째 연구에서는 61명의 여성 관리자를 대상으로 질적 연구를 실시하였다. 연구대상자 가운데 71%가 기혼이었고 50%는 18세 이하의 자녀가 있었다. 연구진은 연구참가자들에게 개인생활의 어떤 부분이 직장생활을 하는 데 도움이 되었는지를 질문하였다. 도움이 되는 내용이 있을 경우 구체적으로 어떠한 역할이 도움이 되었고 이를 어떻게 학습하게 되었는지를 물어보았다. 연구참가자들의 응답을 토대로 질적 분석을 통하여 6개의 범주를 도출하였다.

첫째 범주는 대인관계 스킬(opportunities to enrich interpersonal skills)이었으며 이 범주에 속한 응답 내용이 전체 응답 가운데 42%로 가장 많았다. 이 범주에 속한 내용의 예로는 아이들을 키우면서 이들의 의견에 공감하고 참고 적절하게 반응하는 스킬을 익힌 것이 관리자로서의 역할을 하는 데 도움이 되었다는 것이었다. 또한 친구나 공동체 활동을 통해 학습한 대인관계 스킬도 관리자 역할수행에 도움이 되었다는 내용도 있었다.

둘째 범주는 심리적 요인(psychological benefits)으로, 일상생활에서 어려움에 처할 때 올바른 결정을 내려 성공했던 경험을 통해 자신감을 얻게 되고 이러한 심리적 자원이 업무에서 어려움에 대처하는 데 도움을 주는 것을 의미한다.

셋째 범주는 정서적 지지 및 조언(emotional support and advice)으로, 직장

동료가 아닌 친구들로부터 도움을 받는 것을 의미한다. 예를 들어, 다른 직장에 있는 친구와 소통하면서 자신의 어려움에 대해 공감을 얻고 때로는 업무와 관련된 문제를 해결하는 데 도움이 되는 조언도 받게 된다. 이러한 경험은 업무에서 관리자로서의 역할을 하는 데 도움이 될 수 있다.

넷째 범주는 다중과제처리능력(handling multiple tasks)이다. 가정에서 여러 가지 일을 동시에 해야 하는 경우가 자주 발생한다. 예를 들어, 아이들이 갑자기 아파서 돌봐야 하는데 부모나 배우자까지 아프다거나 수도가 고장이 나서 고쳐야 하는 등 동시에 여러 가지 과제를 처리해야 하는데 이러한 경험을 통해 습득된 다중과제처리능력이 업무에서 일처리를 하는 데 도움이 된 것으로 나타났다.

다섯째 범주는 개인적 관심사와 배경이다. 예를 들어, 젊어서 다른 국가에서 살았던 경험이 직장에서 글로벌 업무를 하는 데 도움이 될 수 있을 것이다.

여섯째 범주는 리더십이다. 일상생활에서 집안 모임을 계획하고 이끌어 간다거나 공동체나 종교단체 또는 자원봉사 조직에서 리더 역할을 할 기회가 있는데 이러한 경험이 업무에서 리더 역할을 하는 데 도움을 준 것으로 나타났다.

이러한 연구 1에서의 연구결과를 토대로 Ruderman 등(2002)은 177명의 여성 관리자를 대상으로 양적 연구를 진행하였다. 이 연구에서 Ruderman 등은 여성 관리자들의 다양한 업무 밖 역할 경험이 심리적 웰빙, 대인관계 및 업무수행과 관련이 있는지를 분석하였다. 업무 밖 역할 경험은 21개 문항으로 구성된 네 가지 삶의 영역(양육, 배우자 관계, 친구관계, 공동체 활동)에 대한 몰입 정도를 리커트 방식을 활용하여 측정하였고 이를 다중 삶의 역할몰입으로 명명하였다. 심리적 웰빙은 삶의 만족, 자존감 및 자기수용으로 측정하였으며 경력에 대한 몰입을 통제하였다.

분석 결과, 다양한 삶의 역할에 대한 몰입 정도가 높을수록 삶의 만족, 자존감 및 자기수용 모두 유의하게 높은 것으로 나타났다. 대인관계 및 업무수행과의 관계에서도 다양한 삶의 역할에 대한 몰입이 높을수록 두 변인 모두 유의하게 증가하는 것으로 나타났다. 이들의 연구결과는 요약하자면 여러 가지 역할을 하는 것이 서로 간에 시너지 효과를 일으켜서 전반적인 심리적 웰빙뿐 아니라 업무수행에서도 긍정적인 결과를 가져올 수 있다는 점을 시사한다.

물론 이 과정에서 몇 가지 의문은 남을 수 있다. 먼저, 다양한 역할을 수행하는 것이 긍정적인 결과를 가져올 수 있지만 어느 정도의 다중 역할까지 해당되는지에 관한 점이다. Ruderman 등의 연구에서는 4개의 다중 역할의 긍정적 효과에 대해 기술하였는데, 예를 들어 역할 수가 10개까지 증가해도 여전히 다중 역할의 시너지효과를 기대할 수 있는지에 대한 경험적 연구가 필요하다. 어쩌면 어느 정도의 역할까지는 긍정적 결과를 기대할 수 있지만 일정 수의 역할을 넘게 되면 효과가 감소하거나 더 이상 증가하지 않는 형태가 될 수도 있다.

또한 다중 역할로 인해 얻을 수 있는 긍정적 효과도 있지만 많은 역할로 인해 스트레스를 받아 부정적으로 작용할 수도 있을 것이다. Ruderman 등의 연구에서는 다중역할의 긍정적 효과만을 분석하고 부정적 영향은 포함하지 않았다. 동시에 다양한 역할을 수행하는 과정에서 자신의 역량이 받쳐 주지 못해 오히려 스트레스를 받는 부분도 있을 것이다. 과연 다중역할의 긍정적 및 부정적 결과를 동시에 고려할 때 어떠한 결과가 도출될 것인지에 관한 추후 연구가 이러한 의문에 대한 답을 제공할 수 있을 것이다.

한편, Ruderman 등은 여성 관리자만을 대상으로 연구를 진행하였다. 그렇다면 다중 역할의 긍정적 측면이 여성에게만 작용하는 것일까? 관련 연구 결과는 그렇지 않은 것으로 나타나고 있다. Ahrens와 Ryff(2006)는 역할축적 이론이 성별이나 연령에 상관없이 긍정적인 결과를 가져오는지를 분석하였다. 이들은 미국 내 다양한 지역에 거주하는 25세에서부터 75세까지의 성인 남녀 2,634명으로부터 자료를 얻어 분석하였다. 전체 조사대상자 가운데 남녀 비율은 거의 비슷했다.

　Ahrens와 Ryff는 기존 연구에서 조사한 역할의 수가 적었다는 문제점을 지적하면서 자신들의 연구에서는 여덟 가지 역할을 제시하였다. 이 역할들은 배우자, 부모, 직장, 종교 참여, 친구, 자원봉사, 사회모임, 그리고 돌봄이었다. 여기서 배우자, 부모, 직장, 종교 참여 및 친구에 대한 내용은 쉽게 이해할 수 있기 때문에 설명에서 제외하고자 한다. 자원봉사는 공식적인 조직을 위해 봉사하는 것을 의미하며, 사회모임은 종교모임, 전문가모임, 스포츠모임, 기타 모임 등에 참여하는 역할을 포함한다. 돌봄은 자녀를 제외하고 부모, 형제, 손주, 친척 등을 돌봐 주는 것을 의미한다. 응답자들이 몰입하고 있는 다중역할의 정도는 이들이 선택한 역할의 수로 측정하였다. 즉, 8개 역할 모두에 몰입한다고 답하면 8점, 4개 역할에만 몰입한다고 답한 경우에는 4점을 할당하였다.

　응답자들이 각 역할에 몰입한다고 주장하는 정도가 다를 수 있기 때문에 연구진은 객관적인 기준을 만들어서 역할에 해당하는 점수를 부여하였다. 예를 들어, 직장의 경우 풀타임 직장을 다니면 1점(하나의 역할), 파트타임 직장의 경우에는 .5점(하나가 아닌 반에 해당하는 역할)을 주었다. 친구의 경우에도 일주일에 여러 번 만난다고 답한 경우에만 1점을 주고 그렇지 못한 사람들은 0점을 할당하였다. 종교 참여의 경우에도 한 달에 4번 이상 교회에 간 경우에는 1점을 배정하였지만 그렇지 못한 사람에게는 0점을 주었다. 한편, 심리적 웰빙은 Ryff와 Keyes(1995)가 개발한 척도를 사용하여 측정하였다.

　분석 결과, 다중역할은 심리적 웰빙에 긍정적인 영향을 미치는 것으로 나타났다. 즉, 개인이 다양한 역할에 몰입할수록 이들의 심리적 웰빙 수준은 높게 나타났다. 심리적 웰빙을 요인으로 구분하여 구체적으로 살펴보면 다양한 역할에 몰입할수록 삶을 효율적으로 관리한다고 인식하는 정도가 높았고 타인관계가 더 좋았으며 삶의 의미와 목적을 더 크게 인식하고 있었다. 한편, 심리적 웰빙을 설명하는 데 있어서 역할몰입은 성별 및 연령과 상호작용하지 않는 것으로 나타났는데, 이는 역할몰입의 긍정적 효과가 성별이나 연령에 따라 다르지 않고 일관되게 나타난다는 것을 의미한다.

## 4. 라이프코칭에서의 시사점

그렇다면 이 장에서 기술한 일과 삶의 균형과 관련된 연구결과들은 라이프코칭에 어떤 시사점을 줄 수 있을까? 일과 가정 간의 갈등에 관한 연구들은 앞서 설명하였듯이 역할긴장 이론의 관점에서 보면 서로의 역할이 갈등관계에 있게 된다. 반면, 역할축적 이론에 따르면 두 역할은 서로 조력 역할을 하게 된다. 두 가지 이론을 각자 지지하는 연구들이 있기 때문에 현시점에서 한쪽의 이론만이 옳다고 주장하기는 어렵다.

라이프코칭을 진행하는 관점에서 보면 필자는 균형된 관점에서 접근할 필요가 있다고 판단한다. 많은 직장인들이 업무량이 많아 가정이나 다른 삶의 영역에 시간을 투자할 여유가 없고 이로 인해 스트레스를 받는다고 얘기한다. 따라서 다른 삶의 영역에서의 만족을 얻기 위해서는 업무 시간을 줄여야만 하며 동시에 여러 삶의 영역에 시간을 투자하는 것은 스트레스를 증가시킬 뿐이라고 생각하게 된다. 역할긴장 이론의 관점에서 접근하면 이러한 주장이 타당할 수 있다.

하지만 역할축적 이론의 관점에서 상황을 인식하게 되면 다른 접근방법이 가능해진다. 업무에서의 경험이 다른 삶의 영역에서의 경험에 도움을 줄 수 있으며 여러 삶의 영역에 관심을 갖고 다양한 역할에 몰입하게 되면 오히려 삶의 질이 높아질 수도 있기 때문이다. 따라서 라이프코치는 역할축적 이론을 토대로 라이프코칭 과정에서 피코치가 특정 삶의 영역만을 추구하는 것이 아닌 다양한 삶의 영역에 관심을 갖고 이를 탐색해 보는 기회를 갖도록 하는 것이 필요하다. 이러한 탐색을 통해 피코치가 다양한 삶의 영역에서 새로운 활동을 할 수 있는 가능성을 살펴보고 이러한 기회가 삶에 부정적인 영향을 주는 것이 아니라 오히려 긍정적인 영향을 줄 수 있다는 것을 인식하게 될 수도 있기 때문이다. 코치가 역할긴장 이론에 치중해서 피코치가 다른 기회를 찾는 것을 시작 단계에서부터 차단할 필요는 없다.

🌱 **부록 3-1**　**삶의 영역에 대한 일의 간섭 척도 문항**
Keeney, Boyd, Sinha, Westring, & Ryan(2013)에서 일부 문항을 발췌함

1. 업무에 쓰는 시간 때문에 건강을 위해 쓰고 싶은 시간이 줄어든다.
2. 업무의 모든 압박감 때문에 때때로 나는 너무 스트레스를 받아 건강 관련 활동을 할 수 없다.
3. 업무에 쓰는 시간 때문에 가정에서 보낼 시간이 부족하다.
4. 업무로 인한 스트레스는 내가 내 가족부양에 완전히 관여하는 것을 더 어렵게 만든다.
5. 업무에 걸리는 시간 때문에 가사노동을 위한 충분한 시간을 만들기 어렵다.
6. 업무의 모든 압박감 때문에 때때로 나는 너무 스트레스를 받아 가사노동 관련 활동을 할 수 없다.
7. 업무에 쓰는 시간 때문에 우정을 위해 쓰고 싶은 시간이 줄어든다.
8. 업무의 모든 압박감 때문에 때때로 나는 너무 스트레스를 받아 우정 관련 활동을 할 수 없다.
9. 업무에 쓰는 시간 때문에 교육을 위해 쓰고 싶은 시간이 줄어든다.
10. 업무의 모든 압박감 때문에 때때로 나는 너무 스트레스를 받아 교육 관련 활동을 할 수 없다.
11. 업무에 쓰는 시간 때문에 연애를 위해 쓰고 싶은 시간이 줄어든다.
12. 업무로 인한 스트레스 때문에 연애에 완전히 몰입하기가 어렵다.
13. 업무에 쓰는 시간 때문에 공동체 활동을 위해 쓰고 싶은 시간이 줄어든다.
14. 업무로 인한 스트레스 때문에 공동체 활동에 완전히 몰입하기가 어렵다.
15. 업무에 쓰는 시간 때문에 여가를 위해 쓰고 싶은 시간이 줄어든다.
16. 업무로 인한 스트레스 때문에 여가에 완전히 몰입하기가 어렵다.

# 제4장

# 웰니스코칭의 개념 및 방법

라이프코칭의 정의에 관해 설명하면서 비즈니스코칭이나 커리어코칭 등 다른 코칭과의 차이점에 대해 기술한 바 있다. 라이프코칭과 유사한 개념으로 최근 국외에서 크게 성장하고 있는 웰니스(wellness)코칭이 있다. 웰니스코칭의 개념에 대해 명확히 합의된 정의가 없기 때문에 라이프코칭과 비교하는 것이 어려울 수도 있지만 일부 웰니스코칭에 대한 내용은 라이프코칭과 유사한 부분이 있다. 이 장에서는 웰니스코칭이란 무엇을 의미하는지를 살펴보고 이를 위해 웰니스의 개념과 다양한 웰니스 모델과 웰니스를 측정하는 척도를 기술한 후 마지막으로 웰니스코칭을 진행하는 과정에 관해 설명하고자 한다.

## 1. 웰니스코칭의 의미

일반적으로 웰니스코칭은 건강코칭(health coaching)과 상호교환적으로 사용하고 있는 경우가 많다. 건강코칭은 말 그대로 개인의 건강증진을 위한 코칭이기 때문에 웰니스코칭도 건강증진을 위한 코칭으로 알려져 있다. 미국에서 웰니스코치를 이미 1만 명 이상 교육한 Duke 대학교의 홈페이지에 나와 있는 웰니스코칭에 관한 설명을 살펴보면 영양이나 체중 조절과 같은 건강 측면에 초점을 두고 있다.

하지만 웰니스코칭을 단순히 건강증진을 위한 코칭이 아닌 라이프코칭과 같이 보다 폭넓게 정의하기도 한다. Arloski(2009)는 웰니스코칭을 개인이 자신의 라이프스타일 행동을 향상시키도록 돕는 과정을 의미한다고 정의 내린 바 있으며 이를 통한 개인의 성장과 잠재력 개발을 강조하였다. 또한 웰니스코칭은 개인의 웰니스 수준 증진을 위해 라이프스타일을 향상시키려는 목표를 달성하는 과정에서 라이프코칭의 원리와 과정을 적용한 것이라고 주장하였다. 여기서 말하는 라이프스타일은 건강뿐 아니라 여가활동, 친구 및 가족 관계, 직장 등 다양한 삶의 영역에서의 개인의 평소 행동을 의미한다. 따라서 웰니스코칭은 단순히 개인의 건강을 향상시키는 것이 아니라 다양한 삶의 영역에서 웰니스 수준을 높이는 것으로 이해할 수 있다. 이러한 관점에서 보면 웰니스코칭은 라이프코칭과 유사한 개념이라고 얘기할 수 있다. 웰니스코칭에 관해 좀 더 자세히 설명하기 위해서는 먼저 웰니스의 개념이 무엇인지 정리할 필요가 있다.

# 2. 웰니스

웰니스를 명확하게 정의하는 것은 쉽지 않다. 웰니스라고 하는 구성개념 자체가 주관적인 특징이 있고, 무엇이 웰니스이고 무엇이 웰니스가 아닌지에 관한 가치 판단의 문제가 있기 때문이다(Roscoe, 2009).

웰니스라는 단어는 외과의사인 Dunn(1959)이 처음 사용한 것으로 알려져 있다. Dunn은 높은 수준의 웰니스란 주어진 환경에서 자신이 가지고 있는 잠재력을 극대화하기 위한 통합된 방법으로 정의하였다. 그는 이러한 정의를 바탕으로 웰니스는 적정 수준이 있는 것이 아니라 잠재력 개발을 위해 지속적으로 노력하는 과정으로 해석하였다. 여기서 잠재력은 근육이나 신경시스템과 같은 신체의 특정 부분에 국한되는 것이 아니라 성격 및 개인특성과 같은 개인 전체를 포함한다고 주장하였다. 따라서 웰니스 수준이 높은 사람은 자신의 잠재력을 극대화하기 위해 지속적으로 노력하는 정도가 높은 것으로 해석할 수 있다.

WHO(1967)에서는 웰니스를 단순히 질병이 없는 것이 아니라 완전한 신체적, 정신적, 사회적 웰빙 상태를 의미하는 것으로 정의하였다. 국립웰니스원(National wellness institute)에서는 웰니스를 개인이 더 나은 존재를 인식하고 그렇게 되기 위해 노력하는 적극적인 과정으로 정의하였다.

Arloski(2009)는 웰니스의 개념을 좀 더 자세하게 설명하고 있는데 열 가지 기본 원리를 제시하고 있다.

첫째, 웰니스는 전체적인(holistic) 개념임을 강조한다. 다음의 웰니스 모형에서 설명하겠지만 대부분의 웰니스 모형은 웰니스를 다차원으로 보고 작게는 5개 차원에서부터 12개 차원까지 다양한 차원을 포함하는 모형을 제시하고 있다. 전체적인 개념이라는 의미는, 예를 들어 만약 6개 차원으로 구성된 웰니스 모형을 통해 개인에게 코칭을 진행할 경우 6개 차원 가운데 개인에게 부족하다고 생각되는 직업과 관련된 차원만을 다루고 다른 차원은 무시하는 것은 바람직하지 않다는 점을 강조하는 것으로 해석하면 된다. 즉, 부족하다고 생각되는 한 차원 또는 영역만을 다루기보다는 다른 차원에 대해서도 관심을 가지고 들여다보는 노력이 필요하다.

둘째, 자존감이 행동변화에 매우 중요한 요인이라는 점이다. 웰니스 수준을 높이기 위해서는 어떤 형태로든 지금의 행동에서 변화가 필요한데, 행동변화는 쉬운 일이 아니다. 새로운 변화에 대한 두려움이 있을 수 있고 변화과정에서 뜻대로 되지 않아 좌절을 경험하여 포기할 수도 있다. 이러한 상황에서도 노력을 지속하기 위해서는 개인이 자존감을 잃지 않는 것이 매우 중요하다. 코치의 긍정적인 피드백이나 격려를 통해 피코치의 자존감을 끌어올리는 것이 필요하다.

셋째, 동료집단의 긍정적인 건강 규범이 웰니스 변화를 촉진한다는 점이다. 사회생활을 해 나가면서 우리는 주변 사람들의 규범에 의해 영향을 받게 된다. 만약 나를 아는 주변 사람들이 건강과 웰니스를 중시하는 사람들로 구성되어 있다고 한다면 나도 그 영향을 받아 웰니스를 증진시키려는 노력을 하게 될 것이다.

넷째, 자신의 삶을 의식하려는 노력을 기울이고 이를 통해 자신이 선택하는 모든 행동을 인식할 필요가 있다는 점이다. 바쁘게 생활하다 보면 아무런 생각 없이 거의 습관처럼 많은 행동을 하게 된다. 예를 들어, 일이 끝나고 집에 오면 피곤해서 밥 먹고 텔레비전 보다가 잠자리에 드는 행동을 습관처럼 반복하게 되는 경우가 많다. 이러한 과정을 통해 자신이 하는 행동을 제대로 인식하지도 못하게 되고 인식하려는 노력도 하지 않게 된다. 웰니스 수준을 높이기 위해서 개인은 일상생활에서 자신이 하는 많은 행동을 인식하면서 특정 행동을 하는 이유가 무엇인지 생각해 볼 필요가 있다. 이러한 노력을 통해 새로운 목표를 세우고 그것을 달성하기 위한 노력을 기울일 가능성이 높게 된다.

　다섯째, 살아가면서 연결고리(connecteness)를 넓히는 노력을 할 필요가 있다는 점이다. 여기서 말하는 연결고리는 타인과의 관계를 증진시킬 수 있는 네트워크 형성뿐 아니라 동물, 식물, 땅, 하늘 등과 같이 우리 주변 환경 모두와의 연결도 포함한다. 즉, 사람과의 관계증진을 위해 노력하고 반려견이나 집에서 키우는 식물과도 교류하려고 노력하며 심지어 하늘도 무심히 바라보지 않고 자신이 하늘과 연결되어 있다(예: 밤하늘의 내 별 찾기 등)는 인식을 하고 연결고리를 찾기 위해 노력하는 사람의 웰니스 수준이 높다는 것을 의미하는 것으로 해석할 수 있다.

　여섯째, 자신의 건강을 책임질 사람은 바로 자신이라는 점이다. 사람이기 때문에 일상생활에서 환경의 영향을 받아 건강에 해가 되는 행동을 하기도 한다. 하지만 결과적으로 건강이나 웰니스에 도움이 되는 행동을 할 것인지 또는 해가 되는 행동을 할 것인지에 관한 선택은 개인이 한다는 점을 인식해야 한다. 평소 외부 탓을 하지 않고 자신의 행동에 대해 스스로 책임지는 마음가짐을 갖는 것이 웰니스 수준을 높이는 데 도움이 된다.

　일곱째, 스스로 무언가 할 수 있다고 인식하게 되면 두려움을 극복할 수 있는 자신감과 힘이 생긴다는 것이다. 예를 들어, 빵을 굽는 기술을 새로 배워 직접 빵을 만들거나 오르기 힘들 거라고 생각했던 높은 산 등정에 성공하는 등의 경험을 통해 스스로 할 수 있다는 자신감을 갖게 되고, 이는 새로운 웰니스 행동을 시도하는 데 도움을 주게 된다. 따라서 평소 새로운 스킬이나 기술 등을 배우는 노력을 기울이는 것이 도움이 된다.

　여덟째, 혼자서 생각하며 보내는 시간을 갖는 것이 중요하다는 점이다. 일상생활에서 바쁘게 살다 보면 자신을 돌아볼 시간이 없고, 따라서 자기성찰이나 통찰을 얻기 힘들다. 가능한 시간을 내어 조용한 곳에서 자신에 대해 생각해 볼 수 있는 시간을 갖는 것이 웰니스 수준을 높이는 데 도움이 된다. 집 안에서 이러한 시간을 갖기가 어려운 사람은 반드시 멀리 있는 콘도 등을 예약할 필요 없이 주변을 천천히 걸으면서 산책할 수 있는 공간을 찾는 것도 방법이 될 수 있다.

아홉째, 매번 모든 일에 완벽할 필요가 없다는 점을 깨닫는 것이다. 웰니스 코칭을 통해 자신에게 도움이 되는 새로운 행동을 하는 것은 앞에서도 언급했듯이 쉬운 일이 아니다. 실행과정에서 계획했던 대로 잘 이루어지지 않는 경우도 자주 나타날 수 있다. 스스로 매번 모든 것을 완벽하게 처리해야 한다는 생각을 가지고 있으면 새로운 행동을 해 나가는 과정에서 실망과 좌절을 경험할 가능성이 높다. 실행과정에서 실수나 실패가 있을 수 있다는 좀 더 융통적인 생각을 갖는 것이 도움이 된다.

마지막으로, 즐길 수 있는 것을 찾는 것이다. 웰니스 수준을 높이기 위해 모든 것을 철저한 계획한 채로 즐겁지 않은 활동을 하는 것도 도움이 되지 않을 수 있다. 자신이 정말 즐길 수 있는 활동이나 행동이 무엇인지 생각해 보고 힘들 때마다 이를 실행하며 긍정적 정서를 경험하는 것도 웰니스에 도움이 된다.


## 3. 웰니스 모형


### 1) Hettler의 육각형 모형

Hettler(1983)는 개인의 웰니스 수준을 이해하기 위하여 다차원적으로 접근할 필요가 있음을 강조하며 6차원으로 구성되고 상호의존적인 육각형 모형(hexagonal model)을 제시하였다([그림 4-1] 참조). 이 모형에 포함된 여섯 가지 차원들은 직업(occupational), 신체(physical), 사회(social), 지식(intellectual), 영성(spiritual), 그리고 정서(emotional)로 구성되어 있다.

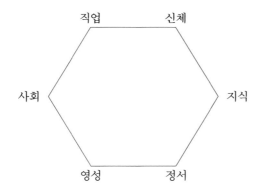

**[그림 4-1] Hettler의 육각형 모형**

직업 차원은 일을 통한 삶에서의 만족과 풍요로움을 의미한다. 개인은 일을 통해 자신의 재능과 기술을 발휘할 수 있는 기회를 갖게 되고 이는 개인에게 의미감과 보상을 주게 된다. 웰니스 수준이 높은 사람은 이와 같이 일을 통한 만족감과 의미감이 크다는 것을 말해 준다. 자신의 가치, 흥미나 적성 등에 적합한 일을 선택한다거나 지속적으로 전이 가능한 스킬을 개발하는 것 등이 직업 차원을 향상시킬 수 있는 중요한 활동으로 볼 수 있다.

신체 차원의 경우 개인의 신체 건강과 관련된 차원으로서 개인의 일반적인 신체활동에 대한 욕구와 연관되어 있다. 적절한 운동이나 다이어트 등을 하면서 음주나 흡연을 줄이는 등의 활동은 개인의 웰니스 수준을 증진시키는 데 도움이 된다. 즉, 최적의 웰니스는 규칙적인 운동과 식습관을 통해 얻을 수 있다. 건강에 도움이 되는 음식과 음료수를 섭취하거나 신체적으로 균형 잡힌 몸매를 유지하는 것이 중요한 활동이다. 신체 차원에는 구체적으로 운동, 영양, 자기돌봄, 차량안전, 약물사용 등의 다섯 가지 하위요인이 포함된다.

사회 차원과 관련해서는 자신을 둘러싼 주변의 다양한 사람과 건강한 관계를 유지하고 소통을 잘해 나가는 것을 의미한다. 자신만을 생각하지 않고 자신이 속한 공동체의 복지를 위해 노력하거나 타인 및 주변 공동체와 갈등관계가 아닌 조화롭게 사는 것 등이 이 차원에서 중요한 내용이다.

　지식 차원은 창의적이고 자극이 되는 정신활동을 의미한다. 웰니스 수준이 높은 사람은 지적 성장을 중요시하며 자신의 잠재력 개발을 위해 지속적으로 지식과 스킬을 확장시키려는 노력을 한다. 지적이고 창의적인 활동을 지속적으로 추구하는 활동과 단순히 기다리지 않고 잠재적 문제를 파악하고 이용 가능한 정보를 활용하여 적절한 행동을 취하는 활동을 중요시한다.

　영성 차원의 경우 인간으로서 살아가면서 의미와 목적을 추구하는 것을 중요시한다. 자신의 삶의 의미를 되돌아보고 타인의 믿음도 수용하려 하며 자신의 가치 및 믿음과 일관된 삶을 살기 위해 노력하는 활동이 이 차원의 중요한 내용으로 포함된다.

　마지막으로, 정서 차원은 자신의 감정을 인식하고 수용하는 정도를 의미한다. 또한 자신과 삶을 긍정적으로 보고 감정을 관리하며 스트레스에 효율적으로 대처하는 능력 등을 포함한다. 즉, 자신의 감정을 부정하지 않고 이를 인식하고 수용하며 삶을 낙관적으로 바라보는 태도 등이 이 차원의 중요한 부분이다. 정서 차원은 세부적으로 정서 인식 및 수용과 정서관리라는 두 가지 하위요인을 포함한다.

　Hettler는 이러한 6개의 차원이 상호의존적임을 강조하였는데, 이는 각 차원이 독립적으로 웰니스에 영향을 미치는 부분도 있지만 동시에 서로에게 영향을 주고받을 수 있다는 것을 의미한다. 예를 들어, 정서 차원에서 자신의 감정을 잘 관리할 경우 이는 사회 차원에서 다양한 사람들과 원만한 관계를 형성하는 데 도움을 줄 수 있으며, 또한 이러한 긍정적 관계가 보상이 되어 감정을 관리하는 행동을 강화할 수 있을 것이다.

　여섯 가지 차원으로 구성된 웰니스 모형은 추후 10개의 차원을 포함하는 모형으로 확대되었다(Arloski, 2009). 신체, 직업, 지식, 정서 및 영성 등 5개는 동일한 차원으로 유지되었으며 추가로 성생활(sexuality), 영양(nutrition), 자기돌봄(self-care), 안전(safety), 그리고 환경(environment) 등이 포함되었다.

## 2) Witmer와 Sweeney의 모형

Witmer와 Sweeney(1992)는 웰니스를 다차원적이고 생애를 통해 지속적으로 진행되는 개념으로 보았으며 웰니스를 유지하기 위해서는 서로 관련성이 있는 영성(spirituality), 자기조절(self-regulation), 일(work), 우정(friendship), 사랑(love) 등과 같은 다섯 가지 생애과제(life tasks)가 충족될 필요성이 있음을 강조하면서 웰니스에 관한 전인적 모형(holistic model)을 제시하였다.

첫째, 영성은 모형의 중심에 있으며 개인의 일체성(oneness), 내적 평화, 삶의 목적, 낙관성, 가치 등으로 구성된다고 제안하였다. 즉, 자신이 우주의 중심이고 내적으로 편안함을 느끼고 살아가면서 뚜렷한 목적이나 목표가 있고 미래에 대해 긍정적으로 생각하며 명확한 삶의 가치를 가지고 있는 것이 웰니스를 이루는 데 중요하다고 가정하였다.

둘째, 자기조절은 장기적인 목표 달성을 위해 일상생활에서 자신을 조절하고 제어하며 특정 방향으로 나아가기 위한 과제들을 포함하며, 여기에는 건강한 사람의 다양한 특성이 포함된다. 이를 구체적으로 살펴보면 가치감(sense of worth), 통제감(sense of control), 현실적 믿음(realistic beliefs), 자발성과 정서적 반응(spontaneity and emotional responsiveness), 지적 자극(intellectual stimulation), 문제해결(problem solving), 창의성(creativity), 유머감(sense of humor), 그리고 신체건강 및 건강습관(physical fitness and health habits) 등으로 구성된다.

Witmer와 Sweeney는 가치감을 자존감과 유사한 것으로 설명하였다. 자존감은 많은 연구에서 행복 및 정신건강과 유의하게 관련된 것으로 나타난 바 있다. 자신에 대한 자존감이 높아야 웰니스 수준도 높다고 해석할 수 있을 것이다. Witmer와 Sweeney는 통제감이 높다는 것은 어떤 일을 잘 처리할 수 있다는 유능감이 높고 자신의 행동 결과를 외부 요인으로 미루지 않고 스스로 책임지는 것을 의미한다고 해석하였다.

현실적 믿음은 현실을 자신이 원하는 대로 바라보는 것이 아니라 그대로 직시하는 것을 의미한다. 현실을 직시함으로써 진실을 인식하는 능력이 높아지고 논리적이고 합리적 믿음을 갖게 된다. 따라서 웰니스가 높다는 것은 비합리적인 믿음에서 벗어나서 상황을 합리적으로 판단하고 이에 따라 합리적 결정을 내리는 것을 의미한다.

Witmer와 Sweeney는 자발성과 정서반응에 대해서 자신의 행동이나 믿음에 있어서 수동적으로 대처하는 것이 아니라 자발적이고 능동적으로 대처함을 의미하며 타인의 어려움에 대해서도 알아차리고 적절하고 자발적으로 정서반응을 보이는 것이 중요함을 강조하였다.

지적 자극, 문제해결 및 창의성과 관련해서 Witmer와 Sweeney는 웰니스 수준을 높이기 위해서 개인은 호기심을 갖고 지속적인 학습할 필요가 있고 문제를 해결할 수 있어야 하며 창의적으로 문제를 해결하려는 태도가 중요함을 기술하였다. 또한 유머감도 부적 스트레스와 부적 정서를 줄이고 긍정적인 웰빙을 가져오는 데 효과가 있기 때문에 웰니스에 필요한 것으로 가정하였다. 마지막으로 이들은 신체건강 및 건강습관과 관련해서 정기적으로 운동하고 건강한 식습관을 갖는 것이 스트레스 대처나 심리적 웰빙에 긍정적인 영향을 미치기 때문에 웰니스 수준을 높이는 데 필요한 요인으로 포함시켰다.

셋째, 일과 관련된 과제인데, 여기서 일은 직장을 다니는 사람에게만 해당되는 것이 아니라 직장이 없는 사람한테도 모두 적용된다. 즉, 전업주부가 집안일을 한다거나 은퇴 후 공동체 봉사활동을 하는 것도 여기에 포함된다. 일은 개인에게 경제적인 혜택을 제공할 뿐 아니라 심리적 및 사회적 혜택도 제공한다. 일을 통해서 자신이 유능하다는 것을 인정받을 수 있고 이를 통해 자존감과 자기효능감이 증진되는 등의 심리적 욕구가 충족될 수 있다. 또한 사람들로부터 지지를 받거나 반대로 도움을 주는 관계를 통해 사회적 욕구도 충족될 수 있다. 따라서 개인의 웰니스 수준이 높기 위해서는 어떤 형태로든 일과 관련된 활동을 하고 이를 통해 만족을 충분히 얻을 수 있어야 한다.

넷째, 우정은 타인과의 일대일 또는 집단으로 연결된 모든 사회적 관계를 의미한다. 주로 친구나 직장동료 또는 공동체 주민 등과의 관계를 통해 사회적 지지를 얻게 되고 이를 통해 삶의 만족도가 높아지면 웰니스 수준도 증가하게 된다.

다섯째, 사랑은 사람과의 관계라는 측면에서 네 번째 생애과제인 우정과 유사한 부분이 있다. Witmer와 Sweeney는 이 두 과제 간의 차이점은 관계의 본질에 있는데, 정서적 애착과 자기노출 정도에서 차이가 있다고 설명한다. 즉, 우정은 사랑보다 이러한 관계가 약한 것으로 해석할 수 있다. 사랑은 가족이나 연인과의 관계에서 볼 수 있듯이 좀 더 친밀감 있고 신뢰롭고 서로 도와주고 장기적으로 몰입하며 성적 관계도 포함하는 개념이다. 사람들과 이러한 관계가 형성될 때 개인의 웰니스 수준은 높아지게 된다.

전체적으로 앞에서 기술한 다섯 가지 생애과제 가운데 영성, 일, 우정, 사랑 등의 과제는 하나의 독립된 차원으로 기능하며, 자기조절 과제는 앞에서 기술하였듯이 모두 7개 차원으로 구성되어 있어서 모두 11개 차원으로 구성되어 있다.

추가적으로 Witmer와 Sweeney는 이러한 다섯 가지 생애과제가 개인이 속해 있는 다양한 집단이나 공동체의 영향을 받아서 발달된다고 주장하였다. 가정, 종교, 교육, 공동체, 언론, 정부, 그리고 기업 등이 여기에 해당되며 이러한 집단들이 개인이 자신의 생애과제를 실행하고 완성하며 이를 통해 웰니스 수준을 높이는 데 직간접적인 영향을 주게 된다. 마지막으로 전쟁, 질병, 환경오염, 글로벌 경제 등과 같은 글로벌 사건이 11개 차원으로 구성된 5개 생애과제 및 다양한 집단 등을 포함하는 전체 모형에 영향을 주는 것으로 설명하였다.

Myers, Sweeney와 Witmer(2000)는 앞의 모형을 일부 수정한 모형을 제시하였는데, 다섯 가지 생애과제 가운데 두 번째 과제인 자기조절(self-regulation)을 자기주도(self-direction)로 수정하였고, 네 번째 생애과제인 일을 일과 여가로 변경하였다. 자기주도 생애과제에 포함된 하위영역에서도 수정된 내용이 있는데, 기존의 7개 영역을 12개로 확장하여 제시하였다. 12개 하위영역을 살펴보면 가치관, 통제감, 현실적 믿음 및 유머감은 동일하며 자발성과 정서반응을 정서 인식과 대처로 수정하였고 지적 자극, 문제해결 및 창의성에서 지적 자극을 제외하고 문제해결 및 창의성으로 변경하였으며 신체건강을 영양과 운동(exercise)으로 세분하였다.

이상의 8개 영역 이외에 자기돌봄(self-care), 스트레스 관리(stress management), 성정체성(gender identity), 그리고 문화정체성(cultural identity) 등 4개 영역을 추가하였다. Myers 등은 자기돌봄을 위험으로부터 자신을 보호하는 안전습관, 정기적인 건강검진, 외부 환경에서 파생되는 위험물질로부터의 보호 등을 포함하는 것으로 정의하였다. 스트레스 관리는 말 그대로 일상생활에서 경험하는 다양한 스트레스를 잘 관리할 수 있는지를 의미한다. 자신만의 스트레스 관리 기법을 터득하여 스트레스에 잘 대처할 경우 웰니스 수준은 높아질 것으로 기대할 수 있다. 성정체성은 자신이 남성인지 여성인지에 관한 믿음으로 정의할 수 있으며 개인에 따라 자신이 현재 남성 또는 여성인 것에 만족하는지 또는 불만족하는지에서 차이가 있을 수 있다. 자신의 현재 성별에 대해 만족할수록 웰니스 수준이 높은 것으로 해석할 수 있을 것이다. 마지막으로 문화정체성은 인종에 대한 정체성과 자신이 속한 문화에 대한 자긍심을 포함하는 개념으로서 자신이 속해 있는 인종과 문화에 대한 자긍심이 높을수록 웰니스 수준도 높을 것으로 기대할 수 있다.

또한 Myers 등은 네 번째 생애과제에서 기존의 일 영역 이외에 여가 영역을 추가하였는데, 이는 여가와 웰빙 간에 정적 관련이 있다는 기존의 연구결과와 여가를 중시하는 현 사회상황을 반영하여 포함시킨 것으로 보인다.

이들은 자신들이 수정한 웰니스 모형을 실무에 활용하는 방안을 4단계로 구분하여 제시하였다. 1단계는 모형에 대한 소개로, 고객에게 모형을 보여 주고 간단히 앞에서 기술한 각 생애과제와 하위영역에 대해 설명한다. 이어서 고객이 웰니스의 의미가 무엇이라고 생각하는지 자신이 이해한 내용을 물어보고 웰니스는 결과가 아닌 지속적인 과정임을 이해할 것을 강조한다. 다음은 각 생애과제와 하위영역에 대해 이해한 내용을 물어본다.

2단계는 웰니스 정도를 파악하기 위해 비공식적 또는 공식적으로 평가하는 것이다. 비공식적인 방법은 고객에게 각 생애과제 및 하위영역에 대해 10점 척도(1: 낮은 웰니스, 10: 높은 웰니스)를 사용하여 적합한 점수를 할당하게 한다. 또는 동일한 10점 척도를 사용하여 각 차원에 대한 현재의 웰니스 수준과 현재의 만족 수준을 평정하게 하는 방법을 사용할 수도 있다. 두 가지 척도를 통해 측정하는 이유는 현재 특정 차원에 대한 웰니스 수준이 낮거나 중간임에도 불구하고 현 수준에 만족하는 사람들이 있기 때문이다. 즉, 모든 사람이 특정 영역에서 웰니스 수준이 낮다고 해서 이를 개선하거나 증진하기 위한 노력을 하지 않을 수 있다는 점을 인식할 필요가 있다. 또한 각 차원에 왜 그러한 점수를 할당했는지를 고객에게 물어보는 것도 중요하다.

공식적인 방법은 기존에 개발된 척도(Wellness Evaluation of Lifestyle: Myers, Sweeney & Witmer, 1998)를 사용하는 것이다. 척도를 통해 각 영역에서 점수를 얻은 후 점수가 낮은 것으로 나타난 영역 가운데 고객이 개발하고 싶은 요인을 선택하도록 한다. 또한 점수가 높게 나타난 영역 가운데서도 본인이 웰니스 증진을 위해 일부를 선택할 수도 있다.

3단계는 구체적인 웰니스 계획을 수립하는 것이다. 2단계에서 웰니스 증진을 위해 하나 또는 2개 정도의 영역을 선택했으면 각 영역에 대해 구체적인 행동계획을 수립하고 이를 작성토록 한다. 이 과정에서 구체적인 목표와 활용할 수 있는 자원도 기술토록 하는 것이 실행에 도움이 된다.

4단계는 평가로, 자신이 수립한 행동계획을 적절히 실행하고 있는지를 주기적으로 검토하고 평가하는 것이다. 주기적으로 평가하는 시기는 영역마다 차이가 있을 수 있다. 또한 운동 같은 영역은 목표를 달성했는지 객관적으로 평가하기가 쉽지만 유머감과 같은 다른 영역들은 주관적으로 평정해야 하기 때문에 객관성 있는 평가가 어려울 수 있다는 점을 고려해야 한다.

### 3) Adams 등의 지각된 웰니스 모형(Perceived wellness model)

Adams, Bezner와 Steinhardt(1997)는 웰니스가 다차원으로 구성되어 있다고 주장하면서 신체웰니스(physical wellness), 영성웰니스(spiritual wellness), 심리웰니스(psychological wellness), 사회웰니스(social wellness), 정서웰니스(emotional wellness) 및 지적웰니스(intellectual wellness) 등의 6개 차원을 웰니스의 차원으로 제시하였다. 이들이 제시한 모형은 앞에서 기술한 Hettler(1983)의 6차원 모형과 유사하다.

먼저, 신체웰니스는 자신의 신체건강에 대한 긍정적 지각 및 기대감으로 정의한다(Adams, Bezner, & Steinhardt, 1997). 즉, 신체웰니스 수준이 높은 사람은 자신의 신체가 건강하다고 믿는 정도가 높음을 의미한다.

영성웰니스는 다양한 정의가 있지만 일반적으로 삶의 의미와 목적에 대한 긍정적 지각으로 정의된다(Adams et al., 1997). 따라서 영성웰니스 수준이 높은 사람은 자신의 삶에 대해 의미가 있고 추구하려는 목적이 있다고 인식하는 정도가 높음을 의미한다.

Adams 등(1997)은 심리웰니스를 살아가면서 긍정적인 성과가 있을 것으로 인식하는 정도를 의미한다고 정의하였다. 즉, 심리웰니스 수준이 높은 사람은 삶에서 노력하는 과정에서 긍정적인 성과가 있을 것으로 믿는 정도가 높음을 의미하는 것으로 해석할 수 있다.

사회웰니스는 필요한 때에 가족이나 친구로부터 지원받을 수 있고 동시에 지원해 줄 수 있다고 인식하는 정도로 정의할 수 있다(Adams et al., 1997). 따라서 사회웰니스가 높은 사람은 언제든 도움을 주고받을 수 있는 주변 친구나 가족이 있다고 믿는 정도가 높음을 의미한다.

정서웰니스는 명확한 자기정체성과 긍정적인 자존감을 가지고 있는 정도로 정의할 수 있다(Adams et al., 1997). 즉, 정서웰니스가 높다는 의미는 개인이 자신의 정체성에 대해 명확히 인식하고 있고 이를 통해 자존감이 높음을 나타낸다.

마지막으로, 지적웰니스는 지적으로 자극이 되는 적절한 수준의 활동을 통해 활력을 느끼는 정도를 의미한다. 즉, 지적웰니스 수준이 높은 사람은 지적으로 활기를 주는 활동을 적정 수준 내에서 지속적으로 찾고 실행하는 정도가 높다는 것을 의미한다.

### 4) Travis와 Ryan(2004) 모형

Travis와 Ryan(2004; Arloski, 2009에서 재인용)은 12개의 웰니스 차원을 제시하였으며 이 차원들은 자기책임과 사랑(self-responsibility and love), 호흡(breathing), 감각(sensing), 식사(eating), 움직임(moving), 감정(feeling), 사고(thinking), 일과 놀이(playing and working), 소통(communications), 친밀함(intimacy), 의미파악(finding meaning), 초월(transcending)이다. Travis와 Ryan은 에너지와 에너지의 흐름에 관한 이론을 통해 이들의 웰니스 모형을 설명한다(Arloski, 2009에서 재인용). 즉, 식사, 호흡, 감각 등의 차원들은 에너지를 신체와 마음 안으로 끌어들이는 방법에 관한 내용들이며, 다른 9개 차원은 에너지를 변형해서 밖으로 내보내는 방법에 관한 것들이라고 설명하고 있다.

각 차원에 대해 살펴보면, 먼저 자기책임 및 사랑은 자신의 건강에 대해 스스로 책임을 지고 자신에 대해 얼마나 사랑하고 있는지를 나타내는 차원을 의미한다. 예를 들어, 자기자비와 같은 스킬을 학습하는 것은 자신에 대한 애정을 높이고 이를 통해 자존감과 궁극적으로는 웰니스 수준을 높이는 데 도움이 된다.

호흡 차원은 일상생활에서 단순히 호흡을 잘 하고 있는지만을 알아보는 것이 아니라 복식호흡이나 마음챙김 호흡 등과 같은 스킬을 통해 신체를 이완하고 마음을 안정시킬 수 있는 있는 방법을 잘 활용하고 있는지 등과 관련되어 있다.

감각 차원의 경우 시각, 청각, 후각, 촉각, 미각 등 자신의 신체의 다양한 감각기관을 적절하게 활용하고 있는지의 정도를 파악하는 것이다. 예를 들어, 자신의 눈이나 귀 등을 통해 다른 사람들은 미처 파악하지 못하는 주변의 아름다운 환경을 인식한다거나 주변에서 들리는 감미로운 소리에 귀 기울이거나 하는 등의 행동이 포함된다. 이와 같이 자신의 오감을 통해 환경과의 상호작용을 통해 주변에서 에너지를 줄 수 있는 다양한 자극을 인식함으로써 웰빙 수준도 높아지게 된다.

식사 차원은 개인이 일상생활에서 식생활을 어떻게 하고 있는지를 알아보는 내용과 관련되어 있다. 우리는 음식을 통해 에너지를 섭취하게 된다. 이 차원은 개인이 규칙적인 식사를 하는지, 너무 많거나 적지 않게 적정량의 식사를 하는지, 채소와 같이 몸에 도움이 되는 음식을 섭취하는지 등의 내용을 다루게 된다.

움직임 차원의 경우 단순히 엑서사이즈와 같은 운동만을 의미하는 것이 아니라 춤을 춘다거나 계단을 오른다거나 또는 차를 가능한 한 멀리 주차하고 걷는 것과 같이 건강을 위해 몸을 움직이는 행동을 포함하여 이를 통해 자신의 웰니스 수준을 높일 수 있게 된다.

감정 차원은 자신의 감정상태를 인식하고 감정을 적절하게 조절하는 내용과 관련이 있다. 예를 들어, 자신의 감정상태가 어떤지를 제대로 파악하지 못하는 사람들이 많으며 이러한 사람들은 다른 사람들의 감정상태에 대해서도 적절히 인식하지 못하게 되고 이로 인해 타인과의 관계형성에 어려움을 겪게 된다. 또한 흥분상태에서 자신의 감정을 적절하게 조절하지 못하여 타인과의 관계를 악화시키는 경우도 발생한다. 자신의 감정을 잘 인식하고 자신의 의지대로 적절하게 조절할 수 있는 사람은 본인 스스로도 긍정적 감정을 자주 경험하며 타인과의 관계도 향상되어 웰니스 수준도 높아질 것이다.

사고 차원은 개인의 생각이 자신의 감정 및 행동과 서로 연계되어 있다는 것을 인식하고 자신과 세상에 대해 가지고 있는 타당하지 않은 믿음을 확인하며 경우에 따라 이를 수정하는 내용을 포함한다. 특정 대상에 대한 부정적인 생각 때문에 고민하고 밤에 제대로 잠을 자지 못하는 사람들이 많다. 웰니스 수준이 높은 사람일수록 자신의 생각을 바꿈에 따라 부정적인 감정에서 벗어날 수 있다는 것을 인식하고 이러한 생각이나 믿음을 적절하게 수정하여 부정적 상황에 대처하는 역량을 가지게 된다.

일과 놀이 차원과 관련해서 웰니스 수준이 높은 사람은 둘 간의 균형을 적절하게 유지할 수 있게 된다. 한쪽에만 치우칠 경우 다른 영역에서 불만족을 경험하게 되며 이로 인해 전체적인 웰니스 수준은 낮아지게 된다. 적절하게 일하면서 동시에 여가를 즐길 수 있는 방법을 파악하여 시간을 보낼 수 있는 노력이 필요하다.

소통 차원은 주변 사람들과 소통하면서 친밀하고 원만하게 지내고 있는지에 관한 차원을 의미한다. 주변에 친밀하게 소통할 있는 상대가 있고 이들과 평소 원만한 관계를 맺고 있는 사람은 그렇지 못한 사람에 비해 웰니스 수준이 높을 것이다. 타인과 적절히 소통하기 위해서는 무엇보다 경청이 중요하다. 타인의 말에 경청함으로써 타인을 이해하고 이를 통해 원활한 소통이 이루어질 가능성이 크다. 이 차원에서는 이러한 경청 역량도 다루게 된다.

친밀함 차원은 친구, 가족, 배우자 등 주변 사람과의 친밀한 정도를 의미하는 것이다. 성생활도 친밀함 차원의 중요한 요인 중 하나이며 무엇보다 타인과의 친밀함이 형성되기 위해서는 신뢰가 중요하다. 신뢰형성을 위해서 타인에 대한 감사나 존중 등을 표현하는 것이 중요하며 이 차원에서는 이러한 내용들을 다루게 된다.

의미파악 차원은 "나는 누구인가?" "어떻게 사는 것이 의미 있게 사는 것인가?"에 대한 답을 제공하는 차원으로 해석할 수 있다. 이 차원은 살아가면서 삶의 의미를 인식하거나 뚜렷한 삶의 목적을 가지고 있는지를 파악하는 것이다. 웰니스 수준이 높은 사람은 자신이 살아가면서 중시하는 의미와 목적이 무엇인지 파악하고 이것이 적절하게 충족되고 있음을 인식하는 사람으로 해석할 수 있다.

마지막으로, 초월 차원은 영성이나 신앙과 관련이 있으며 개인의 한계를 벗어나 자신도 파악하지 못하는 잠재력을 개발하는 것과 연계되어 있다. 저자들은 앞에서 설명한 11개의 차원이 서로 조화를 이룰 경우 시너지를 발휘하여 개인의 최대 잠재력을 개발할 수 있다고 설명하고 있다.

### 5) Arloski 모형

Arloski(2009)는 9개 삶의 영역으로 구성된 바퀴 모양의 웰니스 모형을 제시하였다. Arloski가 제시한 9개 영역은 커리어(career), 금전(money), 건강/웰빙(health/wellbeing), 가족관계(family relationships), 친구(friends), 개인 성장/개발(personal growth/development), 타인/연애(significant other/romance), 재미/오락(fun/recreation), 그리고 환경(enviroment)이다.

여기서 대부분의 영역은 어떤 의미인지 충분히 이해할 수 있기 때문에 추가로 설명하지 않으려고 한다. 단지 타인/연애 영역은 연애할 대상이 있으며 이를 통해 연애욕구가 충족되고 있는지를 다루고 있으며, 환경 영역은 집이나 이웃, 일터 또는 주변 경관과 같은 환경에 대해 만족하는지를 알아보는 것을 의미한다.

Roscoe(2009)는 기존의 다양한 웰니스 모형과 이를 측정하는 척도를 검토하였는데, 전체적으로 대부분의 웰니스 척도의 구성개념에 대한 타당도 분석 결과는 만족스럽지 못하다고 주장하였다. 대부분의 연구에서 요인분석 결과 웰니스 척도에서 측정하는 다양한 요인 또는 차원이 지지되지 못하는 것으로 나타났다. Roscoe는 이러한 미흡한 결과가 나타난 이유로 웰니스 모형에 대한 이론이 부족함을 지적하였다. 즉, 웰니스 모형에 관한 대부분의 연구가 웰니스 모형 도출 시 구체적인 이론을 근거로 하기보다는 연구자의 주관적인 판단에 의존하였기 때문에 나타난 결과로 볼 수 있다. 따라서 웰니스 척도의 타당도에 대한 추후 연구도 중요하지만 웰니스를 다차원으로 볼 것인지 아니면 단일 구성개념으로 볼 것인지에 대한 개념 정의뿐 아니라 모형 도출의 기반이 되는 통합 이론을 제시하는 것이 중요할 것이다.

## 4. 웰니스 척도

기존의 웰니스 척도에 대한 신뢰도 및 타당도를 평가하는 연구는 많지 않은 실정이다. 또한 관련 연구 중에서도 각 웰니스 척도에서 제시하는 다차원에 관한 요인분석 결과 다차원 모형이 지지되지 않는 경우가 자주 나타나고 있다. 여기서는 앞의 웰니스 모형에서 제시한 내용들을 측정하는 척도들에 대해 살펴보고자 한다.

### 1) 생애평가척도

이 생애평가척도(Life Assessment Questionnaire)는 국립웰니스원(National Wellness Institute, 1983)에서 개발한 것으로서 이 기관의 공동 설립자인 Hettler(1983)가 제시한 다차원 모형을 토대로 여섯 가지 웰니스 차원을 측정한다. 이 척도에서 측정하는 여섯 가지 차원은 앞에서 기술하였듯이 직업(occupational), 신체(physical), 사회(social), 지식(intellectual), 영성(spiritual), 그리고 정서(emotional)로 구성되어 있다.

또한 세부적으로 살펴보면 신체 차원은 운동, 영양, 자기돌봄, 차량안전, 약물사용 등의 다섯 가지 하위요인으로 구성되어 있고, 정서 차원은 정서인식 및 수용과 정서관리 등의 두 가지 하위요인을 포함하고 있어서 전체적으로는 6개 차원에 11개 하위척도로 구성되어 있다.

직업 차원에 속하는 문항으로는 "내 일을 통해 내게 중요한 것을 성취한다." "일하면서 의미 있는 기여를 할 수 있는 기회가 있다." 등이 있다. 신체 차원에는 "매주 적어도 150분 정도 신체활동(예: 걷기, 수영, 조깅 등)을 한다." "매일 적당량의 과일과 채소를 먹는다." 등과 같은 문항이 포함되어 있다. 사회 차원을 구성하는 문항으로는 "내 강점을 활용해서 타인을 돕는다." "친구 및 가족과 친밀하고 지지해 주는 관계를 맺고 있다." 등이 있다. 지식 차원은 "지속적으로 학습할 기회를 찾는다." "자극을 주거나 창의적인 활동을 한다." 등과 같은 문항으로 측정한다. 영성 차원에는 "내 삶은 나아갈 방향과 의미가 있다고 생각한다." "내 가치와 일치하는 방법으로 살아간다." 등과 같은 문항이 포함되어 있다. 마지막으로 정서 차원은 "나는 긍정 또는 부정 정서를 경험할 때 내 느낌을 적절하게 표현할 수 있다" "화가 많이 나는 상황에서도 내 정서반응을 적절하게 관리할 수 있다." 등의 문항으로 측정한다.

DeStefano와 Richardson(1992)는 대학생 214명을 대상으로 6개 차원과 11개 하위척도로 구성되어 있는 생애평가척도를 실시하고 하위척도 간 상호상관과 요인분석을 실시하였다. 내적일관성계수를 통한 신뢰도 분석 결과, 정서인식 및 수용과 정서관리 간의 상관(.77)을 제외하고 대부분 낮은 상관에서 보통 상관의 크기를 보였다. 요인분석 결과에서는 6개나 11개가 아닌 3개의 요인으로 구분되는 것으로 나타났다. 첫째 요인은 정서인식 및 수용, 정서관리, 지식, 사회, 직업, 영성 차원 등이 포함되는 것으로 나타났으며 DeStefano와 Richardson은 이를 정서성장으로 명명하였다. 둘째 요인은 신체 차원에 속하는 세 요인(영양, 운동, 자기돌봄)과 지식 차원이 포함되었고 연구자들은 이를 신체건강으로 기술하였다. 셋째 요인은 신체 차원 중 약물사용과 차량안전, 그리고 사회 차원이 포함되는 것으로 나타났으며 이 요인은 개인 및 사회적 책임으로 명명되었다.

하지만 이러한 요인분석 결과는 6개 차원으로 구성된 다차원 웰니스 모형을 입증하지 못하는 것으로 나타났다. 또한 연구자들이 구분한 3개 요인의 내용을 살펴보아도 해석하기 어려운 부분들이 있다. 신체 차원에 속하는 하위척도들이 두 요인으로 구분되어 나타나고 있고, 두 번째 요인인 신체건강에 지식차원이 포함되어 있으며, 지식 차원은 첫 번째 요인인 정서성장에도 포함되어 나타나는 결과 등은 요인분석 결과를 의미 있게 해석하는 데 문제점을 내포하고 있다. 이와 관련해 연구자들은 별다른 설명을 제공하고 있지 않다.

　Palombi(1992)는 대학생을 대상으로 생애평가척도를 포함한 세 가지 웰니스 척도를 실시하고 이들 간의 관계를 분석하였다. 먼저, 신뢰도 분석에서는 생애평가척도 전체 요인 가운데 가장 낮은 것은 .64였으며 다른 요인들은 모두 그 이상이었고, 전체 척도의 신뢰도계수인 크론바 알파는 .93이었다. 각 요인 간의 상호상관은 전체적으로 높은 편이었으며 .42에서 .68까지 분포되었다. 다른 두 웰니스 척도와의 상관분석 결과, 웰니스지수(Wellness Index)와의 상관은 .79이었고, 라이프스타일 대처척도(Lifestyle Coping Inventory)와의 상관은 .70으로 높게 관련되었다. 이러한 결과는 생애평가척도가 웰니스란 구성개념을 적절히 측정하고 있다는 것을 간접적으로 시사하는 것으로 해석할 수 있다. 하지만 요인분석을 실시하지 않았기 때문에 생애평가척도에서 측정하는 하위척도들이 개념적으로 서로 구분되는 것인지 파악하기 어려운 문제점이 여전히 존재한다.

　Cooper(1990)는 남녀 대학생 575명을 대상으로 생애평가척도를 실시하고 척도의 타당도 분석을 위해 요인분석을 실시하였다. 먼저, 11개 하위척도의 평균에서 남녀 간의 차이를 분석한 결과, 일부 하위척도에서 차이가 있었지만 그 차이는 크지 않은 것으로 나타났다. 요인분석 결과에서는 Hettler가 제시한 6개 요인으로 구분되지 않았으며, 여러 차례의 요인분석 결과 크게 행동웰니스 차원과 인지웰니스 차원이라는 두 가지 요인으로 구분되는 것으로 나타났다. 행동웰니스 차원에 포함된 요인으로는 신체 차원에 속한 5개 하위척도와 정서인식 및 사회 등이었으며 인지 차원에는 영성, 직업 및 지식 등이 포함되었다. 정서관리는 두 차원에 모두 높게 관련된 것으로 나타났는데(.64 vs .62) Cooper는 특별한 설명 없이 행동차원으로 구분하였다.

비록 소수이기는 하지만 이상의 연구결과를 살펴볼 때 생애평가척도에서 측정하는 6개 차원에 대한 구성개념은 서로 명확하게 구분되지 않는 것으로 해석하는 것이 적절할 것이다. 앞에서 살펴본 연구들은 대부분 대학생을 대상으로 자료를 모은 것으로 나타나고 있는데, 이와 같이 대학생에 국한된 표집이 결과에 영향을 주었을 가능성이 있을 것으로 판단된다. 일반 성인과 비교하여 대학생들이 살아왔거나 현재 살아가고 있는 경험에서 다소 제한될 수밖에 없으며 이러한 제한으로 인해 6개 각 차원에서 다양한 점수가 도출되지 않아서 요인으로 구분되지 않을 가능성이 있다. 향후 지속적 연구를 통해 생애평가척도의 구성개념에 대한 타당도 분석이 필요하며 현시점에서 측정을 통해 나타난 6개 차원에 대한 점수를 해석할 때 주의가 필요할 것이다.

## 2) 지각된 웰니스 척도(Perceived Wellness Survey)

Adams 등(1997)은 앞에서 기술한 여섯 가지 웰니스(신체웰니스, 영성웰니스, 심리웰니스, 사회웰니스, 정서웰니스 및 지적웰니스)를 측정하기 위해 36개 문항으로 구성된 척도를 개발하였다. 신체웰니스에 해당하는 문항으로는 "내 신체건강은 매우 좋다." "나는 항상 신체적으로 건강하다."와 같은 내용들로 구성되며 응답자는 해당 문항에 얼마나 동의하는지의 정도를 평정하면 된다.

영성웰니스를 측정하기 위한 문항의 예로는 "내 삶의 진정한 목적이 있다." "내 삶은 의미가 없다고 느낀다."(역문항) 등이 있다. 심리웰니스 요인은 "내 미래에 대해 낙관적이다." 또는 "나는 항상 긍정적인 측면을 본다." 등의 문항으로 측정한다.

사회웰니스 요인을 측정하는 문항으로는 "내 가족은 늘 나를 지원해 주었다." 또는 "내 친구들은 내가 도움이 필요할 때 늘 그 자리에 있다." 등을 포함한다. 정서웰니스 요인은 "일반적으로 나 자신의 능력에 대해 자신감이 있다." 또는 "언제나 내가 누구인지 확실하다." 등의 문항을 포함한다. 마지막으로 지적웰니스를 측정하는 문항의 예로는 "내가 일상생활에서 처리하는 정보량은 적절하다." 또는 "언제나 도전적인 활동을 추구한다." 등이 있다.

Adams 등(1997)은 앞에서 기술한 여섯 가지 웰니스(신체웰니스, 영성웰니스, 심리웰니스, 사회웰니스, 정서웰니스 및 지적웰니스)의 요인을 구분하기 위해 이들이 개발한 36개 문항으로 구성된 지각된 웰니스 척도(Perceived Wellness Survey)를 직장인과 대학생 558명에게 실시하고 자료를 얻어 분석하였다. 먼저, 상관분석을 통해 6개 웰니스 간의 관련성을 분석한 결과 6개 요인 간의 관련성은 전반적으로 높게 나타났다. 사회웰니스와 신체웰니스 간의 상관이 .30으로 가장 낮게 나타났으며 정서웰니스와 영성웰니스 간의 상관이 .70으로 가장 높게 나타났고 대부분이 .45 이상으로 나타났다. 척도에 대한 신뢰도 분석 결과, 전체 척도의 내적 일관성 계수는 .91로 높게 나타났지만 각 요인에 대한 내적 일관성 계수는 .64(지적과 사회웰니스)부터 .81(신체웰니스)까지로 높지 않은 수준으로 나타났다. 또한 요인분석을 통해 1요인, 2요인, 그리고 3요인 등 세 가지 요인모형을 비교한 결과, 1요인 모형이 가장 의미 있는 것으로 나타나서 웰니스 척도는 단일요인임을 시사하는 것으로 결론을 내릴 수 있다.

이들은 요인분석 과정에서 1요인, 2요인, 3요인 등 세 가지 요인모형만을 선택해서 비교하였고 6요인 모형과는 비교하지 않았기 때문에 여섯 가지 웰니스가 서로 구분되는 구성개념임을 검증하지 못하였다. 이들은 각 웰니스 점수를 계산하여 별도로 사용이 가능하다고 논의에서 기술하고 있지만 6요인 모형을 검증하지 못하였기 때문에 각 웰니스 점수를 별도로 활용하는 것은 신중할 필요가 있다고 판단된다.

Harari, Waehler과 Rogers(2005)는 이 척도의 신뢰도와 타당도 검증을 위해 317명의 대학생을 대상으로 자료를 얻어 분석하였다. 먼저, 척도의 구성타당도 분석을 위해 6요인에 대한 확인적 요인분석을 실시하였다. 분석 결과, 모형에 대한 부합도가 .80미만으로 나타나(예: TLI = .75; AGIF = .76) 6요인 모형은 적합하지 않은 것으로 해석할 수 있다. 1요인 모형에 대한 확인적 요인분석 결과에서도 부합도는 더 낮은 것으로 나타났다. 추가적으로 요인수를 정하지 않고 주축 요인분석을 통해 다양한 요인 모형들에 대해 분석한 결과, 1요인 모형이 가장 해석하기에 적합한 것으로 나타났다. 또한 요인분석 과정을 통해 3개의 문항에 대한 요인계수가 낮은 것으로 나타나서 이들을 제외하고 33개 문항으로 구성된 척도가 도출되었다.

33개 문항으로 구성된 전체 웰니스 척도에 대한 내적일관성계수는 .91로 나타나 높은 수준의 신뢰도를 보여 주었다. 척도의 준거관련타당도를 분석하기 위하여 인상관리척도를 통제하고 우울, 불안 및 다른 심리적 징후(스트레스 및 신체화 등)를 준거로 두고 위계적 회귀분석을 실시하였다. 분석 결과, 웰니스 척도는 우울의 29.3%, 불안의 11.4%, 그리고 다른 심리적 징후의 18.2%를 유의하게 설명하는 것으로 나타났다.

결론적으로 지각된 웰니스 척도의 신뢰도와 준거관련타당도는 적합한 것으로 나타났지만 Adams 등이 주장한 6개 요인에 대한 구성타당도는 적합하지 않은 것으로 나타났으며 오히려 단일요인이 더 적합한 것으로 나타났다. 웰니스 척도의 타당도 분석에 관한 경험적 연구결과가 많지 않은 상황에서 어떤 결론을 내리기는 어렵지만 Harari 등의 연구결과는 웰니스가 다차원으로 구성되어 있다는 기존의 주장들과 부합하지 않은 것으로 해석할 수 있다.

한편, Harari 등의 연구에서 눈여겨볼 만한 추가 분석 결과는 웰니스 수준을 높이는 데 있어서 6개 요인의 균형이 차지하는 역할이다. 이들은 연구 참가자들에게 6개 각 요인의 상대적인 중요도를 평정하도록 요구하였으며 각 참가자는 주어진 전체 점수(60점)를 자신이 생각하는 중요도에 따라 각 요인에 적절한 점수를 할당하였다. 이 점수들에 대한 분석 결과, 특정 요인에 치우치지 않고 각 요인에 대해 균형 있는 점수를 부여한 참가자들의 전체 웰니스 점수가 높은 것으로 나타났다. 즉, 특정 웰니스 요인에서만 만족을 얻기 위해 노력하는 사람보다는 다양한 웰니스 요인에서 균형적인 만족을 얻기 위해 노력하는 사람의 전체적인 웰니스 수준이 더 높다는 것을 의미한다. 이러한 결과는 웰니스 수준이 높은 사람들이 특정 웰니스 요인에만 자신의 에너지를 투입하지 않고 다양한 웰니스 요인에서 만족을 얻기 위해 노력하는 경향이 있다는 것을 시사하는 것으로 해석할 수 있다.

### 3) 웰니스 척도(Wellness Inventory: WI)

Travis(1981)가 개발한 웰니스 척도는 12개 차원을 측정하며 이 차원들은 자기책임과 사랑(self-responsibility and love), 호흡(breathing), 감각(sensing), 식사(eating), 움직임(moving), 감정(feeling), 사고(thinking), 일과 놀이(playing and working), 소통(communications), 친밀함(intimacy), 의미파악(finding meaning), 그리고 초월(transcending)이다. 각 차원에 대한 설명은 앞의 웰니스 모형에서 이미 기술한 바 있으므로 여기서는 생략한다.

각 차원별 문항의 예를 들면 다음과 같다. 먼저, 자기책임과 사랑에 속하는 문항으로는 "내 건강과 웰빙에 대한 책임은 나에게 있음을 인식한다." "나 자신과 타인을 사랑한다." 등이 있다. 호흡 차원의 경우 "스트레스를 받을 때 긴장 완화를 위해 천천히 호흡하는 방법을 사용한다." "수행 증진을 위해 호흡법을 사용하여 이완하고 재집중하곤 한다."와 같은 문항으로 구성되어 있다.

감각 차원 측정을 위한 문항으로는 "웰빙 증진을 위해 음악과 다른 기분 좋은 소리를 듣는다." "다양한 색과 조명방식이 나 자신의 웰빙에 미치는 영향에 대해 알고 있다." 등이 포함되어 있다. 식사 차원은 "하루에 적어도 6잔의 물을 마신다." "편안한 분위기에서 식사하면서 음식을 천천히 씹어서 먹는다." 등과 같은 문항으로 측정한다.

움직임 차원의 경우에는 "스트레칭하고 몸을 움직이는 것을 즐긴다." "가까운 거리는 차를 타지 않고 걷거나 자전거를 탄다."와 같이 일상생활에서 다양한 방식으로 몸을 움직이는 문항들로 구성되어 있다. 감정 차원 측정을 위해서는 "문제해결을 위해 분노를 적절하게 표현할 수 있다." "일상생활에서 잠시 시간을 내어 내 감정이 어떤지 자신에게 묻곤 한다."와 같은 문항을 포함하고 있다.

사고 차원은 "내 마음을 집중해서 원하지 않는 생각에서 벗어날 수 있다." "특정 생각과 이로 인한 신체적 변화(호흡변화, 근육 긴장 등) 간의 연계성을 알고 있다." 등과 같은 문항으로 구성되어 있다. 이러한 문항들을 통해 자신의 생각이 신체와 정서에 미치는 영향을 인식하고 이를 조절할 수 있는 정도를 측정한다. 일과 놀이 차원의 경우 "일하고 노는 것을 경쟁하듯이 하지 않고 서로가 도움이 되도록 노력한다." "불필요하고 현실적이지 못한 부담과 책임을 지는 것을 피하려고 한다."와 같은 문항을 통해 일과 놀이 간의 균형을 맞추는 정도를 측정한다.

소통 차원 측정을 위한 문항으로는 "경청을 잘 한다" 또는 "타인과 소통할 때 진정성을 보인다." 등이 있으며 점수가 높을수록 주변 사람들과 원만하게 소통을 잘 함을 의미한다. 친밀함 차원 척도는 "친한 사람과 갈등이 있어도 적절하게 반응하고 신뢰와 친밀감을 쌓아 나갈 수 있다." 또는 "건강한 성 관계를 유지하는 데 친밀감과 신뢰를 형성하는 것이 무엇보다 중요함을 알고 있다." 등과 같은 문항으로 구성되어 있다.

의미파악 차원 척도는 "내게 의미 있는 것이 무엇일지 생각해 보고 주기적으로 내 가치와 우선순위를 점검한다." 또는 "미래를 성장할 수 있는 기회로 기대한다."와 같은 문항 등으로 구성되어 있다. 마지막으로, 초월 차원에 속하는 문항으로는 "규칙적으로 기도하고 명상하거나 일종의 마음 집중 훈련을 한다." 또는 "내 직관을 개발하고 믿기 위해 지속적으로 노력한다." 등이 포함된다.

웰니스 척도의 신뢰도 및 타당도를 검증하는 연구는 많지 않다. 대학생을 대상으로 한 연구(Palombi, 2001)에서 이 척도의 전체 신뢰도인 크론바 알파 계수는 .93이었고 12개 차원 가운데 8개가 .74를 넘는 것으로 나타났다. 자기 책임 및 사랑(.59), 호흡(.52), 감각(.57), 그리고 친밀함(.63) 차원의 신뢰도 는 다소 낮았다. 전체 척도와 각 차원 간의 상관은 .50으로부터 .69까지 유의 하게 관련된 것으로 나타났다. 하지만 이 연구에서 Palombi는 웰니스 척도에 대한 요인분석은 실시하지 않아서 척도에 대한 구성타당도는 입증하지 못하 였다.

### 4) TestWell

TestWell(National Wellness Institute, 1999)은 Hettler(1983)가 처음에 개발 한 6개 차원으로 구성된 웰니스 모형을 10개 차원으로 확대하여 개발한 웰니 스 척도이다. 이 척도는 신체활동, 영양, 자기돌봄, 안전, 사회 및 환경웰니스, 정서인식과 성생활, 정서관리, 지적웰니스, 직업웰니스, 그리고 가치, 영성 및 믿음 등의 10개 차원으로 구성되어 있다. 척도는 두 가지 버전을 포함하고 있 는데, 각 차원은 모두 5개 문항으로 구성되어 전체 50개 문항을 포함하는 버 전과 각 차원 모두 10개 문항으로 구성되어 전체 100개 문항을 포함하는 버 전이 있다. 응답자들은 각 문항에 대해 5점 척도(1: 결코, 2: 가끔, 3: 자주, 4: 매 우 자주, 5: 언제나)를 사용하여 자신이 문항에서 기술하는 행동을 얼마나 자주 하는지에 대해 적합한 번호에 체크하면 된다.

각 차원에 속하는 문항의 예를 들어 보면, 먼저 신체활동의 경우 "나는 가 능하면 언제든지 차를 타지 않고 걷거나 자전거를 탄다." 또는 "일주일에 적 어도 3번은 20~30분 동안 땀이 나는 신체활동을 한다."와 같은 문항을 포함 한다. 영양 차원에 속하는 문항은 "나는 패스트푸드점에서 식사를 하는 경우 가 거의 없다." 또는 "내 키에 적절한 체중을 유지하기 위해 노력한다." 등이 있다.

자기돌봄 차원은 "나는 이를 닦기 위하여 매일 치실을 사용한다." 또는 "선 크림을 바르거나 모자를 쓰는 등의 방법을 통해 햇볕으로부터 피부를 보호한 다." 등의 문항을 포함한다. 안전 차원에 포함되는 문항으로는 "차 타고 여행 할 때 안전벨트를 맨다." 또는 "운전할 때 제한속도를 지키는 편이다." 등이 있다.

사회 및 환경 웰니스 차원의 문항으로는 "내가 사는 공동체를 더 좋게 만들 기 위해 노력하는 조직을 위해 봉사를 하거나 기부를 한다." 또는 "가족과 친 구와 시간을 보내기 위해 노력한다." 등이 있다. 정서인식과 성생활 차원은 "사람들과 친밀하고 개인적인 관계를 가질 수 있다." 또는 "나와 타인 모두에 게 건강한 방법으로 성관계 및 행동을 한다." 등의 문항을 포함한다.

정서관리 차원에는 "타인에게 해를 주지 않는 방법으로 분노를 표현한다." 또는 "나 자신의 행동에 대해 책임을 진다." 등의 문항이 포함되며, 지적웰니 스 차원 문항에는 "매주 텔레비전 교육 프로그램을 시청한다." 또는 "새로운 것을 배울 기회를 찾는다." 등을 포함한다.

직업웰니스 차원을 측정하기 위해 "일과 여가시간 사이에서 균형을 맞춘 다." 또는 "업무량을 적절하게 조정할 수 있다." 등의 문항이 포함되어 있다. 마지막으로, 가치, 영성 및 믿음 차원에 포함되는 문항은 "내 삶의 목적을 가 지고 있다." 또는 "타인의 믿음보다는 내 믿음에 따라 행동한다." 등이 있다.

Testwell의 타당도 분석에 관한 연구는 일부 연구를 제외하고는 매우 드문 실정이다. Stweart, Rowe와 Lalance(2000)는 100개 문항으로 구성된 고등학 생용 Testwell 척도를 437명의 고등학생에게 실시하고 신뢰도와 타당도 분석 을 위한 요인분석을 실시하였다.

내적 일관성 계수를 통한 신뢰도 분석 결과, 4개 하위 척도의 신뢰도는 .80 이하로 나타났고 이 가운데 하나(자기돌봄)는 .70 미만(.67)으로 나타났다. 검 사−재검사를 통한 신뢰도 분석 결과에서는 10개 하위척도 가운데 4개가 .70

미만이었다.

척도의 구성타당도 분석을 위해 요인분석을 실시한 결과 10개 요인 모형은 해석상의 어려움이 있어서 지지되지 못하였다. Hettler(1983)가 본래 제시한 6개 요인을 설정하고 실시한 요인분석 결과에서도 6요인 모형은 지지되지 못하였다.

추가적으로 Testwell 척도의 외적 타당도 분석을 위해 생애웰니스 프로그램에 참여한 전체 학생들을 대상으로 학기 시작 전과 12주로 이루어진 한 학기가 끝난 후에 척도를 실시하고 차이점수를 비교하였다. 분석 결과, 10개 하위척도 가운데 3개 척도에서만 유의한 점수 증가가 있는 것으로 나타났다. 즉, 학생들이 12주간 수업을 통해 웰니스에 대한 지식, 태도 및 행동이 높아졌을 것으로 기대할 수 있음에도 불구하고 대부분 유의한 차이가 없었다는 것은 Testwell 척도가 웰니스 지식, 태도 및 행동을 적절히 측정하지 못한다는 것을 시사하는 결과로 해석할 수 있다.

## 5) 웰니스생애평가척도(Wellness Evaluation of Life or WEL Inventory)

Myers, Luecht와 Sweeney(2004)는 웰니스생애평가척도에 대한 타당도 검증을 위해 4,000명에 가까운 사람들(3,993명)로부터 자료를 얻어 척도의 요인분석을 실시하였다. 탐색적 요인분석과 확인적 요인분석을 실시한 결과 5요인 모형보다는 4요인 모형이 더 적합한 것으로 나타났다.

이 연구로부터 도출된 4요인은 인지-정서(cognitive-emotional), 관계(relational), 신체(physical), 그리고 영성(spiritual) 웰니스였다. 인지-정서 요인에 속하는 문항의 예로는 "긍정적인 생각을 함으로써 스트레스를 줄일 수 있다." 또는 "내 가족과 친한 친구들은 특별한 이유 없이도 거의 매일 서로에게 감사해한다." 등이 있다. 관계 요인은 "내가 필요로 할 때 무엇이든 도움을 줄 친구가 있다." "내 생각과 감정을 털어놓을 수 있는 사람이 적어도 한 명은 있다." 등의 문항을 포함한다.

신체 요인을 구성하는 문항으로는 "규칙적인 신체활동을 즐긴다."와 "영양적으로 균형이 맞는 식단으로 먹는다." 등이 있다. 마지막으로 영성 요인에는 "일상생활에서 나를 인도하는 영적 믿음이 있다." 또는 "일상생활에서 기도나 명상 등을 규칙적으로 한다." 등의 문항을 포함한다.

## 6) 한국판 웰니스 척도

최경화와 탁진국(2021)은 앞에서 살펴본 해외 웰니스 척도에서 다루고 있는 요인들이 다양한 점을 고려하여 국내 성인들에게 적합한 한국형 웰니스 척도를 개발하였다. 먼저, 웰니스를 "삶의 중요 영역에서 균형과 건강함을 충족하기 위해 노력하거나 추구하는 실천적 태도와 행동역량"으로 정의하면서 삶의 특정 영역에서의 충족이 아닌 다양한 영역에서 균형을 유지하는 것이 중요함을 강조하였다. 문헌검토, 전문가 인터뷰, 심층 인터뷰, 개방형 설문 등을 통해 일차적으로 10개 요인과 99개 문항을 구성하였다. 성인 351명을 대상으로 실시한 예비조사와 성인 667명을 대상으로 한 본 조사를 통해 최종 63개 문항으로 구성된 10개 요인을 도출하였다. 10개 요인은 일, 공동체, 가족, 타인, 경제력, 자아존중, 여가, 신체건강, 영성, 그리고 자기성장이었다.

일 요인은 직장 또는 직장이 없는 경우 학교, 집안일, 봉사 등 일과 관련된 만족을 위해 하는 활동을 의미하며 7개 문항으로 구성되었다. 문항의 예로는 "나는 일을 통해 나의 지식, 기술 또는 재능을 활용하거나 나타낼 수 있다." "나에게 맡겨진 일은 최대한 생산적이고 효과적으로 마무리하는 편이다." 등이 있다. 공동체 요인은 자신이 속해 있는 공동체에 대한 소속감 증진을 위한 활동을 나타내며 5개 문항을 포함한다. 문항으로는 "정기적인 소모임을 통해 공동체 활성화를 위해 노력한다." 또는 "내가 살고 있는 지역에 강한 소속감을 느끼며 소속된 공동체와 커뮤니티에서 주도적으로 활동한다." 등을 포함한다. 가족 요인은 물질적, 정서적 지원을 받는 부부, 자녀, 부모와의 관계를 위한 활용을 측정하며 7개 문항으로 구성되어 있다. "가족과 대화시간을 충분히 가지려고 노력한다." 및 "가족 각자의 생각과 의견을 존중하고 따라 준다." 등의 문항을 포함한다. 타인 요인은 가족 이외에 연인, 친구, 직장동료 등 타인과의 관계를 위한 활동을 측정하며 6개 문항을 포함한다. 이 요인에 속하는 문항의 예로는 "친구, 직장동료 등 지인들과 정기적으로 친목 모임을 한다." 또는 "친구, 동료 등 주변 지인들이 도움이 필요할 때 적극적으로 나서서 도움을 준다." 등이 있다.

　경제력 요인은 물질적 여유를 위해 경제적 부를 쌓기 위한 활동을 포함하며 6개 문항으로 구성되어 있으며, 문항의 예로는 "자산 관리를 위해 경제, 부동산, 세금에 관한 정보를 찾아본다." 또는 "수입을 창출하기 위해 재정 분산투자, 주식, 부동산에 투자한다." 등이 있다. 자아존중 요인은 자기존중이나 자기신뢰와 같이 자신을 긍정적으로 바라보기 위한 활동을 의미하며 6개 문항으로 측정한다. 문항으로는 "나 자신에 관해 누구보다 많이 이해한다." 또는 "내가 가진 여러 가지 단점에도 불구하고 나 자신을 좋아한다." 등을 포함한다. 여가 요인의 경우 휴식, 취미, 놀이 등 일 이외에 몰입하거나 즐기는 활동을 의미하며 6개 문항으로 측정한다. 문항으로는 "내가 좋아하는 취미활동을 즐긴다." 및 "가끔 일상에서 벗어나 나만의 공간에서 혼자만의 시간을 가진다." 등으로 구성된다.

　신체건강 요인은 운동, 습식, 금연, 숙면 등 신체건강을 위한 활동으로서 5개 문항을 포함하며, 문항의 예로는 "규칙적으로 식사를 잘 챙겨 먹는다." 또는 "신체건강을 위해 내 몸에 맞는 운동을 꾸준히 한다." 등이 있다. 영성 요인은 종교 또는 기도, 명상, 자기성찰 등을 통해 심적 안정과 위안을 주는 활동으로 정의되었고 5개 문항을 포함한다. 문항의 예를 들면, "기도하기, 명상, 종교활동 등을 통해 심적 위로와 안정을 찾는다." 또는 "내 행동에 대한 자기반성과 자기성찰 시간을 갖는다." 등이 있다. 마지막으로 자기성장 요인은 자아실현, 자기계발, 잠재력 발휘 등과 같이 자신의 성장을 증진하는 활동을 측정하며 7개 문항으로 구성되었다. 문항의 예로는 "내가 관심 있는 영역의 전문성과 실력 향상을 위해 공부한다." 및 "삶은 끊임없이 배우고, 변화하고, 성장하는 과정이라 생각하고 새로운 분야나 영역에 도전한다." 등이 있다.

척도의 타당도 분석을 위해 먼저 기존의 웰니스 척도와의 상관을 분석한 결과, 유의한 것으로 나타나서 척도의 수렴타당도가 검증되었다. 또한 주관적 행복감과 삶의 만족을 준거로 두고 상관을 분석한 결과, 웰니스 척도의 모든 요인과 전체 점수가 주관적 행복감 및 삶의 만족과 정적으로 유의하게 관련된 것으로 나타나서 준거관련타당도가 검증되었다. 추가 다중회귀분석 결과에서 웰니스 10개 요인 가운데 자아존중이 주관적 행복감과 삶의 만족 모두를 설명하는 데 가장 중요한 요인으로 나타났다. 이러한 결과는 다양한 웰니스 요인 가운데 무엇보다 자신을 긍정적으로 바라보는 노력이 삶의 만족과 주관적 행복을 증진시키는 데 가장 중요한 역할을 한다는 것을 시사한다.

10개 웰니스 요인 가운데 평균 점수가 가장 높은 요인은 '가족'이었고 그다음은 '자아존중'과 '일' 순이었으며, 가장 평균이 낮은 요인은 '공동체'였다. 국내 성인들은 웰니스를 위해 무엇보다 가족으로부터 만족을 얻기 위해 노력하며 자신을 존중하고 업무뿐 아니라 일상생활에서 일로부터 만족을 얻기 위해 많은 노력을 기울인다는 것을 알 수 있다.

기존의 해외 척도 요인들과 비교 시 새롭게 도출된 요인으로는 '공동체' '경제력' '일' 등이 있다. 이 연구에서는 직장이 있는 성인뿐 아니라 직장이 없는 성인들도 포함되었다. 과거 웰니스 척도 개발 연구에서 직장이 없는 성인들이 포함된 경우 일 요인이 제시되지 않은 경우가 있었는데, 이 연구에서는 일 요인에 관한 문항을 직장에서의 일뿐 아니라 일상생활에서 일어나는 다양한 일처리(예: 집안일 등)에 관한 내용도 포함시킴으로써 직장이 없는 성인들도 충분히 응답할 수 있도록 구성하였다. 공동체 요인이 포함된 것은 다소 놀라운 결과로 해석할 수 있다. 최근 들어 국내에서도 공동체 활동을 삶의 중요

영역 가운데 하나로 인식하는 정도가 높아진 것으로 볼 수 있다.

## 7) 척도에 대한 평가

앞에서 기술한 다섯 가지 웰니스 척도에 대한 신뢰도 및 타당도 분석 결과를 종합해 보면 전체적으로 웰니스 하위차원에 대한 신뢰도는 일부를 제외하면 적합한 것으로 나타나고 있다. 하지만 타당도 분석 결과 척도에서 제시하는 다양한 하위차원이 적절히 구분되지 못하는 것으로 나타나고 있다. 모든 웰니스 척도가 다차원 웰니스 모형을 제시하면서 웰니스 개념은 다양한 차원 또는 요인들로 구성되어 있음을 강조하고 있다. 앞에서도 기술하였지만 요인분석 결과, 각 척도에서 제시하는 웰니스 다차원들이 서로 구분되지 못하고 있다. 심지어 일부 연구결과에서는 웰니스 모형이 다차원이 아닌 단일차원이 적절한 것으로 나타나고 있다. 즉, 대부분의 연구결과는 앞에서 기술한 웰니스 척도의 구성타당도를 입증하지 못하고 있는 실정이다.

최근 Blount, Dillman Taylor와 Lambie(2020)는 기존의 다양한 웰니스 모형과 웰니스 척도에 대한 고찰을 통해 기존의 웰니스 척도의 타당도에 대한 분석이 미흡함을 지적하였다. 구체적으로 요인분석을 실시하지 않았거나 다양한 표집에 대한 분석이 실시되지 않았음을 강조하면서 다양한 집단을 대상으로 좀 더 엄격한 통계분석이 실시될 필요가 있음을 언급하였다.

이러한 결과들을 종합해 볼 때 웰니스 척도를 활용하여 웰니스코칭을 실시하는 데 주의할 필요가 있음을 인식할 필요가 있다. 다음 절의 웰니스코칭에 관한 설명에서 기술하겠지만 웰니스코칭을 실시하는 과정에서 웰니스 척도를 실시하고 각 차원에서 점수를 구하게 된다. 피코치는 각 차원의 점수를 살펴보면서 자신이 어떠한 차원에서 좀 더 노력을 기울일 것인지를 결정하게 된다. 하지만 웰니스의 각 차원이 서로 명확히 구분되는 개념이 아니기 때문에 각 차원을 독립적으로 해석하는 데 주의를 기울일 필요가 있을 것이다.

## 5. 웰니스코칭 진행방법

웰니스코칭을 어떻게 진행하는지에 관해 설명하고 있는 논문이나 책자는 매우 드물다. 여기서는 웰니스코칭을 오랫동안 실시해 오고 이 분야에 관한 책을 저술한 Arloski(2009)가 제시하는 웰니스코칭 진행과정에 대해 설명하고자 한다. Arloski는 앞에서도 기술했듯이 삶의 9개 영역을 포함하는 웰니스 모형을 제시한 바 있다. 이를 기반으로 웰니스코칭을 진행하는 과정을 설명하였으며 이 과정을 "웰니스 지도(mapping) 360°"(Arloski, 2009)로 표현하였다.

이 코칭과정에서 첫 번째 단계는 평가와 탐색이다. 비즈니스코칭이나 커리어코칭과 같은 코칭에서도 동일하지만 웰니스코칭에서도 코칭을 통해 먼저 피코치가 자신의 삶을 돌아보고 성찰할 기회를 가지는 것이 중요하다. 이러한 기회를 통해 자신이 어떤 웰니스 영역 또는 차원에 치우친 삶을 살아왔고 어떤 영역에 관심을 기울이지 않고 살아왔는지를 파악할 수 있게 된다.

자기탐색을 위해 Arloski는 몇 가지 방법을 제시하고 있다. 일주일에 한두 번 일기를 쓰거나 혼자서 조용히 생각할 시간을 갖는다거나 성장에 관한 책을 선정해서 읽는 등의 방법을 통해 자신을 돌아볼 기회를 가질 수 있다. 또한 피코치에게 태어나서 지금까지 살아오면서 의미 있었던 사건을 연도별로 간단히 적게 하고 각 사건을 통해 무엇을 배웠고 어떻게 성장했으며 현재의 행동에 어떤 영향을 미쳤는지를 기술토록 하는 방법도 도움이 될 수 있다.

평가는 앞에서 기술한 다양한 웰니스 척도 가운데 하나를 사용하면 된다. 이를 통해 피코치는 다양한 웰니스 차원에 대한 점수를 얻게 되고 자신이 현재 어떠한 차원 또는 영역에 더 많은 관심과 노력을 기울이고 있으며, 반면 어떤 차원은 신경을 쓰고 있지 않은지를 파악할 수 있게 된다. Arloski는 자신이 제시한 9개 영역으로 구성된 삶의 바퀴 모형을 활용한 방법을 제시하고 있다. 코치는 피코치가 각 영역에 대한 만족도를 10점 척도를 활용하여 삶의 바퀴에 표시를 하고 이 점수들을 서로 연결시키며, 연결시킨 선의 전체적인 모양이 동그란 바퀴 모양과 유사한지 아닌지를 살펴보도록 한다. 바퀴 모양과 유사하다면 그 바퀴는 잘 굴러갈 수 있게 되며, 반면 바퀴 모양과 유사하지 않을수록 그 바퀴는 구르기 힘들게 됨을 인식시킨다.

또한 각 차원에 대해 피코치의 만족도를 확인한 후 각 차원에서의 점수를 향상시키기 위한 동기가 어느 정도 되는지 10점 척도(1: 전혀 없다, 10: 매우 많다)를 통해 파악한다. 다음은 피코치가 해당 차원을 향상시키기 위해 이번 주에 할 수 있는 구체적인 행동이 무엇인지를 찾도록 한다.

예를 들어, 가족관계 영역의 경우, 먼저 현재 가족으로부터 얻는 만족감이 어느 정도 되는지 물어보고 답변을 들어 본다. 만약 만족도가 높지 않다고 답변할 경우 이 피코치는 가족관계를 개선하고 싶은 욕구가 어느 정도 있다고 가정할 수 있기 때문에 이러한 욕구나 동기가 어느 정도나 되는지를 구체적인 수치로 답할 수 있도록 10점 척도를 활용하여 물어본다. 구체적인 수치로 답하는 것이 코치와 피코치 모두 좀 더 정확한 동기수준을 파악할 수 있기 때문에 말로 설명하는 것보다 도움이 될 수 있다. 피코치가 답한 동기수준 점수가 낮은 경우(예: 5점 미만) 가족관계가 만족스럽지 못함에도 불구하고 이를 개선하려는 동기가 낮은 이유를 물어볼 필요가 있다. 경우에 따라서는 피코치 입장에서 노력을 해도 개선될 가능성이 없다고 판단되어 낮은 점수로 답할 가능성이 있다. 동기수준 점수가 높은 경우 코치는 피코치가 가족관계 개선을 위해 구체적으로 어떤 행동을 할 수 있는지를 물어보게 된다. 피코치가 가능한 한 구체적으로 답변하도록 유도하는 것이 필요하다.

이 과정에서 코치가 기억해야 할 것은 각 영역 간의 균형을 이루는 것이 중요하다는 점이다. 바로 앞에서 기술하였듯이 피코치의 각 차원에서의 만족도를 연결한 선의 모양이 바퀴와 유사하다면 잘 굴러갈 수 있고 이는 각 영역 간에 균형을 이루면서 잘 살아가고 있음을 의미한다. 하지만 특정 영역에서는 만족도가 높지만 다른 영역에서는 만족도가 낮아서 연결한 선의 모양이 바퀴에서 벗어나 있다면 바퀴는 잘 굴러가지 못하게 되며 이는 다양한 영역 간에 균형을 이루지 못하고 있음을 의미한다.

피코치의 자기탐색과 측정도구를 활용한 평가가 끝나게 되면 다음은 구체적인 웰니스 계획을 세우는 단계이다. 코칭은 궁극적으로 피코치의 성장을 돕는 것을 목적으로 하기 때문에 웰니스 계획을 웰니스 성장 계획으로 명명할 수도 있다. 웰니스코칭의 목적은 웰니스의 모든 차원에서 피코치의 잠재력을 실현하는 것이다. 즉, 웰니스코칭을 통해 피코치가 지금보다 얼마나 더 성장할 수 있고 잠재력을 실현하여 자기 자신을 향상시킬 수 있는지가 중요하다.

Arloski가 제시하는 웰니스 계획은 웰니스 지도로 명명하고 있는데 다음과 같은 방법으로 진행한다. 먼저, 자신의 비전을 기술한다(<표 4-1> 참조). 자신의 잠재력을 개발해 삶에서 최적의 기능을 발휘하기 위해 어떠한 삶을 살아 나가겠다는 비전을 제시해야 한다. Arloski는 웰니스 지도를 설명하기 위하여 56세의 켄이라는 남성의 예를 들고 있다. 이 사람은 대학의 생물학과 교수이고 재혼했으며 그동안 건강하게 살다가 얼마 전 심장판막수술을 받고 잠시 휴직하였다가 재활훈련을 받고 학교로 복직하려는 상황이었다. 복직 후 원만한 적응을 위해 코칭을 신청하게 되었다.

켄은 자신의 삶의 비전을 "무엇보다 건강을 되찾아서 내가 좋아하는 야외활동을 활발하게 하고 싶다. 나이가 먹었지만 하이킹, 캠핑, 수영, 낚시, 카누와 같은 활동을 충분히 할 수 있다고 생각한다."로 기술하였다.

다음은 현재의 상황에 대해 기술하는 것이다(<표 4-1> 참조). 앞에서 기술한 비전과 비교해 볼 때 현재 어떤 상태이고 결과적으로 얼마나 만족 또는 불만족스러운 상황인지를 솔직하게 기술하는 것이 중요하다. 이를 토대로 자신이 기술한 비전의 달성을 위해 노력해야겠다는 동기가 생기게 된다. 켄은 이렇게 기술했다. "아내와 아이들로부터 도움을 많이 받고 있고 회복이 많이 되었지만 아직 전과 같지는 않다. 현재 학교 사정이 어려워서 가능한 한 강의를 적게 하고 싶은데 내 뜻대로 되지 않을 것 같다. 어쨌든 강의와 재활 모두 다 잘해야 하는데 걱정이 된다."

세 번째는 〈표 4-1〉에서 보듯이 비전 달성을 위해 자신이 관심을 기울이는 좀 더 구체적인 영역을 기술하는 것이다. 예를 들면, 켄은 관심 영역을 "일과 자기돌봄 간의 균형" "엑서사이즈", 그리고 "스트레스 관리" 등으로 정했다.

다음은 자신이 기술한 관심 영역에 대해 세부적인 내용을 작성하는 단계이다(〈표 4-2〉 참조). 여기서 먼저 작성할 것은 자신의 욕구(desires)를 기술하는 것이다. 욕구는 자신이 앞에서 기술한 관심 영역에서 구체적으로 무엇을 하기를 원하는지에 관한 것이다. 켄의 예에서 영역 1은 일과 자기돌봄과의 균형이었으며 이 영역에서 켄이 구체적으로 원하는 것은 "일을 제대로 처리하면서 내 몸도 잘 돌보고 싶다."는 내용이었다.

자신이 구체적으로 원하는 것을 기술하였으며 이를 달성하기 위한 방법을 찾기 전 관심 영역과 관련해 자신이 처한 상황에 대해 생각해 보는 것이 도움이 된다. 즉, 현재 상황(current location)에 대해 기술해 본다. 이를 통해 자신이 원하는 것이 제대로 충족되지 않고 있다는 것을 인식하게 되고 무엇인가를 해야겠다는 동기를 높일 수 있다. 켄의 예를 들면, "현재 일이 많아서 운동을 충분히 못하고 있고 살이 3kg 정도 찐 상태이다. 일이 많아서 스트레스를 많이 받고 있으며 압박이 심한 편이다."와 같이 현재 상황을 기술할 수 있다.

표 4-1 **웰니스 지도: 비전과 관심 영역**

### 웰니스 지도

1. 삶의 비전: 어떻게 사는 것이 삶에서 자신의 잠재역량을 극대화할 수 있는 것인지 현실성을 고려하되 다소 도전적인 내용으로 기술함.

   ▶켄의 예: 무엇보다 건강을 되찾아 내가 좋아하는 야외활동을 활발하게 하고 싶다. 나이가 먹었지만 하이킹, 캠핑, 수영, 낚시, 카누와 같은 활동을 충분히 할 수 있다고 생각한다.

2. 현재 상황: 현재 상황을 판단하지 말고 있는 그대로 솔직하게 기술함.

   ▶켄의 예: 아내와 아이들로부터 도움을 많이 받고 있고 회복이 많이 되었지만 아직 전과 같지는 않다. 현재 학교 사정이 어려워서 가능한 한 강의를 적게 하고 싶은데 내 뜻대로 되지 않을 것 같다. 어쨌든 강의와 재활 모두 다 잘해야 하는데 걱정이 된다.

3. 관심 영역: 자신의 비전을 달성하기 위해 삶의 어떤 영역에 초점을 둘 것인지 그 내용을 3개 정도 기술함.

   ▶켄의 예:

   1) 일과 자기돌봄 간의 균형

   2) 엑서사이즈

   3) 스트레스 관리

다음 단계는 경로(path)로서 자신이 원하는 것을 달성하기 위하여 구체적으로 무엇을 할 것인지를 생각해 보고 기술하는 것이다(<표 4-2> 참조). 이 과정에서 한 가지가 아닌 여러 방법을 기술해도 된다. 켄의 경우는 "건강과

**표 4-2**    **관심 영역에 대한 세부내용**

---

**웰니스 지도: 관심 영역**

1. 관심 영역: 앞에서 기술한 세 가지 영역 중 우선 순위 1번을 먼저 적음.

  ▶켄의 예: 일과 자기돌봄 간의 균형

1) 욕구: 관심 영역과 관련해 자신이 구체적으로 달성하고 싶은 내용을 기술함.

  ▶켄의 예: 일을 제대로 처리하면서 내 몸도 잘 돌보고 싶다.

2) 현 상황: 관심 영역과 관련해 현재 자신이 처한 상황에 대한 내용을 기술함.

  ▶켄의 예: 현재 일이 많아서 운동을 충분히 못하고 있고 살이 3kg 정도 찐 상태이다. 일이 많아서 스트레스를 많이 받고 있으며 압박이 심한 편이다.

3) 경로: 욕구 달성을 위해 무엇을 해야 할지를 가능한 한 구체적으로 기술함. 하나가 아니라 여러 가지를 기술해도 됨.

  ▶켄의 예: 건강과 자기돌봄을 최우선으로 하고 자기돌봄 활동을 늘려 나간다. 학과에 얘기해서 내 상황에 대한 이해와 지원을 받고자 한다.

4) 실행과정: 무엇을 언제 어떻게 실행할 것인지 등에 관한 내용을 구체적으로 기술함.

  ▶켄의 예: 매일 30분간 조깅(무엇을)
        일단 한 달 동안 실행(얼마나)
        매일 저녁 8시(언제)
        매주 월요일에 코치에게 이메일을 보내고 다음 코칭 때 코치와 논의하기(점검방안)

5) 도전: 실행과정에서 발생할 수 있는 장애요인에 대해 기술함.

▶켄의 예: 일 때문에 피곤해서 조깅하러 나가기 싫어진다.

6) 해결전략: 장애요인을 극복할 수 있는 방법에 대해 기술함.

▶켄의 예: 집 안에서 할 수 있는 운동으로 대체한다.

7) 지지자원: 주변에서 도움을 받을 수 있는 사람을 찾음.

▶켄의 예: 아내에게 부탁한다.

자기돌봄을 최우선으로 하고 자기돌봄 활동을 늘려 나가려고 한다." "학과에 얘기해서 내 상황에 대한 이해와 지원을 받고자 한다."와 같은 방법들을 도출하였다.

경로 단계에서 욕구를 충족시킬 수 있는 방법을 기술하였지만 구체적인 면과 어떻게 지속할 것인지에 관한 내용이 부족할 수 있다. 켄의 경우에도 자기돌봄 활동을 한다고 했지만 구체적으로 어떤 활동을 할 것이고 언제부터 또 언제까지 할 것인지에 관한 내용이 부족하다. 실행력을 높이기 위해서는 실행계획을 좀 더 구체적으로 기술하는 것이 필요하다. 이 단계는 실행과정 (committed course)으로 무엇을 할 것인지, 언제부터 시작해서 언제까지 끝낼 것인지, 진행과정 중 코치와는 어떻게 소통할 것인지 등을 기술하는 단계이다(〈표 4-2〉 참조). 켄의 예를 들면, 조깅을 매일 저녁 8시에 30분씩 한 달 정도 지속하고 그 성과를 점검하며 매주 월요일마다 코치에게 자신이 제대로 했는지에 관한 이메일을 보내겠다는 구체적 행동을 기술하였다.

다음은 〈표 4-2〉에서 보듯이 도전(challenges)으로서 실행과정에서 경험할 수 있는 어려움이나 장애물에 대해 생각해 보고 이를 기술하는 것이다. 켄의 예를 들면, "일을 하고 돌아왔을 때 피곤해서 조깅하기가 싫어진다."와 같은 상황이 가능할 수 있다. 이러한 장애요인을 어떻게 극복할 것인지가 다음 단계에서 고민할 부분이며 Arloski는 이를 해결전략으로 명명하였다. 켄의 예에서는 집 안에서 간단히 할 수 있는 운동으로 대체하는 방법이 가능할 수 있다.

마지막 단계는 지지자원(source of support)으로서 실행과정에서 도움을 받을 수 있는 사람에 대해 생각해 보고 구체적인 도움을 요청하는 것이다(<표 4-2> 참조). 켄의 경우 부인에게 도움을 요청하여 운동을 지속적으로 할 수 있도록 격려를 부탁할 수 있을 것이다.

웰니스 지도를 통해 구체적인 계획을 세우고 실행해 나가면 된다. 마지막은 평가 단계로서 코칭을 통해 피코치가 자신이 수립한 계획을 어느 정도 실행했는지에 대한 평가가 필요하다. 평가는 여러 가지 방법이 가능하다. 첫 번째는 피코치가 웰니스코칭 진행과정에 대해 얼마나 만족했는지를 물어보거나 또는 간단한 설문문항을 만들어서 만족한 정도를 평정토록 하는 방법을 사용하면 된다.

앞에서 설명한 다양한 웰니스 설문지를 사용하여 웰니스코칭을 실시하기 전과 코칭이 다 끝난 후에 실시하여 두 점수를 비교하는 것도 코칭의 효과를 평가할 수 있는 좋은 방법이다.

무엇보다 중요한 것은 코칭이 끝난 후 피코치의 행동이 지속적으로 유지되는 것이다. 새로운 행동이 습관으로 고착화되는 데는 많은 시간이 걸린다. Lally, Van Jaarsveld, Potts와 Wardle(2010)이 대학생을 대상으로 새로운 습관행동 형성에 걸리는 시간을 조사한 연구에 따르면 건강한 음식 먹기, 물 마시기, 운동하기 등 세 가지 행동이 습관화되는 데 평균적으로 각각 59일, 65일, 91일 정도 걸리는 것으로 나타난 바 있다. 웰니스코칭을 통해 피코치가 새롭게 습득한 행동이 습관화되어 크게 의식하지 않아도 자동적으로 나타나기 위해서는 상당한 시간이 걸린다는 것을 코치와 피코치 모두 인식할 필요가 있다.

코치는 코칭이 끝난 후 휴대폰으로 문자를 보내거나 가끔씩 전화를 걸어 피코치가 잘 하고 있는지 점검하고 격려하는 노력이 필요하다. 탁진국, 조지연, 정현과 조진숙(2017)은 대학생을 대상으로 주도성 증진 코칭프로그램을 실시한 후 효과를 검증하였다. 코칭이 끝난 후 3개월 동안 매주 1회 문자를 받은 피코치 집단은 코칭 효과가 지속되었지만 문자를 받지 못한 집단은 코칭 효과가 감소되는 것으로 나타났다. 이러한 결과는 코칭 후에도 코치의 추가 노력이 코칭의 효과가 유지되는 데 긍정적인 영향을 미칠 수 있음을 입증하는 것이다.

피코치도 웰니스코칭을 통해 새로 학습한 행동을 지속적으로 유지하여 습관화될 수 있도록 인내력을 가지고 노력하는 자세가 필요하다. 매일 자기 전 하루를 성찰할 수 있는 시간을 갖고 하루의 행동을 살펴보는 것도 도움이 된다. 또한 매일매일의 행동을 점검할 수 있는 일지를 만들어 특정 행동을 실행했는지를 체크하는 방법도 습관을 형성하는 데 긍정적으로 작용하게 된다.

제5장

# 라이프코칭 방법

이 장에서는 라이프코칭에 관한 관련 연구를 살펴보고 구체적인 라이프코칭 진행방법에 대해 설명하고자 한다. 이 장에서 기술하는 내용의 대부분은 일부를 제외하고는 탁진국(2019)이 집필한 『코칭심리학』의 14장(라이프코칭)에서 가져온 것임을 밝혀 둔다.

## 1. 관련 연구 및 현황

라이프코칭에 관한 국내외 연구는 많지 않은 편이며 2000년대에 들어서 본격적으로 연구되기 시작했다(Spence & Grant, 2007). 구글(google) 학술논문 검색에서 'life coaching'으로 검색했을 때 찾을 수 있는 관련 연구논문은 많지 않으며 임원코칭이나 커리어코칭과 비교하면 매우 부족한 실정이다. 오히려 과학적인 연구결과보다는 일반 대중을 대상으로 하는 저서나 기사가 더 많은 편이다.

라이프코칭의 효과에 관한 일부 연구를 살펴보면 Green, Oades와 Grant (2006)는 10회기로 구성된 인지 행동 및 해결중심 그룹 라이프코칭 프로그램의 효과를 검증하였다. 참가자들은 무작위로 코칭그룹(n=28)과 통제그룹(n=28)으로 할당되었다. 프로그램의 효과검증을 위해 목표 추구, 웰빙 및 희망을 종속변인으로 두고, 사전과 사후 검사 이외에 추후 검사를 프로그램 종료 10주, 20주, 30주 후까지 세 번에 걸쳐 측정하였다. 분석한 결과, 라이프코칭 그룹 프로그램은 종속변인 모두 사후 검사에서 효과가 있는 것으로 나타났으며 이러한 긍정적 효과는 프로그램 종료 30주 후까지도 지속되는 것으로 나타났다.

이 연구는 개인의 웰빙 증진을 위하여 이들의 희망 수준을 높이는 것이 중요하며 이를 위해서는 무엇보다 살아가면서 명확한 목표를 수립하고 이를 달성하기 위해 노력하는 것이 중요함을 밝혔다는 점에서 의미가 있다. 따라서 라이프코칭에서 궁극적으로 피코치의 행복 수준을 증진시키는 것이 중요하기 때문에 코치는 코칭과정에서 피코치가 일상생활에서 달성하려는 목표를 명확히 할 필요가 있다.

Spence와 Grant(2007)는 라이프코칭 프로그램을 전문코치가 진행하는 방법과 프로그램 참가자들이 동료코치가 되어 진행하는 방법 사이에 효과 면에서 차이가 있는지를 연구하였다. 전체 63명의 참가자를 21명은 전문코치가 진행하는 집단, 22명은 동료코치가 진행하는 집단, 그리고 20명은 통제집단으로 구분한 후 10회기 라이프코칭 프로그램을 실시하였다. 프로그램 효과는 목표 추구, 주관적 웰빙, 심리적 웰빙의 세 가지 종속변인을 측정하여 분석하였다. 분석한 결과, 목표 추구에서는 전문코치 집단의 점수가 유의하게 높게 나타났지만 웰빙 점수에서는 전체적으로 유의한 차이가 나타나지 않았다.

Green 등(2007)은 56명의 여자 고등학생(실험과 통제 집단 각 28명)을 대상으로 이들의 강인함과 희망을 증진시키기 위하여 10회기로 구성된 일대일 라이프코칭 프로그램을 실시하였다. 프로그램 실시 후 사후검사에서 실험집단 학생들의 인지적 강인함과 희망 점수는 유의하게 증가한 것으로 나타나서 라이프코칭 프로그램의 효과를 입증하였다.

앞에서 제시한 연구들에서 진행한 라이프코칭 프로그램 내용들은 유사한 부분이 있는데, 주로 미래에 대한 비전을 만들고 비전 달성을 위한 목표를 수립하고 목표를 달성하기 위한 개인적 자원을 파악하고 실행계획을 세우며 이러한 계획을 점검하고 평가하는 과정으로 되어 있다. 또한 종속변인에서도 희망이나 웰빙과 같은 행복과 관련된 긍정적 변인들을 사용하였다는 특징이 있다.

라이프코칭 현황에 관한 자료는 거의 찾아보기 힘들다. Grant와 O'Hara (2006)가 호주의 라이프코칭 산업 현황을 조사하였는데, 조사에 따르면 2006년 시점에서 호주에만 라이프코칭 교육 및 훈련을 제공하는 기관이 14곳이나 되었으며 이 가운데 6곳은 국제코칭연맹의 인가를 받은 것으로 나타났다. 교육비만 하더라도 호주 달러로 싼 곳은 1,070달러에서 가장 비싼 곳은 9,990달러에 이르는 것으로 나타났다. 이 기관들의 웹사이트에서 홍보 내용을 분석한 결과, 대부분 과장된 것으로 나타났으며 기관과 라이프코치들의 자격, 그리고 교육 내용에 관한 명확한 정보를 제공하고 있지 않았다는 문제점이 발견되었다.

최근에 Allen, Machara와 Baker(2019)는 가족을 대상으로 한 라이프코칭에 관심을 가질 필요성을 제기하면서 가족의 라이프코칭에 참여한 경험이 있는 14명의 라이프코치들을 대상으로 가족라이프코칭에 대한 이해를 높이기 위하여 질적 연구를 실시하였다. 먼저, 이들은 가족라이프코칭은 가족 전체를 대상으로 가족 내에서 서로 간의 관계를 증진하고 목표를 달성하도록 돕는 과정으로 정의하였다. 60분에서 90분 정도 진행한 한 번의 비대면 반구조 인터뷰를 통해 가족라이프코치로 활용하기 위해 필요한 역량, 평균 실시 회기, 코칭기법, 코칭이슈, 비용, 그리고 라이프코칭의 미래를 위해 필요한 내용 등을 물어보았다.

이들의 답변을 분석한 결과, 가족라이프코치로서 활동하기 위해 필요한 역량은 지지, 적극적 경청, 피코치중심, 효율적인 도움, 가족 관련 전문지식과 교육, 해당 분야 전문성 등이었으며, 일반 코치로서 필요한 역량과 큰 차이가 없었다. 평균 실시회기에 관한 답변은 평균 6~8회기가 많았고 기간은 평균 6개월 정도였다. 많이 활용하는 기법으로는 목표설정과 긍정심리와 강점 활용이 가장 빈도가 높았다. 대표적인 코칭이슈로는 가족 간의 건강한 관계, 소통향상, 가족의 삶 이슈(예: 형제 간 경쟁, 청소년, 학업, 숙제, 시간관리, 소외감 등)였다. 코치들이 받는 비용에서는 시간당 40달러에서 125달러가 많았다. 가족라이프코칭의 미래와 관련해서는 코칭사업의 확장을 위해 무엇보다 마케팅 스킬이 중요하고, 가족라이프코칭 관련 전문 모임이 필요하며, 코치로서 무엇보다 열정과 가족에 대한 사랑이 중요함을 강조하였다.

## 2. 라이프코칭 진행방법

여기서 기술하는 라이프코칭 진행방법은 필자가 앞에서 기술한 라이프코칭의 정의에 따라 적합하게 설명하는 내용으로서 모든 라이프코칭이 이러한 방법으로 진행된다는 것은 아니다. 필자가 참고로 한 책들(Arloski, 2009; Zander, 2018)은 대부분 유사한 것으로 나타났다.

### 1) 삶의 다양한 영역 파악 및 이상적 모습에 대한 기술

라이프코칭 첫 단계에서는 피코치가 자신이 살아온 삶의 다양한 영역을 되돌아보는 것이 중요하기 때문에 이에 대해 살펴볼 필요가 있다. 삶의 다양한 영역을 어떻게 구분할 것인지에 관해서는 다양한 모형이 있다. 그 가운데 일부를 소개하면 Arloski(2009)는 9개 영역을 제시하였는데, 이들은 커리어, 돈,

건강, 가족, 친구, 개인적 성장, 연애, 여가 그리고 물리적 환경을 포함한다. Zander(2018)는 자신, 신체, 사랑, 정신, 커리어, 돈, 시간, 가정, 가족, 친구, 재미와 모험, 공동체 및 기여의 12개 영역을 제시한 바 있다. 하지만 이러한 다양한 삶의 영역을 제시한 근거가 명확하지 않다는 문제가 있다. 많은 사람이 동의하는 다양한 삶의 영역을 구분하기 위해서는 특히 국내의 경우 청소년을 포함한 많은 일반인을 대상으로 개방형 설문을 실시하여 이들이 중요시하는 삶의 영역은 무엇인지 파악할 필요가 있을 것이다.

여기서는 필자가 임의적으로 8개의 삶의 영역을 선택했으며, 코치별로 다르게 선정하여 진행하여도 무방하다. 8개의 삶의 영역은 자아, 커리어, 여가, 가족, 건강, 사랑, 친구, 재정이며 각 영역에 대한 설명은 〈표 5-1〉에 제시되어 있다. 코치는 피코치가 각각의 영역에 대해 이상적으로 생각하고 있는 내용에 대해 물어보고 이를 글로 적어 보게 한다(〈부록 5-1〉 양식 참조). 4장에서 Arloski(2009)는 먼저 전체 삶에서의 비전을 생각하게 했지만 필자는 이와 같이 진행할 경우 피코치들이 자신이 그동안 등한시해 왔던 다른 삶의 영역에 대해 주의 깊게 고려하지 않고 답변할 가능성이 크다고 판단한다. 따라서 제한된 삶의 비전이 도출될 가능성이 있다. Arloski가 제시한 방법보다 각삶의 영역 하나하나에 대해 충분히 생각해 보고 각 영역에서의 이상적인 모습을 그려 보는 것이 다양한 삶의 영역을 고려해 볼 수 있는 적절한 기회가 될수 있을 것이다.

| 표 5-1 | 다양한 삶의 영역에 대한 정의 |
|---|---|
| **삶의 영역** | **정의** |
| 자아 | 자신의 성격이나 행동 또는 습관 등에 대한 만족도를 의미한다. |
| 커리어 | 자신의 커리어에 대한 만족도를 의미한다. 직장인의 경우 자신의 직업이나 업무를 포함한 직장생활에 대한 만족도를 평가하고, 비직장인의 경우 직업은 없지만 일과 관련된 활동(예: 사회봉사 등)에 대한 만족도를 평가할 수 있다. 학생인 경우 학교가 직장을 대치할 수 있기 때문에 학교생활에 대한 만족도를 알아볼 수 있을 것이다. |
| 여가 | 취미를 포함한 여가생활을 하고 있는 것이 있는지 등을 포함하여 여가생활 전반에 대한 만족도를 물어본다. |
| 가족 | 자녀, 형제/자매, 부모 등을 포함한 현재 가정생활 전반에 대한 만족도를 알아본다. |
| 건강 | 체중, 키, 질병 등을 포함한 자신의 신체건강 상태뿐 아니라 불안, 근심과 같은 정신건강 수준도 포함한 만족도를 측정한다. |
| 사랑 | 기혼자의 경우 배우자와의 관계, 미혼자의 경우 연애를 포함한 사랑에 대한 욕구가 얼마나 충족되고 있는지를 파악한다. |
| 친구 | 친구관계 또한 살아가는 데 있어서 매우 중요하기 때문에 속을 털어놓고 얘기할 수 있는 친구들이 얼마나 있으며 현재 친구들에 대한 전반적인 만족도를 알아본다. |
| 재정 | 살아가는 데 재정 상태 또한 매우 중요하기 때문에 현재 자신이 가지고 있거나 매달 버는 재정 상황에 대한 만족도를 알아본다. |

## 2) 현재 상황에 대한 만족도

다음 단계에서 코치는 피코치가 8개의 각 영역에 대해 현재의 상황을 기술하고 어느 정도나 만족스러운지를 10점 척도(1: 전혀 만족하지 않는다, 10: 매우 만족한다)를 사용하여 적절한 점수를 할당하도록 한다(<부록 5-2> 참조). 코치는 피코치가 현재 상태를 좀 더 명확하게 인식하도록 하기 위해 각 영역에 특정 점수를 준 이유에 대해 설명해 달라고 요청하는 것이 좋다(<부록 5-3>

참조). 이 과정에서 〈부록 5-4〉와 같은 삶의 수레바퀴 양식을 활용하여 각 영역의 점수에 체크하고 각 점수를 연결하여 전체적인 프로필을 살펴볼 수 있다.

### 3) 영역 선정

다음은 피코치가 할당한 점수와 이유에 대한 설명을 토대로 우선적으로 향상시키고 싶은 영역이 무엇인지를 선택하도록 한다. 한 가지를 선정하기 어렵다면 두 영역을 선정토록 하고 명확하게 우선적으로 선정할 영역이 있으면 한 가지만 선정해도 된다. 특정 영역을 선정하면 해당 영역에서 달성하고 싶은 목표가 무엇인지 물어본 후 이를 구체화하고 최종적으로 그 목표를 달성하기 위한 구체적인 실행계획을 수립토록 한다(〈부록 5-5〉 양식 참조). 피코치가 이러한 실행계획을 실행할 수 있도록 격려하고 실행동기를 높일 수 있는 방법을 논의하면서 라이프코칭을 마무리한다. 전체 코칭회기의 수와 시간에 따라서 피코치가 선택한 삶의 영역 수는 확대할 수 있다. 구체적인 코칭 진행방법은 탁진국(2019)의 책『코칭심리학』을 참고하면 된다.

### 4) 고려사항

앞에서 설명한 라이프코칭 진행과정에서 한 가지 논의할 중요한 이슈는 코치 입장에서 라이프코칭을 통해 삶의 만족을 추구하는 피코치가 8개의 삶의 영역에서 어떤 프로파일을 얻는 것이 가장 바람직한 것인지에 관해서이다. 즉, 〈부록 5-4〉의 삶의 수레바퀴 양식에서 각 영역의 점수가 거의 비슷해서 이 점수들을 연결한 도형이 정팔각형에 가까운 모양이 나오는 것이 좋은 것인지, 아니면 특정 영역에서 점수만 높아서 정팔각형에서 멀어지는 모양이 바람직한 것인지에 관한 논의이다. 정팔각형 모양이 나온다는 의미는 각 영역에서 균형 있는 만족을 얻는 것이고, 정팔각형에서 멀어질수록 특정 영역에서만 만족 점수가 높고 다른 영역에서는 만족 점수가 낮다는 것을 의미한다.

개인차가 있기 때문에 어떤 사람은 특정 영역에서만 만족해도 자신은 전반적인 삶의 만족도가 높다고 얘기하는 사람도 있을 수 있으며, 반면에 삶의 모든 영역에서 비슷하게 만족해야만 전체적인 삶이 만족스럽다고 주장하는 사람도 있을 것이다. 이 장의 앞에서 라이프코칭을 정의할 때 '다양한 삶의 영역에서 균형적인 삶을 살도록 하는' 것이 중요하다는 설명을 한 바 있다. 많은 사람이 나이가 들어 과거를 돌아보면서 돈이나 일과 같이 한 영역에만 많은 시간을 투자하여 살아온 것에 대해 후회하는 경우가 자주 있다. 개인이 지금까지 여러 이유 때문에 등한시했던 특정 삶의 영역을 다시 한 번 되돌아보고 해당 영역에 대한 만족도를 높여서 전반적인 삶에서 균형을 이루는 것은 개인의 성장과 잠재력 개발이란 측면에서 중요하다. 특히 코칭의 궁극적인 목적이 피코치의 성장과 잠재력 개발이기 때문에 코치가 라이프코칭을 통해 피코치가 다양한 삶의 영역에 관심을 갖도록 유도하는 것이 중요할 것이다.

🌱 부록 5-1   **삶의 영역과 이상적 모습 기술**

| 삶의 영역 | 이상적 모습(상황) |
|---|---|
| 1. 자아 | |
| 2. 커리어 | |
| 3. 여가 | |
| 4. 가족 | |
| 5. 건강 | |
| 6. 사랑 | |
| 7. 친구 | |
| 8. 재정 | |

부록 5-2　**각 영역에 대한 현재 상황 파악**

| 삶의 영역 | 현재 상황 | 현재 점수 |
|---|---|---|
| 1. 자아 | | |
| 2. 커리어 | | |
| 3. 여가 | | |
| 4. 가족 | | |
| 5. 건강 | | |
| 6. 사랑 | | |
| 7. 친구 | | |
| 8. 재정 | | |

## 🌱 부록 5-3   현재 점수에 대한 이유

| 삶의 영역 | 현재 점수에 대한 이유 |
|---|---|
| 1. 자아 | |
| 2. 커리어 | |
| 3. 여가 | |
| 4. 가족 | |
| 5. 건강 | |
| 6. 사랑 | |
| 7. 친구 | |
| 8. 재정 | |

부록 5-4 삶의 수레바퀴 양식

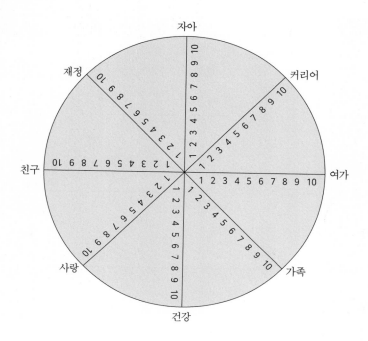

부록 5-5 삶의 영역에 대한 목표 및 실행계획

| 삶의 영역 | 목표 | 실행계획 |
|---|---|---|
| 1. | | |
| 2. | | |

# 제2부

# 라이프코칭의 적용:
# 웰빙 증진

**제6장**

# 자기결정이론

　5장에서 라이프코칭을 통해 삶의 다양한 영역을 탐색해 보고 자신에게 중요한 영역들을 선정한 후 각 영역별로 구체적인 목표를 설정하여 이를 달성하기 위한 실행 의도를 수립하고 실행해 나가는 과정에 대해 설명하였다. 이러한 라이프코칭을 통해 피코치의 삶의 질과 심리적 웰빙을 증진시킬 수 있게 된다. 이 장에서는 개인의 심리적 웰빙 증진과 관련된 심리학 이론 가운데 대표적인 자기결정이론을 살펴보고 이 이론에서 제시하는 내용을 라이프코칭 과정에서 어떻게 적용할 수 있는지에 대해 설명하고자 한다.

## 1. 기본심리욕구

　전통적으로 동기이론에서는 사람들의 동기가 높거나 많을수록 더 노력을 하게 되어 성과가 높아진다고 가정한다. 하지만 자기결정이론에서는 동기의 양보다는 동기 유형이 중요함을 강조한다(Deci & Ryan, 2008).

이들은 인간의 본성에 대해 긍정적인 입장을 취하면서 사람들은 태생적으로 적극적이고 스스로 동기화되고 호기심이 있으며 성공 또는 성취하기 위해서 열심히 노력한다고 가정한다. 하지만 다양한 환경적 요인이 이러한 적극성인 성향에 부정적인 영향을 주게 되며 본래의 내적동기가 약해질 수 있다고 본다. 물론 반대로 이러한 성향에 긍정적인 영향을 주는 환경요인도 존재한다.

Deci와 Ryan(1985)은 성장을 위해서는 무엇보다 세 가지 기본심리욕구(basic psychological needs)가 충족될 필요가 있음을 주장하였다. 여기서 세 가지 기본욕구는 스스로 결정하기를 원하는 자율성(autonomy) 욕구, 자신의 능력을 발휘해서 무엇인가 하고 싶고 능력이 있다는 것을 인정받고 싶어 하는 유능성(competence) 욕구, 그리고 타인과 밀접한 관계를 맺으려는 관계성(relatedness) 욕구를 의미한다.

이러한 기본심리욕구가 충족되기 위해서 이에 영향을 주는 환경변인이 있다. 환경변인이 기본심리욕구 충족을 촉진할 경우 본래의 적극적인 활동을 시도하고 동기를 촉진시키며 결과적으로 긍정적인 심리적 성과와 행동적 성과를 가져오게 된다. 하지만 이러한 욕구 충족을 방해하는 사회 환경하에서는 동기를 촉진시키지 못하고 결과적으로 부정적인 결과가 초래될 수 있다고 가정한다.

## 2. 동기 유형

Deci와 Ryan은 동기 유형을 무동기, 외적동기, 내적동기로 구분하였다. 무동기는 동기가 전혀 없음을 의미한다. 외적동기는 특정 성과를 얻기 위해서 행동하려는 동기를 뜻한다. 내적동기는 특정 행동이나 활동을 하는 것이 재미가 있고 즐거워서 하려는 것을 의미한다. 즉, 스스로 원해서 자율적으로 행동하려는 동기를 말한다.

외적으로 동기화된 행동은 자율성이 없다고 해석하는 일부 관점과는 달리 자기결정성이론에서는 외적동기도 자율성이 있을 수 있으며 다양한 유형에 따라 자율성의 정도가 차이가 있음을 강조하고 있다(Ryan & Deci, 2000). 예를 들어, 부모가 하라고 해서 할 수 없이 공부하는 경우와 좋은 대학에 가기 위해 공부하는 경우가 있을 수 있다. 두 경우 모두 외적 요인의 영향을 받아서 공부를 하지만 전자의 경우 자율성이 부족한 상태에서 수동적으로 따르는 것이고 후자는 스스로 알아서 공부를 선택한 경우에 해당한다. 물론 후자의 경우 공부하는 것이 재미있고 즐거워서 하는 내적동기와는 다르기 때문에 자율성 정도에서 차이는 있겠지만 자율성이 어느 정도 있는 것은 사실이다.

Deci와 Ryan은 이러한 관점을 토대로 외적동기를 외적조절(external regulation), 내사조절(introjected regulation), 동일시조절(identified regulation), 그리고 통합조절(integrated regulation) 등의 네 가지로 구분하였으며 각 동기는 자율성 정도에서 차이가 있음을 강조하였다. 즉, 네 가지 동기는 자기조절이 얼마나 자율적으로 이루어지는지에 따라 차이가 있다. 이에 관한 내용은 유기적통합이론(organismic integrated theory)으로 알려져 있다.

외적조절은 Skinner의 조작적 조건화와 같이 외적보상을 얻기 위해서 동기화되는 것이다. 예를 들어, 대학에서 공부를 열심히 하려는 이유가 장학금을 받기 위해서인 것과 같이 외적보상을 얻기 위해서 동기화되는 것을 의미한다.

내사조절은 특정 행동을 하려는 이유가 죄책감이나 걱정을 덜기 위해 또는 자부심과 같은 자아 증진 때문인 것으로 가정한다. 따라서 특정 행동을 하지만 아직 이를 내면화하지는 못한다. 예를 들어, 공부를 열심히 하는 이유가 학생으로서 공부를 하지 않으면 죄의식이나 자책감이 느껴져서이거나 자존감 유지를 위해 자신의 능력을 보여 주려는 이유 때문인 것으로 가정한다. 외적조절에 비하면 내면적인 의지가 높기는 하지만 여전히 타인의 인식을 중요시하고 이로 인해 이러한 행동을 하게 되는 외적 귀인 성향이 있다고 볼 수 있다. 외적조절과 내사조절은 특정 행동에 대한 귀인을 외적에 두고 있어서 통제동기(controlled motivation)로 구분되기도 한다(Ryan & Deci, 2000).

동일시조절은 특정 행동의 가치를 수용하고 중요하게 생각하여 내면화하는 것을 의미한다. 예를 들어, 공부를 열심히 하는 것이 자신한테 정말로 가치 있고 중요하다고 생각하기 때문에 동기화되는 것을 의미한다.

마지막으로, 통합조절은 동일시하는 정도가 완전히 내면화되어 자신의 가치나 자아와 일치되는 것을 의미한다. 예를 들어, "공부를 열심히 하는 학생"이라는 진정한 또는 통합된 자아를 생각하면서 동기화되는 것을 뜻한다. 통합조절의 경우에도 자율적인 정도가 높기는 하지만 여전히 외적 성과(예: 타인의 인정이나 좋은 회사에 취업하기 등)를 얻기 위해 행동을 하려 한다는 관점에서 보면 크게 외적동기로 구분할 수 있다.

Deci와 Ryan은 내적동기와 외적동기는 서로 합산적인 것이 아님을 강조한다. 예를 들어, 외적 보상을 줄 경우 개인의 외적동기는 증가할 수 있지만 내적동기는 감소할 수도 있기 때문이며 실제 많은 연구에서 이러한 결과가 입증된 바 있다(예: Deci, Koestner, & Ryan, 1999). 이러한 결과가 나타나는 데 대한 이들의 설명은 다음과 같다. 사람들이 내적으로 동기화되면 자신이 좋아하는 것을 스스로 선택해서 하기 때문에 자율성 욕구가 충족되게 된다. 그런데 이러한 상황에서 외적 보상을 받게 되면 무언가 열심히 해야 한다는 압박을 느끼거나 통제를 받는다는 인식을 하게 되어 자율성에 대한 만족이 감소하게 되고 이에 따라 내적동기도 줄어들게 된다. 하지만 외적 보상을 개인이 자신이 유능해서 받는 것으로 인식하게 되면 유능감 욕구가 충족되어 내적동기가 증진될 수도 있음을 기술하고 있다.

또한 다양한 동기유형을 개인의 자율성 및 자기의지의 정도에 따라 연속선상에 위치시킬 수 있으며, 내적동기가 가장 높고 그다음은 통합조절, 동일시조절, 내사조절, 외적조절의 순서로 외적조절이 가장 낮음을 강조하였다.

한편, Deci와 Ryan(2008)은 앞의 다섯 가지 동기유형을 재범주화하여 동일시조절과 통합조절, 내적동기를 묶어서 자율동기(autonomous motivation)로, 외적조절과 내사조절을 합쳐서 통제동기(controlled motivation)로 구분하였다. 자율동기는 자신이 자율적으로 또는 스스로 하겠다는 의지를 가지고 행동하는 것을 의미하며 통제동기는 특정 방법으로 생각하고 느끼며 행동하도록 압력을 받으며 행하는 것을 뜻한다. 앞에서 기술한 내용을 일목요연하게 볼 수 있도록 그림으로 제시하면 다음의 [그림 6-1]과 같다.

[그림 6-1] **자기결정성 모형**

## 3. 기본심리욕구와 웰빙

Kasser와 Ryan(1999)은 양로원에 거주하는 50명의 입주자를 대상으로 기본심리욕구가 웰빙에 미치는 영향을 분석하기 위하여 설문을 실시하였다. 이들의 평균 연령은 83세였다. 자율성욕구 충족 정도를 측정하기 위하여 조사 대상자들을 대상으로 일상생활에서 다양한 행동을 하는 이유를 개방형 설문을 통해 물어보고 이에 대한 답변을 3명의 전문가들이 평정하여 얼마나 자율적으로 하고 있는지를 측정하였다. 관계성욕구 충족을 위하여 관계의 질을 측정하는 척도를 사용하였으며, 문항의 예로는 "내 가족이나 친구는 나를 보면 안아 주거나 키스한다." 등이 있다. 긍정적 웰빙 수준은 생애만족, 활력,

긍정웰빙, 지각된 건강수준 등을 통해 측정하였으며 부정적 웰빙 수준은 우울과 불안으로 측정하였다. 이 외에 직원, 가족, 친구들이 자율성을 지지하는 정도를 측정하였으며 문항의 예로는 "직원(가족, 친구)은 내가 선택할 수 있는 기회를 제공한다." 등이 있다.

분석 결과, 자율성 충족은 활력과 유의하게 관련되었고 다른 긍정변인과도 정적으로 관련되었으며 부정변인과는 부적으로 관련되었다. 관계의 질은 긍정웰빙 및 생애만족과 정적으로 유의하게 관련되었다. 마지막으로 직원, 가족 및 친구의 지지는 긍정웰빙, 활력 및 생애만족과 정적으로 유의하게 관련되었고 우울과는 부적으로 유의하게 관련되었다. 2개의 지지변인(직원 vs 가족 및 친구)만을 독립변인으로 두고 회귀분석을 실시한 결과 활력을 설명하는 데 있어서 직원의 지지만 유의하였고 생애만족의 경우 가족 및 친구만이 유의하였다.

이러한 결과는 자기결정이론을 지지하는 것으로 해석할 수 있다. 연구결과에서 개인의 기본심리욕구인 자율성 및 관계성 욕구가 충족될 경우 생애만족과 같은 긍정웰빙 수준이 증가되었으며, 또한 주변의 지지가 있을 경우 개인의 웰빙 수준이 증진되었다.

Hahn과 Oishi(2006)은 한국과 미국에서 청년층과 노인 집단을 표집하여 분석하였다. 연구참여자들에게 지난 달 가장 만족스러웠던 사건들을 먼저 생각하게 하고 이러한 사건과 10개의 심리적 욕구와의 관련성에 관해 평정토록 하였다. 10개 심리적 욕구에는 자율성, 관계성, 유능성 등의 기본심리욕구가 포함되었다. 분석 결과, 세 가지 욕구는 종속변인인 긍정 정서와 모두 정적으로 유의하게 관련되었으며, 부정 정서와는 관계성 욕구만이 부적으로 유의하게 관련되었다. 각 욕구의 평균점수에 대한 분석에서는 연령층과 문화권에 상관없이 관계성과 자율성 욕구가 3위 이내의 상위욕구로 나타났다. 예외로는 미국 청년층 집단에서 자율성이 4위로 나타났다. 유능성은 5위 또는 6위로 나타났다.

최근 Tang, Wang과 Guerrien(2020)은 메타연구를 통해 기본심리욕구와 웰빙 간의 관계를 분석하였다. 이들은 장년층과 노년층에 초점을 두고 50세 이상을 대상으로 실시된 연구만을 분석대상으로 선정하였다. 분석 결과, 전체적으로 세 가지 기본심리욕구에 대한 만족은 긍정웰빙 변인들(예: 생애만족, 주관적 건강, 긍정 정서, 활력 등)과는 정적으로 관련되었으며 부정변인들(예: 우울, 무관심 등)과는 부적으로 관련된 것으로 나타났다. 즉, 개인의 자율성, 유능성, 관계성 욕구가 충족될 경우 이들의 생애만족 등과 같은 긍정적 웰빙 수준이 높아지고 우울과 같은 부정적 웰빙 수준은 낮아졌다.

## 4. 동기유형과 목표 및 웰빙

Shelldon과 Elliot(1998)의 연구에서 연구참여자들이 내적동기나 동일시동기와 같은 자율목표를 수립한 경우 외적동기나 내사동기와 같은 통제목표를 세운 경우보다 목표를 달성하기 위해 지속적으로 노력하고 결과적으로 목표를 달성할 가능성이 높은 것으로 나타났다.

연구참가자들은 각자 10개의 개인 목표를 기술하고 이 목표를 추구하는 이유를 네 가지 동기별로 9점 척도(1: 이 이유 때문이 전혀 아님, 9: 전적으로 이 이유 때문임)를 활용하여 평정하였다. 연구를 시작할 때 개인의 노력 의도, 목표 몰입, 목표자신감 등을 측정하였으며 연구 시작 2주와 4주 후에 각자 목표 달성을 위해 얼마나 노력했는지와 목표 달성 정도를 측정하였다.

분석 결과, 목표 달성 이유가 자율목표인 경우 2주와 4주 후의 노력 정도와 최종 목표 달성 정도가 유의하게 증가한 것으로 나타났다. 하지만 목표 달성 이유가 통제목표인 경우 처음 시작 시 노력 의도는 증가하였지만 추후 노력에는 영향을 주지 못했다. 즉, 개인이 자발적으로 원하는 목표를 정한 경우 노력을 더 하게 되고 결과적으로 목표를 달성할 가능성이 높아지는 것으로 나타났다.

Kasser와 Ryan(1996)은 재정적 성공과 같은 외적 목표와 자기수용이나 유친과 같은 내적 목표가 개인의 웰빙 수준과 어떻게 관련되어 있는지를 알아보고자 하였다. 이들은 자기성장과 같은 내적 목표 달성을 위해 동기화되는 경우 웰빙을 경험하게 되지만 보상이나 타인의 인정과 같은 외적 목표를 중시하게 하게 되면 스트레스를 경험할 가능성이 높을 것으로 가정하였다.

성인 100명을 대상으로 한 조사에서 조사대상자들은 자기성장(성장, 자율성, 자존감을 얻으려 함), 유친(가족 및 친구와 만족스러운 관계를 가지려 함), 공동체 활동(적극적 활동을 통해 더 나은 세상을 만들려고 함), 신체건강(건강하고 병이 없음), 재무적 성공(돈이 많고 물질적으로 성공함), 사회적 인정(유명하고 널리 알려지고 존경을 받음), 외모(신체뿐 아니라 의복이나 유행 감각 등을 통해 매력적으로 보이려 함) 등의 7개 영역에 대한 열망이 자신에게 얼마나 중요하고 미래에 일어날 가능성이 어느 정도나 되는지에 대해 5점 척도를 사용하여 평정하였다. 7개 영역의 중요성과 미래 가능성 점수에 대한 요인분석 결과 2개의 요인이 도출되었다. 자기성장, 유친, 공동체 활동, 그리고 신체건강의 4개 영역이 하나의 요인으로 구분되었으며 연구자들은 이 요인을 내적 열망 또는 내적 목표로 명명하였다. 사회적 인정, 외모, 그리고 재무적 성공은 또 다른 요인으로 구분되었으며 연구자들은 이를 외적 열망 또는 외적 목표로 명명하였다.

다양한 웰빙 관련 변인에 대한 회귀분석 결과 내적 열망을 중요시할수록 자기실현과 신체 및 정신적 활력이 유의하게 증진되었고, 우울, 불안 및 신체화는 감소되었으며 이 가운데 우울 및 신체화는 유의하게 감소되는 것으로 나타났다. 반면, 외적열망을 중요시할수록 자기실현과 신체 및 정신적 활력은 감소되었고, 우울, 불안 및 신체화는 높아졌으며, 이 가운데 신체화와는 유의하게 관련된 것으로 나타났다. 내적열망과 외적열망의 미래 가능성과 다양한 종속변인과의 관계에서도 열망 중요성에 대한 분석결과와 동일한 결과가 도출되었다.

또한 이러한 결과는 대학생을 대상으로 한 연구 2에서도 일관되게 나타났다. 192명의 대학생에 대한 분석 결과, 내적열망의 중요도와 미래 가능성은 웰빙 변인 및 새로 추가된 긍정 정서와는 정적으로 관련되었으며 불안이나 우울 및 신체화 등의 변인과 추가된 부정정서와는 부적으로 관련되었다. 반면 외적열망의 중요도 및 미래 가능성은 웰빙 및 긍정 정서와는 부적으로, 스트레스 관련 변인 및 부정정서와는 정적으로 관련된 것으로 나타났다.

이와 같은 결과가 나온 이유에 대해 Kasser와 Ryan은 외적 열망이 높은 사람들은 외적보상을 얻기 위해 노력하는 과정에서 통제된 행동을 더 많이 하게 되는 반면, 웰빙을 증진시킬 수 있는 자기성장과 관련된 경험을 적게 하기 때문인 것으로 설명하고 있다. 다른 말로 하면 외적열망이 높은 사람은 내적열망이 높은 사람들에 비해 웰빙과 밀접한 관련이 있는 자기성장과 같은 기본심리욕구가 충족되지 않을 가능성이 높고 이로 인해 웰빙 수준이 낮은 것으로 해석할 수 있다. 또한 외적열망이 높은 사람은 신경증이 높거나 정서적으로 불안정할 가능성이 높을 수 있다는 점도 외적 목표와 웰빙 간의 부적 관계를 설명할 수 있는 이유로 보고 있다. 예를 들어, 자라면서 주변 환경의 영향으로 불안정했던 사람들이 주변의 인정을 받기 위해 외적 열망 중 하나인 재정적인 성공을 중요하게 생각하는 경우가 이에 해당한다.

Sheldon, Ryan, Deci와 Kasser(2004)는 대학생을 대상으로 세 번의 횡단 및 종단연구를 통해 웰빙을 예측하는 데 있어서 외적 목표가 자율동기가 설명하는 것 이상의 변량을 설명할 수 있는지를 검증하고자 하였다. 이를 통해 목표의 내용(즉, 내적 또는 외적 목표)과 이를 달성하려는 동기(즉, 목표를 달성하려는 이유가 무엇인지)가 웰빙을 설명하는 데 있어서 독립적인 기여도가 있는지를 알아보고자 하였다. 위계적 회귀분석을 통해 1단계에서 자율동기 수준을 회귀방정식에 먼저 넣고 2단계에서 외적 목표 점수를 넣어 각 독립변인이 웰빙을 설명하는 데 있어 유의한지를 분석하였다.

연구 진행과정을 좀 더 구체적으로 살펴보면 내적 및 외적 목표 측정을 위해 연구참여자들에게 3개의 내적 목표와 3개의 외적 목표 진술문을 제시하였다. 내적 목표는 정서적 친근감(emotional intimacy), 공동체 활동(community contribution), 개인성장(personal growth)으로, 외적 목표는 재정적 성공, 매력적 이미지, 명성/인기 등의 내용으로 구성되었다. 이 목표들은 과거 연구(Kasser & Ryan, 1996)에서 요인분석을 통해 내적 목표와 외적 목표로 구분된 바 있다. 각 목표와 관련된 진술문의 예로서는 내적 목표 중 하나인 정서적 친근감의 경우 "타인과 밀접하고 서로 돌봐 주는 관계를 가짐"이었고, 외적목표 중 하나인 명성/인기의 경우 "남들에게 멋있고 매력적으로 보이는 것"과 같은 내용이었다. 연구참여자들은 각 목표 진술문을 읽고 자신의 삶에서 각 목표를 추구하고 있다는 상상을 하도록 하였다.

자율동기 수준을 측정을 위해 연구참여자들에게 각 목표를 달성하기 위해 노력하는 이유에 관한 진술문을 제시하였다. 자율 이유의 경우 "내가 목표와 동일시하기 때문에(동일시 동기)"와 "목표를 달성하는 과정에서 얻는 즐거움 또는 자극 때문에(내적동기)"와 같은 두 진술문이 제시되었다. 통제 이유를 측정하기 위해서 "돈, 학업성적, 지위와 같은 외적보상 때문에(외적동기)"와 "목표 추구를 위해 노력하지 않으면 창피하고 죄책감이 들며 불안하기 때문에(내사동기)" 등의 두 진술문이 제공되었다. 연구참여자는 각 이유에 대해 동의하는 정도를 5점 척도를 사용하여 응답하였다. 자율동기 점수는 자율 이유에 해당하는 동일시동기와 내적동기 두 문항 점수를 합한 값에서 통제 이유에 해당하는 외적동기와 내사동기 두 문항 점수를 합한 값을 뺀 점수로 계산하였다. 따라서 자율동기 점수가 높다는 것은 목표를 달성하려는 이유가 외적이나 내사동기보다는 내적 및 동일시 동기 때문이라는 것을 의미한다.

또한 목표수준 측정을 위해 각 목표를 달성하려는 노력 정도를 측정하였으며 3개의 외적 목표에 해당하는 노력점수에서 3개의 내적 목표 노력점수를 뺀 값을 계산하였으며, 이를 외적 목표 점수로 명명하였다. 따라서 외적 목표 점수가 높을수록 내적 목표보다 외적 목표가 자신에게 더 중요해서 이를 달성하기 위한 노력을 더 많이 하는 것을 의미한다. 마지막으로, 종속변인 측정을 위해 이러한 목표가 가져다 줄 행복이 어느 정도인지를 5점 척도를 통해 측정하였다.

두 번째 연구에서도 연구참여자는 대학생이었는데 연구 1에서와는 다르게 목표도출을 위해 현시점에서 이번 학기 동안 자신이 추구하는 목표를 8개 기술토록 하였다. 연구참여자들은 자신이 기술한 각 목표가 6개의 외적 및 내적 목표를 달성하는 데 얼마나 도움이 되는지를 평정하였고 3개의 외적 목표에 대해 평정한 값에서 3개의 내적 목표에 대해 평정한 값을 뺀 점수를 계산하였으며, 이를 상대적 외적 목표 점수로 명명하였다. 따라서 이 점수가 높을수록 내적 목표보다 외적 목표를 더 중요시한다는 것을 의미한다.

자율동기 점수는 연구 1에서와 동일하게 8개 각각의 목표를 달성하려는 이유에 대한 점수를 계산한 후 자율동기 점수에서 통제동기 점수를 뺀 값으로 계산하였다. 또한 종속변인인 웰빙 점수는 삶의 만족도 점수와 긍정 정서를 합한 값에서 부정정서를 뺀 값으로 계산하였다.

위계적 회귀분석 결과, 연구 1과 2에서 모두 자율동기, 외적 목표 및 상대적 외적 목표는 웰빙을 설명하는 데 유의한 것으로 나타났다. 자율동기는 웰빙을 증진시키는 데 기여하였지만 외적 목표는 웰빙과 부적으로 관련되어 웰빙 수준을 낮추는 것으로 나타났다.

세 번째 연구에서는 4학년생을 대상으로 종단연구를 실시하였다. 연구참여자들은 먼저 졸업 후 자신이 추구하려는 5개 목표를 기술하였다. 자율동기는 연구 1과 2에서와 동일한 방법으로 이 5개 목표를 달성하려는 이유를 평정하여 값을 계산하였다. 상대적 외적 목표 점수도 연구 2에서와 동일하게 연구참여자들이 자신이 기술한 5개 각 목표가 여섯 가지의 외적 및 내적 목표를 달성하는 데 도움이 되는 정도를 평정하게 함으로써 계산하였다. 종속변인에 해당하는 웰빙 점수도 연구 2에서와 동일한 방법으로 계산하였으며, 연구 시작 때와 1년 후가 지난 시점 두 번에 걸쳐 측정하였으며 변화점수를 계산하였다.

위계적 회귀분석 결과, 연구 1과 2에서와 동일하게 자율동기와 외적 목표는 웰빙에서의 변화를 유의하게 예측하였으며 자율동기는 정적으로, 외적 목표는 부적으로 관련되었다.

결론적으로 이러한 연구결과는 개인의 웰빙 증진을 위해서는 목표 내용(내적 또는 외적 목표)도 중요하지만 목표를 추구하는 이유, 즉 목표동기(자율 또는 통제) 또한 중요하다는 것을 시사한다. 즉, 외적 목표보다는 내적 목표, 통제동기보다는 자율동기가 각각 웰빙을 증진하는 데 기여한다.

최근의 메타연구(Tang, Wang, & Guerrien, 2020)에서도 동기유형과 웰빙 간의 관계는 동일하게 나타났다. 내적동기와 동일시동기는 삶의 만족 및 심리적 적응과 같은 웰빙변인과 정적으로 유의하게 관련된 것으로 나타났다. 반면, 외적동기는 삶의 만족이나 심리적 적응과 부적으로 관련된 것으로 나타났다.

# 5. 라이프코칭에서의 시사점

자기결정이론에서 설명하는 다양한 연구결과를 라이프코칭에 적용할 수 있는 방법에 대해 살펴보도록 하자. 먼저, 기본심리욕구와 웰빙 간의 정적 관계에 관한 내용을 토대로 코치는 자율성, 관계성, 유능성 등 세 가지 기본심리욕구에 대한 만족이 피코치의 웰빙을 증진시키는 데 긍정적 영향을 준다는 결과를 인식할 필요가 있다. 이러한 이해를 토대로 코칭과정에서 코칭이슈와 관련해 피코치의 기본심리욕구가 충족되고 있는지를 탐색할 필요가 있다. 예를 들어, 코칭이슈가 가족과의 갈등과 관련된 내용이라면 이 문제를 해결하여 가족과 원만한 관계를 갖게 되는 것은 관계성 욕구를 충족시킬 수 있는 바람직한 방법이 될 수 있다. 또한 코치는 코칭과정에서 피코치의 관계성 욕구 이외에도 자율성과 유능성 욕구가 충족될 수 있도록 관심을 가질 필요가 있다. 가족과의 관계에서 자율적으로 행동 또는 결정할 수 있는 정도는 얼마나 되는지 가족 내에서 능력에 관해 인정을 받고 있는지 등에 관한 질문을 통해 현재 상태를 파악할 수 있고 이를 토대로 자율성과 유능성 욕구가 충족될 수 있는 방법을 찾을 수 있을 것이다.

또한 코칭이슈가 기본심리욕구와 관련 없는 것으로 보이는 경우에도 이와 관련된 내용을 다루는 것은 라이프코칭에서 중요한 피코치의 삶의 질을 높이는 데 도움이 될 수 있다. 예를 들어, 피코치의 코칭이슈가 "살아가는 데 의미가 없다."는 내용인 경우에도 자율성, 관계성, 유능성과 관련된 질문을 통해 일상생활에서 피코치의 기본심리욕구가 얼마나 충족되고 있는지를 파악하는 것은 삶의 의미를 증진시키는 데 관련이 될 수 있다. 피코치가 이러한 욕구 충족을 통해 좀 더 만족하면서 살아갈 수 있기 때문이다. 따라서 코치는 라이프코칭 과정에서 코칭이슈와 상관없이 기본심리욕구와 관련된 질문을 통해 피코치의 욕구충족 상태가 어떠한지를 파악하고 충족이 제대로 이루어지지 않을 경우 피코치의 욕구 충족을 위해 노력하는 것이 피코치의 삶의 질을 높이는 데 도움이 된다는 점을 기억할 필요가 있다.

한편, 동기유형 및 목표와 웰빙 간의 관계에 관한 연구결과를 토대로 라이프코칭에 적용해 보면 다음과 같은 설명이 가능할 것이다. 라이프코칭 과정에서 코치는 피코치가 해결하려는 코칭이슈가 돈, 인정, 외모 등과 같은 외적 목표와 관련된 것인지 또는 개인성장, 관계, 공동체 기여와 같은 내적 목표와 관련된 것인지를 인식하도록 유도할 필요가 있다. 코칭이슈가 외적 목표와 관련된 경우 이를 해결하기 위한 방법을 찾아 해결하는 것도 필요하다. 하지만 라이프코칭 관점에서 접근하면 피코치의 전반적인 삶의 질을 향상시키는 것이 중요하기 때문에 피코치의 내적 목표에 대한 관심이 어느 정도인지를 파악하고 이를 달성하기 위해 노력하는 방향으로 유도하는 것도 고려할 필요가 있을 것이다.

또 한 가지 고려할 사항은 피코치가 목표를 추구하는 이유를 물어볼 필요가 있다는 점이다. 피코치가 내적 목표를 중시한다 하더라도 이를 추구하려는 이유가 자율동기가 아닌 외부 압력과 같은 통제동기 때문에 어쩔 수 없이 하려는 것이라면 웰빙 증진에 역효과가 날 수도 있기 때문이다. 따라서 코치는 피코치가 코칭 목표를 달성하려는 이유가 즐겁고 자신에게 중요하기 때문이라고 인식하는 정도가 어느 정도인지를 파악할 필요가 있다. 아무리 외적 목표라 하더라도 달성하는 과정에서 피코치가 경험하는 즐거움이나 피코치의 가치와 부합되는 내용이 있을 수 있다. 코치는 피코치에게 이러한 내용을 성찰할 수 있는 기회를 제공함으로써 피코치의 목표 달성 가능성을 높이고 궁극적으로는 웰빙 또는 삶의 만족을 증진시킬 수 있을 것이다.

──── 제7장 ────

# 행복 증진을 위한 라이프코칭

　라이프코칭에 참여한 피코치들은 일상생활에서 다양한 삶의 이슈를 해결하기 위해 코치한테 오게 되며 코칭을 통해 이슈가 해결되고 궁극적으로 삶의 만족이 증진된다. 삶의 만족 증진은 다른 의미로는 삶에서 행복해진다는 의미일 것이다. 따라서 이 장에서는 피코치의 행복 증진을 위해 코칭장면에서 활용할 수 있는 내용에 대해 기술하고자 한다. 주로 탁진국, 임그린과 정재희(2012)가 대학생들의 행복 증진을 위해 실시한 코칭프로그램을 토대로 행복에 긍정적 영향을 줄 수 있는 요인들을 코칭 시 활용할 수 있는 활동지를 포함해서 기술하고 이 밖에 일부 내용을 추가하고자 한다.

　Lyubomirsky, Sheldon과 Schkade(2005)는 인간의 행복을 결정하는 데는 유전적 요인과 환경적 요인만 있는 것이 아니라 의도적 활동도 중요하다고 주장하였다. 이들은 수치상으로 유전적 요인이 행복 전체의 약 50%, 사회경제적 수준, 학력, 나이, 성별 등과 같은 환경적 요인이 약 10%, 그리고 본인의 자발적인 노력과 행동을 의미하는 의도적 활동이 나머지 약 40%를 구성한다고 보았다. 이러한 주장은 개인의 노력 여하에 따라 누구나 충분히 행복해질 수 있음을 시사하는 것이다. 이 장에서는 코칭 시 활용할 수 있는 행복 증진을 위한 개인의 노력과 관련된 구체적인 방법에 대해 설명하고자 한다.

## 1. 강점인식과 활용

Clifton과 Nelson(1992)은 강점(strength)을 개인의 재능 및 그와 관련된 지식, 기술, 노력을 결합한 개념으로서 특정 과제에서 일관되게 완벽에 가까운 수행을 할 수 있는 능력으로 정의하였다. 또한 Linley와 Harrington(2006)은 강점을 가치 있는 성과를 위해 최적의 기능을 할 수 있도록 느끼고 생각하고 행동하는 역량으로 정의한 바 있다. Linley와 Harrington은 추가적으로 강점은 누구나 타고나면서 갖고 있고, 강점을 일상생활에서 발휘할 때 편안함을 느끼고 활력이 넘치게 된다고 주장하였다.

이러한 정의를 토대로 강점의 구성개념을 해석해 보면 강점은 성격이나 능력 또는 재능과 같은 특정 심리적 특성으로만 구성된 것이 아니라 성격, 능력, 가치 등의 다양한 심리적 구성개념을 포함하는 것으로 이해할 수 있다. 실제 강점검사(예: 김기년, 탁진국, 2013; Peterson & Seligman, 2004)에서 측정하는 요인을 살펴보면 끈기, 진실성, 호기심 등과 같은 성격 특성도 있지만 판단력, 창의력, 리더십 등과 같은 능력 요인도 포함되어 있고, 공정성, 도덕성 등과 같은 가치요인 및 낙관성, 미래지향성 등과 같은 태도 특성도 포함되어 있다.

개인이 자신의 강점을 알게 되면 나도 잘하는 것이 있다는 생각을 하게 되기 때문에 긍정 정서가 높아지고 이를 통해 웰빙이 높아질 가능성이 많다. 실제 Govindji와 Linley(2007)의 연구에서 개인의 강점인식은 주관적 안녕감 및 심리적 안녕감과 정적으로 유의하게 관련된 것으로 나타났다. 김민과 탁진국(2017)의 연구에서는 고등학생들이 자신의 강점을 잘 알수록 강점과 관련된 진로를 탐색해 볼 기회를 많이 갖게 되어 진로미결정을 낮추는 것으로 나타 났다.

또한 자신이 파악한 강점을 일상생활에서 적절히 활용하게 되면 다양한 긍 정적 성과를 얻을 수 있게 된다. 어떤 일을 하든지 자신의 강점을 활용하게 되면 자신이 잘하는 것을 활용한다는 의미이므로 해당 업무를 잘할 수 있다 는 자기효능감이 높아지며, 따라서 업무 목표를 달성할 가능성이 높아지기 때문이다. Govindji와 Linley(2007)의 연구에서 개인의 강점활용 정도가 높 을수록 이들의 주관적 안녕감과 심리적 안녕감도 증진되는 것으로 나타났다. Linley, Nielsen과 Gillett Biswas-Diener(2010)의 대학생을 대상으로 한 연구 에서는 학생들이 일상생활에서 자신의 강점을 많이 활용할수록 자신이 수립 한 목표를 달성하는 정도가 더 높았으며 이로 인해 주관적 안녕감도 증진되 는 것으로 나타났다.

따라서 개인이 자신의 강점을 파악하고 이를 일상생활에서 적극 활용한다 면 개인의 긍정 정서, 주관적 안녕감, 목표 달성 정도 등의 다양한 긍정적 성 과를 얻을 수 있게 된다. 따라서 피코치의 행복 증진을 위한 라이프코칭 과정 에서 코칭 주제와 상관없이 적절한 회기에 피코치의 강점을 파악하고 이를 활용하는 세션을 포함시키는 것이 효과적이다. 코칭과정에서 강점을 활용하 는 방법에 대해 설명하면 다음과 같다.

코칭과정 중 코치는 적절하다고 판단되는 시점에 피코치의 강점을 파악하 기 위한 강점검사를 실시한다. 아무래도 코칭 초반에 피코치의 긍정 정서를 올리는 것이 향후 진행에 도움이 되기 때문에 초기 회기에서 실시하는 것이 바람직하다. 현재 국내에서 다양한 유료 및 무료 강점검사가 나와 있기 때문 에 코치는 피코치에게 강점검사 실시방법을 안내하고 피코치가 다음 회기까 지 결과를 가져오도록 한다. 유료의 경우 아동 및 청소년은 가이던스에서, 성 인의 경우 강점코칭심리연구소에서 개발한 강점검사를 실시할 수 있다. 무료 의 경우에는 성인은 VIA 강점검사(http://www.viacharacter.org)를 실시하면 된다.

강점검사를 하게 되면 결과를 받아보게 되는데, 대부분의 강점검사는 20개 정도의 다양한 강점요인을 순위별로 제시하게 된다. 코치는 피코치가 강점 검사 결과에 나오는 강점요인들의 전체 순위 가운데 대략 1위부터 10위 또는 15위 정도까지 살펴보면서 자신에게 적합하다고 판단되는 강점을 다섯 개 정도 선정하도록 한다. 이 과정에서 강점요인의 순위는 참고만 하고 너무 해당 순서에 집착하지 않도록 한다. 상위강점들의 평균점수들이 서로 비슷한 경우가 많아서 다시 검사를 할 경우 순위가 충분히 바뀔 수 있기 때문이다. 또한 5개를 선정하기가 어려우면 5개보다 적은 개수의 강점을 선택해도 되고 7개 정도까지 더 많은 수의 강점을 선택해도 된다. 선택한 강점을 〈부록 7-1〉에 제시된 활동지를 활용하여 기입토록 한다.

강점을 다 선택했으면 선택한 강점들을 대표할 수 있는 명칭을 지어 보는 시간을 갖는다. 자신의 강점에 대한 이해를 더 높이고 간결하게 자신의 강점에 대해 얘기할 수 있기 때문이다. 필자는 VIA 강점검사를 통해 끈기, 공정성, 희망 등이 강점으로 나타났는데, 별칭을 '긍정개미'로 하였다. 긍정은 미래를 긍정적으로 보는 희망을 반영하는 단어이고 개미는 『이솝 이야기』의 개미와 베짱이에 관한 우화에서 아이디어를 얻은 것으로 열심히 일하고 일한 만큼 보상을 받는 개미의 모습을 반영한 것이다. 피코치가 별칭을 도출하는 것을 어려워하면 코치가 팁을 줄 수도 있다. 대부분의 피코치는 별칭을 짓는 과정을 재미있어 하며 이 과정을 통해 코치와의 친밀도가 높아질 수 있다.

다음은 자신이 선택한 강점을 활용하는 방법에 대해 생각해 보는 시간을 갖는다. 코치는 피코치에게 강점을 활용하는 것의 의미를 간단히 설명하고 자신이 잘하는 것을 지속적으로 실행하게 되면 일상생활에서 즐거움을 더 많이 느끼게 되고 심리적 웰빙이 높아지며 결과적으로 업무 성과도 증진될 수 있다는 것을 설명해 준다. 피코치가 설명만 들어서는 충분히 이해가 가지 않기 때문에 〈부록 7-2〉에 제시된 활동지를 통해 피코치의 강점을 적게 하고 과거에 각 강점을 활용한 구체적 행동 또는 경험을 기술토록 한다. 예를 들어, 호기심이 강점이라면 과거에 새로운 특정 국가의 음식을 먹어 봤다든지, 서점에서 새로 출간된 책을 구입해서 읽었다든지 등이 강점을 활용한 행동 또는 경험으로 볼 수 있다.

이어서 피코치가 강점을 활용하는 행동을 했을 때 그 당시 기분이나 느낌은 어땠는지를 기술하고 내용을 얘기하도록 한다. 앞의 예를 가지고 설명하면 대부분의 피코치는 시도해 보지 않았던 음식을 먹게 돼서 식당에 가는 도중에도 마음이 설레었고, 먹고 나서도 자신의 호기심이 충족되었기 때문에 긍정 정서를 느낄 수 있었으며, 다음에 또 유사한 행동을 하고 싶다고 말할 수 있다.

이러한 활동을 통해 피코치는 자신의 강점을 파악하고 이를 활용하는 방법과 그 의미에 대해 이해하게 된다. 다음은 피코치가 자신의 코칭이슈를 해결하기 위한 실행 의도를 수립할 때 강점을 활용한 방법을 찾도록 하고 이를 부록 〈부록 7-3〉에 기술토록 한다. 자신의 다양한 강점을 활용한 방법들을 모두 기술하거나 특정 강점을 활용한 방법을 도출하기 힘들다면 하나의 강점을 활용한 방법만을 기술해도 된다.

예를 들어, 대학생인 피코치의 코칭이슈가 취업을 위해 학점을 올리고 싶은 경우라면 이를 달성할 수 있는 다양한 방법이 가능할 수 있다. 수업시간에 좀 더 집중하거나 예습과 복습을 철저히 하거나 시험을 대비해 공부를 더 많이 하는 등의 방법이 가능할 것이다. 하지만 자신의 강점을 활용한 방법을 찾는 경우 만약 피코치의 강점 중 하나가 용기라면 학업성적을 올리기 위해 수업시간에 용기를 내서 교수님께 잘 모르는 내용을 직접 질문을 한다거나 또는 이메일을 보내서 물어보는 방법 등이 가능할 것이다. 끈기가 강점이라면 매일매일 공부시간을 정하고 이를 꾸준하게 끈기를 갖고 지속하는 방법이 가능하다. 친절이 강점이라면 혼자서 공부하기보다 친구들과 같이 공부하는 것도 방법일 수 있다.

필자가 그동안 코칭 또는 강의 등의 경험을 통해 파악한 바에 따르면 피코치들 중 일부는 코칭목표를 해결하기 위해 강점을 활용하는 방법을 찾는 것이 더 어려웠다는 사람도 있었지만 강점이라는 수단을 통해 목표 달성 방법을 도출하는 것이 좀 더 쉬웠다는 사람이 더 많았다. 더 중요한 것은 자신의 강점을 활용하는 방법이라서 더 잘할 수 있다는 믿음이 생긴다는 것이다. 즉, 용기를 내서 수업시간에 교수님께 물어보는 것이 자신이 잘할 수 있는 용기라는 강점을 활용하는 것이라서 내가 잘 해낼 수 있다는 자기효능감이 높아져서 실행할 가능성이 높아지게 된다.

선혜영, 김수연, 이미애, 탁진국(2017)은 직장인을 대상으로 일대일 5회기 강점코칭 프로그램을 실시하고 효과를 검증하였다. 코칭 진행과정에서 앞에서 기술한 방법을 활용하였다. 자료를 분석한 결과, 코칭 참여자들의 코칭 후 강점자기효능감, 긍정 정서, 자기효능감, 직무열의와 조직몰입 등 다양한 종속변인이 유의하게 증가되었다. 또한 코칭 종료 후 3개월이 지나서 실시한 추후 분석 결과에서도 효과가 유지되는 것으로 나타났다.

김기년과 탁진국(2018)의 연구에서도 강점코칭 프로그램은 청소년의 삶의 만족(자기만족, 가족만족, 친구만족, 학교만족 등)을 유의하게 증가시키는 것으로 나타났다. 또한 이들의 연구에서 단순히 자신의 강점을 파악만 하는 강점인식 집단보다는 강점을 파악하고 이를 활용하는 연습을 한 강점인식 및 활용 집단의 삶의 만족도가 더 높게 나타났다. 이러한 결과는 자신의 강점을 파악하고 이를 활용해서 목표를 달성할 수 있는 방법을 찾는 것이 효과가 있음을 시사한다.

## 2. 감사하기

『표준국어대사전』에 따르면, 감사는 "고마움을 나타내는 인사" "고맙게 여김 또는 그런 마음"으로 설명되어 있다. 평소에 감사를 자주 표현하는 사람은 더 행복하고 활기차고 희망적이고 긍정적인 감정을 더 자주 경험하며, 우울, 불안, 질투 등 신경증적인 양상을 보일 가능성이 낮은 것으로 나타났다 (McCullough, Emmons, & Tsang, 2002).

Lyubomirsky(2008)는 감사를 표현하면 다음과 같은 긍정적 결과가 나타난다고 설명하였다. 먼저, 감사 표현은 삶의 긍정적 경험들에 대해 더욱 의미를 부여할 수 있게 되고, 자신의 가치와 자존감이 강화되고, 스트레스를 유발하는 부정적 체험을 긍정적으로 재해석하는 적응방법이 되고, 도덕적 행동을 촉진하고, 사회적 유대를 쌓고 기존의 관계를 강화하고 새로운 관계를 맺는 데 도움이 되고, 다른 사람과의 비교를 억제하는 경향이 나타나고, 부정적 감정과 공존하기 어려우며, 마지막으로 쾌락적응을 지지하는 데 도움이 된다.

〈부록 7-4〉와 〈부록 7-5〉는 감사 표현을 위해 피코치가 감사일지를 작성할 수 있는 활동지와 사례에 대한 내용이다. 가능하면 매일 특정 시간을 정해 놓고 작성해서 습관을 쌓는 것이 필요하다. 하루 종일 있었던 다양한 사건 또는 경험 가운데 감사할 만한 내용을 찾는 것이 좀 더 수월하기 때문에 저녁 또는 잠자기 전에 작성하는 것이 효과적이다. 〈부록 7-4〉에서 보듯이 '사실'에서는 하루 중 감사할 만한 일을 생각해 내고 그 일이 구체적으로 어떤 일이었고 자신은 어떤 행동을 했는지를 기술한다. 예를 들어, 〈부록 7-5〉의 사례에서 보듯이 "오늘 어머니께서 아침 일찍 아침밥을 차려 주셔서 맛있게 먹었다."와 같이 기술할 수 있다. '생각'에서는 상대의 그러한 행동에 대해 자신이 어떠한 생각이 들었는지를 기술한다. 〈부록 7-5〉에서 보듯이 "매번 당신보다 나를 먼저 챙기시는 어머니께 죄송하기도 하고 감동적이기도 했다.”와 같이 기술할 수 있다. ‘교훈’에서는 그러한 생각을 통해 배우게 된 교훈이나 가르침을 기술한다. 예를 들어, “어머니를 보면서 조건 없이 사랑하고 배려하는 모습을 배웠다.”와 같은 내용이 가능하다. ‘행동’에서는 이러한 교훈을 통해 자신이 향후 어떻게 행동해야겠다는 다짐을 기술한다. 예를 들어, 〈부록 7-5〉에서 보듯이 “나도 나부터 챙기기 전에 한번 더 다른 사람을 돌아보고 상대를 배려하는 모습을 보여야겠다.”와 같이 기술한다. 마지막으로 ‘감사’에서는 대상에 대해 감사하는 마음을 표현하는 내용을 기술한다. 예를 들어, “항상 내 곁에 있어 주심은 물론 사랑을 느끼게 해 주시는 어머니께 무척 감사하다.” 등과 같이 기술하면 된다. 만약 피코치의 일정이 바빠서 또는 귀찮아서 전부 기술하기 어렵다면 첫 번째 사실과 마지막 감사만 작성해도 된다.

실제 감사일지 또는 일기를 작성해서 긍정적 성과가 나타난 연구를 일부 살펴보자. Emmons와 McCullough(2003)의 대학생을 대상으로 한 연구를 보면, 이들을 세 집단으로 구분했는데 한 집단은 10주 동안 한 주에 한 번씩 고마운 일 다섯 가지를 열거하도록 하였고, 나머지 두 집단은 한 주 동안에 있었던 힘들었던 일들과 주요 사건들을 기술토록 하였다. 연구 결과, 고마운 일을 기술토록 한 집단이 다른 집단에 비해 낙관성이 더 높아졌고 삶에 대한 만족도도 더 높게 나타났다.

국내 연구에서 노지혜와 이민규(2011)는 연구참여자들을 실험집단과 통제집단으로 구분하고 실험집단에게는 일주일 동안 매일 주변 사람들과 세상이나 환경, 그리고 자기 자신에게 감사할 수 있는 일들을 각각 세 가지씩, 총 아홉 가지를 쓰도록 하였고, 통제집단에게는 자신의 일상 경험을 같은 방식으로 쓰도록 하였다. 분석 결과, 통제집단에 비해 실험집단에서 인지적 안녕감, 자기존중감, 낙관성이 유의미하게 높게 나타났고 부정적 기분을 적게 경험한 것으로 나타났다.

# 3. 목표수립

삶에서 목표가 있는 것은 무엇보다 삶의 의미를 증진시키는 데 중요한 역할을 한다. 목표가 있다는 것은 자신이 살아가면서 중요하게 생각하는 것이 있음을 의미한다. 또한 목표를 달성하기 위해 노력하는 과정에서 목표에 점점 다가서고 있다는 인식을 통해 긍정 정서를 경험하고 삶이 의미가 있음을 느끼게 된다. 이 책 제2장의 '삶의 의미'에서도 설명했듯이 삶의 의미를 측정하는 데 있어서 삶의 목적 또는 목표가 있는지가 매우 중요한 요인이다(예: George & Park, 2016; Morgan & Farsides, 2009). George와 Park(2016)의 연구에서 삶의 의미는 긍정 정서와 삶의 만족과 정적으로 유의하게 관련되었으며 우울, 불안 및 스트레스와는 부적으로 유의하게 관련되었다. 이러한 결과는 삶의 목표가 있는 것이 개인의 정신건강에 긍정적인 영향을 미친다는 것을 시사한다.

다른 연구에서도 목표의 긍정적 효과가 일관되게 나타났다. 목표를 긍정적으로 제시하는 접근목표의 경우 학업수행과 웰빙이 높게 나타났으며(Elliot & McGregor, 2001) 개인이 진정으로 원하는 목표인 자기일치목표(self-concordant goal)인 경우 목표 달성 정도가 높아지며 긍정 정서를 경험하게 되는 것으로 나타났다(Koestner, Lekes, Powers, & Chicoine, 2002).

코칭은 기본적으로 피코치의 목표 달성을 중시하기 때문에 코칭과정에서 피코치의 목표를 가능한 한 구체화하고 이를 달성할 수 있는 실행 의도를 수립하게 된다. 만약 코칭의 목표가 피코치의 행복 증진을 위한 경우라면 코치는 피코치가 행복 증진을 위해 삶에서 새로운 목표를 도출하도록 도움을 주는 노력이 필요하다. 〈부록 7-6〉에 제시된 활동지를 통해 피코치가 자신의 목표를 말로만 하는 것보다 직접 글로 써 보도록 하는 것이 좀 더 효과적이다.

피코치가 목표를 정하게 되면 바로 이를 달성할 수 있는 실행 의도를 작성하게 하는 것보다 해당 목표의 상위목표가 무엇인지를 탐색하는 것이 좋다. 상위목표는 해당 목표를 달성하려는 이유에 해당하는 개념이다. 예를 들어, 피코치가 체중 감량이 목표라면 체중 감량을 왜 하려고 하는지 또는 무엇을 위해 하려고 하는지에 해당하는 것이 상위목표이다. 이 경우 여러 가지 이유가 있겠지만 자신의 건강을 위해 체중 감량을 하려고 한다면 건강증진이 상위목표가 된다. 상위목표는 상위 한 수준에서만 끝나는 것이 아니라 지속적으로 더 높은 상위 수준으로 올라갈 수 있다. 예를 들어, 건강증진을 왜 하려고 하는지를 피코치에게 또 물어보게 되면 피코치는 자신이 건강하게 오래 살아야 가족을 부양할 수 있기 때문이라고 답할 수 있다. 이때 가족부양이 건강증진의 상위목표가 된다.

해당 상위목표가 중요한 이유를 지속적으로 물어보는 과정에서 피코치가 더 이상 대답할 수 없으면 그것이 최종 상위목표가 된다. 하지만 코칭과정에서 상위목표를 지속적으로 물어보는 것은 바람직하지 않다. 피코치 입장에서도 취조받는 느낌이 들 수 있을 것이다. 필자의 판단으로는 두 번 정도는 물어봐도 피코치에게 부담이 되는 것 같지 않다. 하지만 코칭이슈나 피코치 특성에 따라 그 횟수는 달라질 수 있을 것이다.

코칭과정에서 상위목표를 물어보는 이유는 피코치가 삶에서 진정으로 원하는 목표가 무엇인지를 파악하게 하는 데 있다. 자신이 삶에서 중요시하는 상위목표를 파악하게 되면 피코치는 자신이 설정한 목표를 달성하기 위해 더 많은 노력을 기울일 가능성이 높게 된다. 앞의 예에서도 단순히 체중 감량이라는 목표를 정하고 이를 달성하기 위한 실행 의도를 수립하면서 코칭을 진행하는 것보다 상위목표를 물어보는 과정을 통해 피코치가 중시하는 가족부양을 인식하게 되면 이 상위목표를 달성하기 위해 체중 감량 노력을 더 많이 하게 될 것이다. 〈부록 7-6〉의 활동지를 통해 먼저 피코치의 코칭 목표를 물어보고 이어서 상위목표를 파악하기 위해 해당 목표가 중요한 이유 또는 해당 목표를 달성하려고 하는 이유를 두 번 정도 물어본 후 상위목표에 그 내용을 기술하도록 한다. 그 다음은 해당 목표를 달성하기 위한 구체적인 실행 의도를 피코치가 충분히 생각해 보고 작성토록 한다.

## 4. 친절하기

개인의 행복에 긍정적 영향을 주는 또 다른 요인은 타인에게 친절한 행동을 하는 것이다. Otake, Shimai, Tanaka-Matsumi, Otsui와 Fredrickson (2006)은 친절행동이 행복에 긍정적 영향을 주는지를 검증하기 위하여 심리학 개론을 수강하는 일본의 대학생 175명을 대상으로 연구를 진행하였다. 참가자들의 행복 정도는 주관적으로 판단한 자신의 행복 정도를 측정하는 일본판 주관적 행복척도를 사용하였으며 이 점수를 토대로 행복한 집단과 불행한 집단으로 구분하였다. 친절 강도는 3개의 요인(동기, 인식, 행동)을 측정하는 척도를 사용하여 측정하였다. 동기는 일상생활에서 다른 사람을 돕고 싶은지의 강도를 측정하고, 인식은 일상생활에서 다른 사람을 돕는지를 인식하는 정도를 측정하며, 행동은 실제로 다른 사람을 돕는 정도를 측정한다. 분석 결과, 행복한 사람은 불행한 사람보다 세 가지 친절요인 모두에서 점수가 유의하게 높았다.

추가 연구에서 71명의 실험집단과 54명의 통제집단 여자 대학생만을 대상으로 친절 개입이 주관적 행복에 영향을 미치는지를 검증하였다. 친절 개입 방법은 참가자들에게 일주일 동안 타인에 대한 자신의 친절행동을 의식적으로 인식하고 매일 자신이 친절행동을 몇 번 했는지를 보고하도록 요구하는 것으로 구성하였다. 이러한 개입이 참가자의 주관적 행복에 미치는 영향을 알아보기 위해 개입 기간 1개월 전과 개입이 끝난 1개월 후에 주관적 행복을 측정하였다. 또한 일주일간의 개입이 끝난 바로 다음 날 참가자들에게 이 기간 동안 친절한 행동 빈도에 대한 목표를 얼마나 달성했다고 생각하는지와 얼마나 감사함을 느꼈는지를 측정하였다.

분석 결과, 실험집단의 주관적 행복점수는 개입 기간 전후에서 유의한 증가가 있었지만 통제집단에서는 점수 차이가 없었다. 또한 개입 1개월 후 추후검사에서 실험집단의 점수가 통제집단에 비해 유의하게 높게 나타났다. 이러한 결과는 친절개입이 참가자들의 주관적 행복 증진에 긍정적 영향을 주었음을 말해 준다. 실험집단에 대한 추가 분석에서 행복점수가 크게 변화한 집단은 작게 변화한 집단에 비해 친절행동을 유의하게 더 많이 하였고 감사함을 더 많이 느낀 것으로 나타났다.

일상생활에서 바쁘다 보면 하루 생활에서 자신이 얼마나 또는 자주 친절한 행동을 했는지 성찰할 시간이 없게 된다. 코칭 진행과정에서 피코치의 긍정정서를 끌어올려 주관적 웰빙이나 행복감을 증진시키려고 한다면 코치는 이 연구에서와 같이 피코치가 매일 친절한 행동을 자주 하도록 권유하고 이를 〈부록 7-7〉에 제시된 활동지를 통해 기록하도록 한다. 먼저, 친절행동을 하게 된 상황에 관한 내용을 기술하고 해당 상황에서 구체적으로 어떤 행동을 했는지를 기술한다. 피코치의 친절행동에 대해 상대는 어떠한 반응(태도나 모습)을 보였는지를 작성하고 마지막으로 상대의 반응을 보면서 본인이 느낀 정서나 만족은 무엇이었는지를 기술한다.

피코치는 친절행동을 하는 당시 시점에서 타인의 감사해하는 태도를 보면서 행복감을 느끼게 된다. 또한 하루 동안의 친절행동을 기술하면서도 그 당시 타인의 고마워하는 태도나 모습을 생각하게 되고 이를 통해 긍정 정서를 경험하게 될 것이다.


## 5. 긍정적 사고

긍정심리학의 관점에서 보면 부정적인 생각보다는 긍정적인 생각이나 사고방식에 대한 관심이 크다. 어떤 사람들은 역경에 굴복하지만 다른 사람들은 역경을 통해 새로운 삶의 방향과 의미를 발견하기도 한다. Goodhart (1985)는 이와 같은 개인차를 인지적 해결방법의 하나로 긍정적 전환이라는 긍정적 사고의 개념으로 설명하였다. 그는 긍정적 사고란 일어난 명백한 스트레스 사건의 결과에 대해 긍정적으로 평가하는 것이라고 하였다.

Taylor와 Brown(1988)은 긍정적으로 편향된 착각이 정신건강을 증진할 수 있다고 하였는데, 여기에는 자신에 대한 긍정적인 지각, 상황에 대한 통제감, 미래에 대한 낙관성의 요소가 포함된다. Folkman(1997)은 스트레스 상황을 긍정적인 측면에서 바라보고 상황을 재평가하는 것이 유용한 대처방식의 하나라고 하였다(김현정 외, 2006에서 재인용). 이를 종합하여 김현정 등(2006)은 긍정적 사고를 개인과 삶에 대해 부정적인 면이 있더라도 긍정적으로 수용하며 개인적 성장을 추구하는 인지적 태도 및 대처방식이라고 하였다.

긍정적 사고는 단순히 미래를 낙관적으로 기대하고 목표를 어떻게 이룰 수 있는지에 대해 고려하지 않는 낙관주의와는 분명한 차이가 있어 보인다. 즉, Peale(1956)은 긍정적 사고가 상황이 긍정적이든 부정적이든 간에 그 자체를 수용하고 의미를 찾으며 미래의 목표를 위해 노력하는 사고방식을 포함한다고 정의하였다(이소혜, 2012에서 재인용). 오화미(1998)의 연구에서는 긍정적 사고가 긍정적 정서, 일반 만족도, 영역별 만족도에 독립적인 영향을 미치는 것으로 나타났다. 이러한 연구결과들을 토대로 긍정적 사고는 개인의 행복을 증진시키는 데 유의한 영향을 주는 것으로 기대할 수 있다.

따라서 코칭과정에서도 코치는 피코치가 상황을 부정적으로 보지 말고 가능한 한 긍정적으로 해석하도록 격려하는 노력이 필요하다. 여러 가지 방법이 있겠지만 인지행동치료 방법을 사용하거나 좀 더 장기적인 관점에서 상황을 바라보게 하는 것도 방법일 수 있다. 예를 들어, 현재 고등학생인 피코치가 공부하는 것이 힘들어서 스트레스를 받고 있는 경우 몇 년 후의 미래를 생각해 보게 하면 현재의 부정적인 생각에서 벗어나 몇 년 후 어려움을 극복하고 대학에 들어간 자신의 모습을 그려 보면서 현재 상황을 좀 더 긍정적으로 바라볼 수 있을 것이다.

🌱 **부록 7-1** **강점파악 활동지**

| 강점 이름 |
| --- |

1.

2.

3.

4.

5.

6.

7.

강점 네이밍:

### 부록 7-2 강점활용 활동지

| 강점 이름 | 강점활용 행동 또는 경험 | 느낌 |
| --- | --- | --- |
| 강점 1 | | |
| 강점 2 | | |
| 강점 3 | | |
| 강점 4 | | |
| 강점 5 | | |

## 부록 7-3   강점활용 실행 의도 활동지

| 강점 이름 | 강점활용 실행 의도 |
|---|---|
| 강점 1 | |
| 강점 2 | |
| 강점 3 | |
| 강점 4 | |
| 강점 5 | |

🌱 **부록 7-4** **감사일지**

| | |
|---|---|
| 사실 | 오늘 하루 동안 가장 인상 깊었던 한 가지 일에 대해 쓴다.<br>어떤 일이 벌어졌으며 어떻게 행동을 하셨습니까? |
| 생각 | 그 일을 바탕으로 어떤 생각들을 하셨습니까? |
| 교훈 | 그 일을 겪은 후 어떤 교훈을 얻으셨습니까? |
| 행동 | 그 교훈을 바탕으로 다음에는 어떻게 행동을 하시겠습니까? |
| 감사 | 대상에 대한 감사로 마무리한다. |

🌱 **부록 7-5** **감사일지 사례**

| | |
|---|---|
| 사실 | 오늘 어머니께서 아침 일찍 아침밥을 차려 주셔서 맛있게 먹었다. |
| 생각 | 매번 당신보다 나를 먼저 챙기시는 어머께 죄송하기도 하고 감동적이기도 했다. |
| 교훈 | 어머니를 보면서 조건 없이 사랑하고 배려하는 모습을 배웠다. |
| 행동 | 나도 나부터 챙기기 전에 한번 더 다른 사람을 돌아보고 상대를 배려하는 모습을 보여야겠다. |
| 감사 | 항상 내 곁에 있어 주심은 물론 사랑을 느끼게 해 주시는 어머니께 무척 감사하다. |

🌱 **부록 7-6** **목표와 실행 의도**

| | |
|---|---|
| **상위목표 1** | |
| **상위목표 2** | |
| **코칭 목표** | |
| **실행 의도 1** | |
| **실행 의도 2** | |

🌱 **부록 7-7** **친절행동 기술**

| | |
|---|---|
| 상황 | |
| 친절행동 | |
| 타인의 반응 | |
| 본인의 정서 | |

제8장

# 자기자비를 활용한 자아존중감 증진

　라이프코칭 시 피코치의 코칭 주제가 자신의 낮은 자아존중감을 증진시키기 위한 경우가 자주 있다. 또한 다른 주제로 코칭을 진행하는 과정에서 피코치의 자존감이 낮아 큰 잘못이 아님에도 불구하고 자신을 지나치게 비난하거나 책망해서 실행 의도를 수립하기가 어렵거나, 수립한다 해도 자신감이 낮아 제대로 실행하지 못하는 경우가 있을 수 있다. 이러한 경우 피코치의 자존감 또는 자아존중감을 어느 정도 끌어올려야 코칭이 원활하게 진행될 수 있다. 코칭과정에서 피코치의 자아존중감을 향상시키기 위해 활용할 수 있는 다양한 방법이 있다. 예를 들어, 제7장에서 설명한 강점검사를 활용하여 피코치의 강점을 파악하는 것도 방법이 될 수 있다. 이 장에서는 그동안 상담장면에서는 많이 활용되었지만 코칭과정에서는 충분히 사용되지 않았던 자기자비(self-compassion)를 활용하여 자아존중감을 향상시키는 방법에 대해 설명하고자 한다. 이 장에서 설명하겠지만 필자는 코칭과정에서 자기자비에 관한 설명과 실습을 통해 피코치의 자기자비가 충분히 향상될 수 있을 것이라 판

단한다. 코칭을 통해 피코치의 자기자비 역량이 증진됨으로써 자신의 자아존
중감이 높아지고 이를 통해 대인관계를 비롯한 다양한 영역에서 좀 더 자신
감 있는 모습을 보여 줄 수 있을 것으로 기대한다.

## 1. 자기자비의 개념 및 측정

자비라는 개념은 불교에서 시작된 것으로 알려져 있다. 불교에서 자비(慈
悲)라는 개념은 자(慈)와 비(悲)가 합쳐진 개념으로서 남을 깊이 사랑하는 마
음(慈心)과 가엾게 여기는 마음(悲心)을 모두 포함한다(김경의, 이금단, 조용래,
채숙희, 이우경, 2008). 불교심리학에서는 자기자비라는 단어보다는 자비를 사
용하고 있으며 여기서 자비는 타인에 대한 자비뿐 아니라 자신에 대한 자비
도 포함하고 있다(Neff, 2003).

Gilbert(2015)는 자비를 자신과 타인의 고통을 인식하고 이를 경감하거나
예방하기 위해 노력하는 것으로 정의한 바 있다. Neff(2003)는 자비 대신 자
기자비를 사용하고 있으며 몇 가지 유사개념과 구분되는 것으로 개념화하였
다. 먼저, 이기주의와 구분되는데, 자기자비는 타인에 대해서도 관심을 두기
때문에 이기적이지 않으며 타인보다 자신의 욕구를 더 우선시하지 않는다고
하였다.

또한 자신을 불쌍하고 가련하게 여기는 자기연민(self-pity)과도 구분이 된
다고 주장하였다. 자기연민이 높은 사람은 자신을 타인과 분리시켜 자신의
문제에만 빠져 있어서 다른 사람들도 유사한 어려움을 경험한다는 점을 잊게
된다. 즉, 자신의 주관적인 감정에 치우쳐서 자신이 처한 상황과 거리를 둔
상태에서 객관적으로 판단하지 못하게 된다. 이에 반해 자기자비가 높은 사
람은 자신과 타인의 경험이 관련되어 있음을 인식하고 다른 사람들도 자신과
같이 부정적 감정을 경험한다는 것을 수용한다. 따라서 자신의 고통을 좀 더

명확하게 인식할 수 있게 된다.

　현재 국내 논문 또는 책 등에서 셀프컴패션(self-compassion)을 번안할 때 자기자비 또는 자기연민이라는 두 단어를 혼재하여 사용하고 있다. 자기자비와 자기연민이 구성개념에서 차이가 있다는 Neff의 주장을 고려해 보면 필자는 자기자비가 더 적절한 것으로 판단된다. 자기연민에는 타인에 대한 고려가 부족하기 때문이다.

　Neff(2003)는 자기자비가 세 가지 요인으로 구성되어 있다고 주장하였다. 첫째, 자신을 지나치게 비판하거나 판단하지 않고 친절하게 대하는 자기친절(self-kindness) 요인이다. 둘째, 자신의 경험을 자신만이 경험하는 특별한 것으로 간주하지 않고 일반 사람들도 보편적으로 경험하는 부분에 불과하다고 인식하는 보편적 인간성(common humanity) 요인이다. 셋째, 고통스러운 생각이나 감정을 피하거나 과잉 반응하지 않고 이를 수용하는 마음챙김 요인이다.

　Neff는 이 세 가지 요인과 각 요인의 반대가 되는 세 가지 요인을 추가하여 모두 6개의 요인으로 구성된 척도를 개발하였다. 자기친절의 반대는 자기판단(self-judgment)이고, 보편적 인간성의 반대는 고립(isolation)이며, 마음챙김의 반대는 과잉동일시(over-identification)이다. 각 요인에 해당하는 문항의 예를 살펴보면, 자기친절의 경우 "내 성격 중 마음에 들지 않는 부분에 대해서 이해하고 견디어 내려 한다." "정서적으로 힘들 때 나 자신을 사랑하려고 노력한다." 등의 문항이 있다. 이와 반대되는 자기판단 요인은 "정말 힘들 때 오히려 나 자신을 모질게 대하는 편이다." "내 성격 중 마음에 들지 않는 부분에 대해 참지 않고 비난한다." 등과 같은 문항으로 구성되었다.

　보편적 인간성에 속하는 문항으로는 "상황이 좋지 않게 돌아갈 때 모든 사람이 살면서 경험하는 어려움의 한 부분이라고 생각한다." "실패하는 경우 사람이라면 다 경험하는 것이라고 생각한다." 등이 포함되어 있다. 이와 반대되는 고립 요인에는 "내게 중요한 일에 실패할 때 나만 실패했다는 생각이 든다." "내가 정말로 힘들 때 다른 사람은 잘 지내고 있을 거라는 생각을 하는 경향이 있다." 등과 같은 문항이 포함된다.

마음챙김 요인은 "화가 날 때면 마음의 평정을 유지하려고 노력한다." "힘든 일이 생길 때 균형된 시각으로 상황을 보려고 노력한다." 등의 문항으로 구성되어 있다. 마지막으로 이와 반대되는 과잉동일시 요인에는 "화가 날 때면 감정에 휩쓸리게 된다." "기분이 좋지 않으면 잘못된 모든 일을 강박적으로 떠올리며 고착화되는 경향이 있다." 등과 같은 문항이 포함된다.

척도의 타당도 검증을 위해 Neff(2003)는 연구 1에서 391명의 남녀 대학생 집단을 대상으로 앞에서 기술한 71개 문항으로 구성된 자기자비 척도를 실시하였다. 탐색적 요인분석을 통해 요인계수가 .40 이하인 45개 문항을 제거하고 26개 문항을 도출하였다. 26개 문항으로 구성된 6요인 모형에 대한 확인적 요인분석 결과 부합도가 .90이상으로 나타나 6개 요인구조가 검증되었다. 준거변인인 정신건강 변인을 유의하게 설명하는지를 분석한 결과, 자기자비는 우울($r = -.51$), 불안($r = -.65$) 및 신경증 완벽주의($r = -.57$)와는 부적으로 유의하게 관련되었으며, 삶의 만족($r = .45$)과는 정적으로 유의하게 관련되어서 준거관련타당도가 입증되었다.

연구 2에서는 자기자비와 자존감이 구성개념에서 차이가 있는지를 파악하기 위해서 232명의 남녀 대학생을 대상으로 자료를 얻어 분석하였다. 상관분석 결과, 자기자비는 자존감과 매우 높게 관련되지는 않았다($r = .59$). 또한 자존감이 나르시시즘과 정적으로 유의하게 관련된 데 비하여 자기자비는 나르시시즘과 유의하게 관련되지 않았다. 따라서 자기자비는 자신을 존중하고 가치가 있는 사람이라고 여기는 자존감과 유사한 측면이 있지만 동일한 개념은 아니라고 볼 수 있다.

마지막으로, 연구 3은 불교신자들이 일반 대학생에 비해 자기자비 점수가 높게 나타나는지를 알아보기 위하여 실시하였다. 43명의 불교신자와 연구 2에서 얻은 대학생 집단 간의 자기자비 점수에서의 차이를 검증한 결과, 불교신자의 점수가 유의하게 높은 것으로 나타났다. 하위요인별 추가분석에서도 불교신자들은 일반 학생에 비해 자기자비 요인 중 3개의 긍정적 하위요인에서 점수가 유의하게 높았으며 3개의 부정적 하위요인에서는 점수가 유의하게 낮은 것으로 나타났다.

김경의, 이금단, 조용래, 채숙희, 이우경(2008)은 Neff(2003)가 개발한 자기자비 척도를 한국어로 번안하여 타당도를 검증하였다. 대학생들을 대상으로 두 번의 자료를 모아 분석한 결과, Neff의 연구에서와 동일한 6개 요인(자기친절, 자기판단, 보편적 인간성, 고립, 마음챙김, 과잉동일시)이 도출된 것으로 나타났다. 또한 준거관련타당도 검증 결과, 우울 및 불안 수준과는 부적으로 유위하게 관련되었고, 삶의 만족 또는 정서조절과는 정적으로 유의하게 관련된 것으로 나타났다. 즉, 자기자비가 높을수록 불안과 우울이 감소되며 삶의 만족은 증가하는 것으로 나타났다. 이러한 결과는 한국판 자기자비 척도의 타당도를 입증하는 것으로 해석할 수 있다.

## 2. 자기자비의 긍정적 효과

앞에서 기술한 국내외 연구에서 자기자비가 다양한 긍정적 변인(예: 삶의 만족, 정서조절 등)과 정적으로 관련되고 부정적 변인(예: 우울, 불안 등)과는 부적으로 관련된 것으로 나타난 결과는 자기자비를 증진시키는 것이 개인에게 긍정적 결과를 가져다주는 것으로 해석할 수 있다. 최근의 메타연구(Zessin, Dickhauser, & Garbade, 2015)에서도 자기자비는 웰빙과 정적으로 관련된 것으로 나타났다. 좀 더 구체적으로 살펴보면 Zessin 등이 자기자비와 정신건강 변인이 포함된 65개 논문에서 도출된 134개 상관을 토대로 분석한 결과, 자기자비와 웰빙 간의 상관은 .47로 나타났다. 웰빙을 세분하여 분석한 결과, 자기자비는 개인의 잠재력과 의미 있는 삶의 증진을 측정하는 심리적 웰빙과 가장 높게(r = .62) 관련되었다. 또한 삶의 만족을 측정하는 인지적 웰빙과의 평균 상관은 .47이었고 긍정적 감정상태를 측정하는 긍정 감정 웰빙과는 .39, 부정적 감정상태를 나타내는 부정감정웰빙과는 -.47로 모두 유의하게 관련되었다.

자기자비는 개인의 정신건강 수준에 긍정적 영향을 줄 뿐 아니라 신체건강을 증진시키는 데도 영향을 주는 것으로 나타났다(Phillips & Hine, 2019). Phillips와 Hine(2019)이 메타연구를 통해 자기자비와 신체건강 및 건강행동의 관계를 연구한 94개의 논문에서 도출된 290개의 상관을 토대로 분석한 결과, 신체행동과의 평균상관은 .18로 나타났고 다양한 건강행동과의 관련성은 .26으로 나타났다. 각 영역을 세분하여 분석한 결과를 살펴보면 신체건강 영역에서 자기자비는 전반적 건강과 가장 높게 관련되었고(r = .22), 신체적 증상(r = .15), 통증(r = .14), 면역체계(r = .20) 등과도 유의하게 관련되었지만 쇠약함(r = .04)과는 유의하게 관련되지 않았다. 건강행동 영역을 세부적으로 살펴보면 자기자비는 수면 및 위험회피 행동과 가장 높게 관련되었고(r = .29), 영양 및 운동(r = .24), 병원검진(r = .20) 등과 유의한 상관이 있었지만 약물남용과는 유의하게 관련되지 않았다(r = .06).

또한 자기자비는 자기향상 동기를 높이는 데 긍정적으로 기여하는 것으로 나타났다. Breines와 Chen(2012)은 자기자비 프로그램의 효과를 검증하기 위하여 네 가지 실험을 진행하였다. 첫 번째 실험에서 이들은 69명의 학부생들을 자기자비훈련집단, 자긍심집단, 통제집단 등 세 집단으로 무선할당하였다. 자기자비집단에 할당된 학생들에게는 자신의 약점을 자기자비와 이해관점을 기반으로 자신에게 어떻게 얘기할 것인지 3분 동안 기술하도록 하였다. 자긍심집단 학생들에게는 자신의 약점을 파악한 후 이것이 맞는지를 성찰해 보도록 하였다. 통제집단은 자신의 약점만 파악하게 하고 아무런 지시도 하지 않았다. 각 집단에 대한 실험 조작 후 모든 참여자는 긍정 감정을 측정하는 문항에 응답하였고 자신의 약점이 변화될 수 있다고 생각하는지에 대해 간단히 기술하였다. 두 명의 전문가들이 이들의 답변을 분석하여 0점(개인의 약점은 변하지 않는다고 믿음)에서 2점(개인의 약점은 충분히 변화 가능하다고 믿음)까지의 점수를 부여하였다.

분석 결과, 자기자비집단의 약점 변화 가능에 대한 믿음 점수가 다른 두 집단의 점수보다 유의하게 높은 것으로 나타났으며, 긍정 감정 점수에서는 세 집단 간에 유의한 차이가 나타나지 않았다. 따라서 자기자비 훈련을 받은 집단의 경우 자신의 약점이 변화 가능하다는 믿음이 증진된 것으로 나타났다.

두 번째 연구에서 Breines와 Chen(2012)은 학부생을 대상으로 먼저 최근 경험 중에서 도덕적으로 죄의식을 느끼거나 후회할 만한 사건을 기술하도록 했다. 다음은 이들을 자기자비집단, 자긍심집단, 통제집단 등의 세 집단으로 무선할당하였다. 실험 1에서와 유사하게, 자기자비집단 참가자에게는 자신이 경험한 앞의 사건에 대해 친절하고 이해하는 내용으로 기술하도록 하였고, 자긍심집단에게는 그 사건과 관계없이 자신의 긍정적 특성에 대해 기술하도록 하였으며, 통제집단에게는 자신이 좋아하는 취미에 대해 기술토록 하였다. 모든 참가자는 이어서 도덕적 위반행동을 하지 않겠다는 자기향상(self-improvement)동기를 측정하는 문항들(예: 나는 이러한 행동을 다시는 반복하지 않겠다 등)에 7점 척도(1: 전혀 동의하지 않는다, 7: 매우 동의한다)를 통해 응답하였다.

분석 결과, 자기자비집단 참가자들의 자기향상동기 점수는 다른 두 집단들에 비해 유의하게 높은 것으로 나타났다. 따라서 자신이 잘못했다고 생각하는 도덕적 위반행동에 대해 자기자비 방법을 통해 자신에게 친절하게 대한 참가자들에게서 미래에 이러한 위반행동을 하지 않겠다는 동기가 더 높게 나타났다.

실험 3에서는 실패경험을 한 후에도 자기자비 훈련이 자기향상행동을 증진시키는지를 알아보고자 하였다. Breines와 Chen은 학부생을 대상으로 어려운 반의어 시험을 치르게 한 후 정답을 받아 자가 채점을 한 다음에 세 집단으로 구분하였다. 자기자비집단은 어려운 시험을 치렀지만 자신만 어려운 것이 아니라 모두가 다 어려워했으며, 따라서 낮은 점수로 인해 기분이 좋지 않겠지만 자신에게 너무 심하게 하지 말 것을 요구하는 진술문을 읽도록 했다. 자긍심집단은 시험점수가 안 좋다고 하더라도 자신을 심하게 대하지 말고, 지금 다니는 대학교(미국에서 유명한 버클리대학교) 재학생이란 사실은 자신이 매우 똑똑함을 입증하는 것이라는 진술문을 읽도록 하였다. 통제집단에게는 아무런 진술문도 주지 않았다.

진술문을 읽은 후 각 집단은 유사한 반의어 시험을 다시 보기 위해 스스로 알아서 공부하도록 했으며 공부가 끝나는 대로 다시 시험을 치르도록 했다. 분석 결과, 공부시간은 자기자비집단의 경우 가장 많았으며, 통제집단과는 유의한 차이가 있었지만 자긍심집단과는 .09수준에서 유의한 것으로 나타났다. 한편, 시험결과는 자기자비집단의 평균점수가 가장 높았지만 다른 두 집단과 비교 시 유의한 차이가 날 정도는 아니었다. 따라서 자기자비 훈련 결과 자기향상행동(공부시간)이 증진되는 것으로 나타났다.

마지막으로, 실험 4에서는 앞에서의 결과가 다른 행동영역(사회비교)에서도 나타나는지를 알아보고자 하였다. 이 실험에서는 대학생이 아닌 성인을 대상으로 진행하였으며 실험 설계는 자신의 약점을 기술한 후 진행한 실험 1과 동일하게 진행하였다. 차이점은 각 집단에 할당되어 요구되는 진술문을 작성한 후 약점 변화 가능성에 대한 믿음이 아닌 사회비교대상에 대한 선호도를 측정하는 과정을 거쳤다는 점이다. 모든 참가자는 다음의 3명 가운데 누구와 사귀고 싶은지를 선택하도록 하였다. (1) 자신과 유사한 약점을 가졌지만 이를 성공적으로 극복한 사람, (2) 자신과 유사한 약점을 가진 사람, (3) 자신과 유사한 약점을 가졌지만 더 심한 사람. 자기자비집단에 배정된 참가자들은 대다수가 (1)을 선택했으며 통제집단은 (1)과 (2)를 비슷하게 선택하였으며 두 집단 간에는 유의한 차이가 있었다. 자긍심집단은 (1)을 더 많이 선택하였지만 자기자비집단보다는 비율이 다소 적었다. 또한 자신의 약점을 향상시키려는 동기를 측정한 결과, 자기자비집단의 점수가 다른 두 집단의 점수보다 유의하게 높은 것으로 나타났다.

이러한 네 가지 실험 연구결과를 종합해 보면 간단한 자기자비 훈련 또는 교육을 통해 개인은 자신에 대한 부정적 상황을 안전하고 긍정적인 맥락으로 전환시킬 수 있고 이를 통해 자신의 부족한 점이 개선 가능하다고 믿으며 이를 개선하려는 의지를 갖고 노력을 하게 된다고 요약할 수 있다. 즉, 이 연구는 자기자비를 통해 자기동기가 증진된다는 점을 밝혔는데, 개인이 특정한 부정적 경험으로 인해 자신에 대해 자긍심이 낮아지고 자신을 비난하는 정도가 심한 경우 이러한 상황을 극복하기 위한 노력을 하도록 만드는 데 자기자비 훈련 또는 교육이 중요한 역할을 할 수 있다는 점을 보여 주었다는 점에서 의의가 있다.

## 3. 라이프코칭에서의 활용

그렇다면 이러한 자기자비는 라이프코칭 시 어떻게 활용할 수 있을까? 라이프코칭 과정에서 코치는 자신에 대해 지나치게 비판적이거나 자신의 능력이 부족하여 다른 사람들에 비해 자신이 보잘것없는 사람이라고 믿는 자존감이 낮은 피코치를 만날 수 있다. 이 경우 피코치의 자존감을 끌어올리기 위한 코칭이 필요한데 피코치의 자기자비 정도를 증진시키는 데 목표를 두고 코칭을 진행하면 이러한 목적을 달성할 수 있을 것이다.

먼저, 앞에서 기술한 자기자비 척도(Neff, 2003)나 관련 질문을 통해 피코치의 자기자비 정도를 진단해 본다. 아마도 코치의 예상대로 피코치의 자기자비 점수는 낮을 것이다. 피코치의 자기자비를 증진시키기 위해서는 자기자비 척도에서 기술한 6개 요인 중 핵심적인 요인인 자기친절, 보편적 인간성, 마음책임 등의 3요인에 초점을 두면 된다. 다른 3요인은 개념상 반대가 되는 내용들로 구성되어 있어서 이 3요인이 증진되면 같이 높아지게 된다.

Neff와 Germer(2013)는 연구 1에서 21명의 일반인을 대상으로 8회기로 구성된 마음챙김 자기자비 집단 프로그램을 실시하고 효과를 검증하였다. 프로그램 시작 시 측정한 사전점수와 프로그램이 종료된 후 실시한 사후점수를 비교한 결과, 자기자비, 삶의 만족, 행복, 우울, 불안 및 스트레스에서 유의한 차이가 나타났다. 자기자비, 삶의 만족 및 행복은 점수가 유의하게 증가하였으며 우울, 불안 및 스트레스의 점수는 유의하게 감소하여서 프로그램이 효과가 있는 것으로 나타났다.

연구 2에서는 좀 더 엄격한 연구방법을 통해 전체 54명의 프로그램 신청자를 무선적으로 실험집단과 통제집단으로 구분하였고 프로그램 효과의 지속성 검증을 위해 프로그램이 종료된 6개월과 1년 후에도 종속변인들을 다시 측정하였다. 분석 결과, 프로그램이 종료되면서 자기자비, 마음챙김, 삶의 만족의 점수가 유의하게 증가하였으며, 우울, 불안 및 스트레스의 점수는 유의하게 감소하였다. 또한 6개월과 1년 후에 다시 측정한 결과, 대부분의 종속변인들에서의 점수가 유지되는 것으로 나타났다.

Neff와 Germer(2013)가 개발한 마음챙김 자기자비(Mindful Self-Compassion: MSC) 프로그램에 대해 좀 더 구체적으로 알아보도록 하자. Germer와 Neff(2019)가 기술한 내용을 살펴보면 전체는 8회기로 구성되어 있으며, 첫 회기는 자기자비 개념을 파악하는 시간으로서 먼저 참가자 각자가 소개하는 시간을 갖는다. 다음은 진행자가 자기자비가 무엇을 의미하는지, 그리고 자기자비가 개인의 심리적 웰빙을 증진시키는 데 왜 중요한지에 대해 설명한다.

Neff와 Germer(2020)는 자기자비 증진을 위한 워크북에서 다양한 기법을 소개하고 있는데 이 가운데 1회기에 해당하는 기법이 여러 가지가 있다. 이 회기에서 활용할 수 있는 기법 중에서 필자가 판단하여 자기자비의 개념을 이해하고 간단히 실습해 볼 수 있는 내용을 한 가지 소개하고자 한다.

앞에서 자기자비 척도에서 설명하였지만 자기자비 척도 요인 가운데 마음챙김, 보편적 인간성, 자기친절이라는 세 가지 요인이 핵심적인 내용이다. 따라서 개인의 자기자비를 증진시키기 위해서는 이 세 가지 요인을 설명하고 이에 초점을 두고 실습하는 것이 중요하다. Neff와 Germer(2020)는 이를 증진시키기 위해 적어도 일주일 동안 자기자비 일지를 작성하는 연습을 실행할 것을 추천하였다. 〈부록 8-1〉에서 보듯이 일지에 부정적 경험, 마음챙김, 보편적 인간성, 그리고 자기친절 등의 소제목을 만들고 소제목 아래 몇 줄 정도 기술할 수 있는 공간을 만들어 놓는다. '부정적 경험'에서는 매일 저녁시간 또는 잠자기 전에 하루 종일 겪은 일을 곰곰이 생각해 보면서 그중 기분이 나빴고 그래서 자신을 좋지 않게 평가했던 경험을 기술한다. 미국의 사례이기는 하지만 점심 때 레스토랑에서 식사 후 계산서를 부탁했는데 종업원이 한참 시간이 지난 후에 가져와 화가 나서 종업원에게 심한 말을 하고 팁도 주지 않고 나왔던 경험을 기술한다.

'마음챙김'에서는 자신이 불편하고 스트레스를 받으면서 느꼈던 것을 기술한다. 기술할 때 경험을 더 악화시키거나 약화시키는 판단을 하지 않고 자신이 경험한 느낌을 그대로 적는다. 이 상황에서 "나는 종업원이 너무 늦게 계산서를 가져와 화가 많이 나서 지나치게 반응했고, 그래서 바보 같다고 느꼈어."와 같이 기술할 수 있다.

'보편적 인간성'에서는 자신이 경험한 일은 사람이라면 누구나 다 경험할 수 있는 일이라고 생각하고 이를 인정하는 내용으로 기술한다. 예를 들면, "나만 그런 것이 아니라 다른 사람도 그 상황에 처하게 되면 보편적으로 화를 낼 거야. 사람은 다 불완전한 존재야. 그게 사람이야."와 같이 기술할 수 있다.

마지막으로, '자기친절'에서는 이러한 상황에서 자신에게 할 수 있는 친절하고 배려하는 말을 기술해 본다. 예를 들어, "내가 비록 심하게 화를 내는 실수를 하기는 했지만 그렇다고 세상이 끝난 것은 아니고 내가 바보는 아니야. 잠시 순간의 화를 참지 못해서 그런 거야. 다음에 같은 상황에 처하게 되면 차분하게 대할 수 있을 거야."와 같이 기술할 수 있다.

자기친절과 관련되어 자신에게 긍정적이거나 친절한 말을 하는 것이 처음엔 어려울 수 있다. 당연히 지속적인 연습과 노력이 필요하다. 노력을 하는 과정에 도움이 될 수 있는 Neff와 Germer(2020)가 기술한 한 가지 활동을 소개하면 먼저 피코치가 과거에 힘들었지만 지금은 극복한 경험을 떠올리면서 어떤 힘들었던 경험이었는지를 〈부록 8-2〉의 활동지에 적게 한다. 예를 들어, 대학입학에 실패해서 실망하고 좌절하고 자신을 비롯한 모든 것이 원망스러웠던 경험이 있을 수 있다. 이어서 지금은 어느 정도가 극복되었는지 현재의 상황을 기술하도록 한다. 그 당시에는 고통스러웠지만 어느 정도 해결이 되었기 때문에 지금의 자신이 있다는 것을 성찰하면서 그 과정에서 무엇을 배웠는지를 생각해 보도록 한다. 예를 들어, "힘들었지만 미래를 긍정적으로 생각하고 스스로 해낼 수 있다는 생각을 하면 어려움을 극복할 수 있다는 교훈을 얻었다."는 내용을 기술할 수 있다. 마지막으로 어려움을 잘 극복한 자신을 칭찬하는 내용(예: 그렇게 힘든 어려움을 극복하고 지금 내가 원하는 대학에 입학하였으니 나는 참 대단한 사람이야.)을 기술하도록 한다.

두 번째 회기에는 마음챙김 실습을 하는 과정으로서 자기자비 프로그램에서 마음챙김의 중요성과 구체적인 방법에 대해 소개하고 실습한다. 저항(resistance)과 역류(backdraft)에 대해 이해하고 마음챙김하면서 이들을 관리하는 방법에 대해 학습한다. 마음챙김은 어떻게 보면 단순한 주의집중 스킬이다. 신체 외부(예: 주변에서 들리는 소리) 또는 내부(예: 내면의 호흡이나 정서상태 등)에서 일어나고 있는 것을 주의를 기울여 알아차리는 것을 의미하기 때문이다.

마음챙김 실습을 위해 간단히 명상호흡을 해 보는 것이 도움이 된다. Neff와 Germer(2020)의 책에서 소개하는 명상호흡을 간단히 소개하고자 한다. 먼저, 명상 호흡을 하는 동안 방해받지 않고 편안히 집중할 수 있는 곳을 찾은 뒤 눈을 부드럽게 감고, 긴장을 풀면서 천천히 길게 숨을 내쉰다. 한 손을 가습이나 배 등에 대도 좋고 내려놓아도 된다. 천천히 코로 숨을 들이쉬고 입으로 천천히 숨을 내쉬는데, 이 과정에서 호흡을 알아차리기 시작한다. 몸이 들숨으로 수축되고 날숨 시 이완되는 것을 알아차린다. 호흡의 리듬을 알아차리고 호흡과 함께 몸이 움직이는 것을 느낀다. 이제 호흡에 대한 주의에서 벗어나 아무 생각이나 떠오르고 느끼는 것을 자연스럽게 느끼도록 허용한다. 천천히 부드럽게 눈을 뜬다. 명상하는 데 걸리는 시간은 처음에는 20분 정도로 한다.

이상의 명상호흡을 진행한 후 자신이 무엇을 알아차리고 무엇을 느꼈으며 현재는 어떤 느낌인지 성찰해 본다. 얼마나 호흡에 집중했는지, 호흡하면서 주의력이 높아졌는지, 얼마나 많은 생각이 떠올랐다 사라졌는지, 특정 부위(예: 코)에서의 호흡감각에 초점을 두었는지 아니면 호흡하면서 몸이 부드럽게 움직이는 동작에 초점을 두었는지 등에 대해 생각해 본다. 이와 같이 명상과정 중에 피코치가 느낀 신체의 다양한 부위에서의 감각의 변화나 자기도 모르게 떠오른 다양한 생각을 〈부록 8-3〉의 활동지에 적어 보도록 한다.

이러한 명상은 일상생활에서도 실습해 볼 수 있다. 예를 들어, 아침에 샤워하면서 샤워 물의 온도는 어떤지, 물이 몸에 닿을 때 느낌은 어떤지, 비누로 몸을 닦을 때의 느낌은 어떤지 등과 같이 평소에 주의를 기울이지 않았거나 다른 생각을 하느라 알아차리지 못했던 감각을 느껴 보는 기회를 갖는다. 이러한 연습을 통해 현재의 순간을 자각하고 인식하는 습관을 가지게 된다.

마음챙김 과정에서 기억해야 할 중요한 내용은 마음챙김은 현재 일어나고 있는 일에 주의를 기울이면서 좋다 또는 나쁘다는 판단을 하지 않고 이를 그대로 수용한다는 점이다. 판단하지 않고 수용하는 것을 마음챙김에서는 저항하지 않고 받아들이는 것으로 부른다. 우리는 일상생활에서 저항하는 경우가 많다. 예를 들어, 퇴근시간에 차를 타고 가다가 막히면 "아, 다른 내비게이션으로 보고 갈걸. 이건 요즘 정확하지 않은 것 같아. 이런 바보 같은 내비게이션." 하고 화를 내게 된다. 이를 저항이라고 하는데, 이러한 저항은 오히려 화를 더 강하게 할 뿐 상황을 해결하는 데 별다른 도움이 되지 않는다. 그것보다 마음챙김을 통해 "뭐 퇴근시간이니까 막히는 건 당연하지. 집에 좀 늦게 가면 돼." 하고 현재 상황을 수용하는 것이 화를 완화시키는 데 더 도움이 된다. 수용의 연습을 위해 코치는 피코치에게 〈부록 8-4〉의 활동지를 활용하여 최근 저항했던 경험과 이를 어떻게 수용하면 되는지를 기술해 보도록 한다.

마음챙김을 통한 자기자비 연습을 할 때 갑자기 부정적인 정서나 신체적인 고통이 나타나는 경우가 있다. 이를 역류(backdraft)라고 한다. 역류는 소방관들이 자주 사용하는 용어인데, 방에서 불이 났을 때 산소가 거의 다 소진된 경우 문을 열게 되면 공기가 갑자기 들어오면서 불길이 순식간에 크게 솟아오르는 상황을 의미한다. 자기자비와 관련해서는 자기자비라는 신선한 공기가 들어올 때 자신이 오랫동안 가지고 있던 심리적 또는 신체적 고통이 튀어나올 수 있다는 의미이다. 예를 들어, 업무를 제대로 해내지 못한 자신에게 친절한 말을 하려는 경우 순간적으로 "이것도 제대로 못했는데 나 자신에 대해 긍정적으로 얘기하는 건 말이 안 돼······. 나는 실패자야."와 같은 생각이 떠오를 수 있다.

역류는 수치심이나 두려움 등과 같은 정서적 상태, 자신이 쓸모없다고 생각하는 심리적 상태, 또한 신체 특정 부위의 통증과 같은 신체적 상태로 나타날 수 있다. 이러한 현상이 나타날 때 대처하는 방법은 당황하거나 이를 피하려고 하지 말고 충분히 일어날 수 있는 상태임을 인식하며 이를 수용하는 것이다. 구체적으로는 이것은 역류이고 자연스러운 일이라고 자신에게 말하는 연습을 함으로써 적절히 대처할 수 있다.

세 번째 회기는 "자애실습(practicing loving-kindness)" 과정으로서 자애(loving-kindness)라는 개념을 이해하고 자애명상에 대해 실습하는 시간을 갖는다. 자애는 자신과 타인에 대한 친절을 의미하는 것으로 자애명상을 연습하는 방법은 다음과 같다(Neff & Germer, 2020). 편안한 자세로 앉거나 누워서 한 손을 가슴 또는 위안을 주는 곳에 둔다. 천천히 호흡하면서 자신을 미소 짓게 만드는 사람이나 개나 고양이 같은 동물을 떠올린다. 행복을 가져다주는 존재가 많을 경우 한 대상만 선택한다. 그 대상이 행복하기를 원하는 것을 인식하면서 마음속으로 '당신이 행복하기를' '당신히 편안하기를'과 같은 문구를 반복한다. 마음속에서 그 사람에 대해 따뜻한 느낌이 드는 것을 느낀다.

다음은, 그 사람과 같이 있는 자신의 이미지를 떠올리면서 '당신과 내가 행복하기를' '당신과 내가 편안하기를'과 같은 문구를 반복한다. 이제 다른 사람의 이미지를 내려놓고 자신의 이미지에만 초점을 둔다. 손을 가슴에 대고 따뜻함을 느끼면서 자신에게 '내가 행복하기를' '내가 편안하기를'과 같은 문구를 반복한다. 마지막으로, 몇 차례 호흡을 더 하고 휴식을 취한다. 많은 사람이 처음에는 타인에게 따뜻하게 말하는 것은 쉽게 할 수 있지만 자신에게 자애롭게 얘기하는 것을 어색해한다. 만약 문구가 어색하다면 자신만의 문구를 만들어 지속적으로 실습하는 것이 중요하다. 코치는 <부록 8-5>에 있는 활동지를 활용하여 자애실습을 통해 피코치가 타인과 자신에게 한 말을 직접 써 보게 한다.

네 번째 회기는 자비로운 내면의 소리(compassionate voice)를 파악하는 내용으로 구성된다. 이 회기에서는 자기 내면에서 자신을 비난하는 목소리를 먼저 듣고 그러한 내면의 비판 목소리가 자신을 도우려고 했는지 아니면 단순히 비판하려 했는지를 판단한다. 예를 들어, <부록 8-6>의 활동지를 활용하여 평소 자신의 행동 가운데 못마땅해서 바꾸고 싶었던 행동 한 가지를 종이에 적어 본다(예: 나는 매번 일을 미뤄.). 다음은 이러한 행동을 할 때 스스로에게 하는 내면의 비판 목소리를 적어 본다(예: 이번에도 또 미루다니 나는 정말 실패자야.). 잠시 이러한 비난이 자신에게 도움이 되었는지(이러한 자극을 통해 더 열심히 하려고 동기화될 수도 있음) 아니면 더 심한 상처가 되었는지 그 의미를 생각해 본다. 만약 도움이 되었다면 그러한 도움을 인정해 줄 수 있는지 생각해 보고, 내면의 비난자에게 고맙다는 말을 적어 본다. 상처가 되었다면 왜 그렇게 심한 말을 하게 되었는지를 생각해 본다.

이러한 자기비난의 목소리를 확인했다면 이제 자비로운 내면의 목소리를 만들고 이에 귀 기울일 때이다. 손을 가슴이나 다른 위로가 될 만한 곳에 놓고 손의 따뜻함을 느껴 본다. 자신이 애쓰고 있는 행동을 살펴보면서 자비로운 목소리로 다음과 같이 말한다. "나는 너를 사랑해. 네가 고통받기를 원하지 않아." "나는 너를 진심으로 염려하고 있고 그래서 네가 변하도록 돕고 싶어." 이 내용을 〈부록 8-6〉의 활동지에 적어 본다.

이러한 실습을 통해 두 가지를 성찰해 본다. 먼저 자신을 비난하는 목소리가 자신에게 어떤 영향을 미쳤는지를 인식하는 것이다. 이러한 목소리가 자신을 도우려 했다는 인식이 가능한지 깨달을 필요가 있다. 다음은 자비스러운 목소리가 자신에게 어떤 영향을 미쳤는지를 인식하는 것이다. 이를 통해 자신의 마음이 편안해지는지를 살펴본다. 4회기까지 참가자들은 자기자비의 개념을 확실하게 이해하고 자신이 어려움에 처할 때 자기자비를 실습하는 방법에 대해 확실히 학습하게 된다.

다섯 번째 회기는 "깊이 있게 살기(living deeply)"와 관련된 내용이다. 이 회기에서는 자신의 핵심가치를 찾고 핵심가치와 일관된 삶을 사는 것의 중요성을 인식하는 내용을 다룬다. 핵심가치는 자신이 살아가면서 가장 중요하게 생각하고 삶의 의미를 느끼게 해 주는 이상이라고 얘기할 수 있다. 자신이 중시하는 핵심가치가 무엇인지를 파악하게 되면 이를 충족시키기 위해 자신이 어떠한 노력을 해야 하는지를 인식할 수 있기 때문에 핵심가치는 개인의 행동을 이끌어 가는 데 중요한 역할을 한다.

Neff와 Germer(2020)가 제시하는 핵심가치를 실습하는 방법은 다음과 같으며 〈부록 8-7〉의 활동지를 사용하면 된다. 먼저, 자신이 노년기에 있다고 가정한다. 멋진 정원에 앉아 자신의 삶을 되돌아보면서 어떤 핵심가치가 삶을 의미 있게 했는지 생각해 보고 이를 적는다. 예를 들어, "남들에게 도움이 되는 삶을 사는 것" 등이 될 수 있다. 다음은 이러한 핵심가치에 따라 사는 데 방해가 되는 외적 장애 및 내적 장애물에 대해 적어 본다. 예를 들어, 외적 장애는 "재정적 여유가 부족하여 충분한 도움을 주기 위한 시간에 투자할 수 없었다." 등이 될 수 있다. 내적 장애로는 "내가 나 자신도 돌보지 못하는데 남을 돌볼 자격이 될지에 대한 의구심이 들었다." 등이 가능하다.

다음은 자기자비나 자기친절이 핵심가치에 따라 사는 데 도움이 될 수 있는지 생각해 본다. 특히 앞에서 기술한 내면의 비난과 같은 내적 장애를 극복하는 데 도움이 되는지 생각해 보고 이를 기술해 본다. 아마도 앞에서 기술한 자격지심과 같은 내면의 비난은 자기자비를 통해 완화될 가능성이 크다.

여섯 번째 회기는 "힘겨운 정서 대처하기(meeting difficult emotions)" 과정으로서 힘겨운 정서에 대처하는 방법을 배우게 된다. 자신의 정서상태를 파악하고 명명하며 마음챙김과 자비실습을 통해 자신에게 친절히 대하는 연습을 통해 정서를 완화시킨다. 또한 자기비판 과정에서 수치심의 역할이 크기 때문에 이에 대해 학습하는 시간을 갖는다.

Neff와 Germer가 제시한 구체적인 방법에 대해 설명하면 이 실습은 3단계로 진행된다. 먼저, 편안하게 앉아서 눈을 감고 호흡을 가다듬는다. 손을 가슴 또는 위안이 되는 다른 곳에 두고 힘겨운 상황을 떠올린다. 이 상황에서 1단계는 힘겨운 상황과 연계되어 내면에서 올라오는 정서를 알아차리고 적절한 이름을 붙이는 것이다. 예를 들어, 화, 슬픔, 두려움 등이 가능하다. 이러한 정서를 이해하는 듯한 목소리로 부드럽게 반복한다. "아 이런 슬픔이네."

2단계는 신체 부위를 발견하는 것이다. 천천히 몸 전체를 스캔하면서 주의를 기울인다. 힘겨운 상황을 떠올릴 때 몸의 어떤 부위에서 불편함이 느껴지는지를 알아차린다. 3단계는 부드럽게 하고 위로하며 허용하는 것이다. 힘든 정서를 느끼는 몸의 부위를 부드럽게 한다고 생각하면서 천천히 호흡하며 이완시킨다. 다음은 자신을 위로하는 과정이다. 손을 해당 부위에 얹고 부드러운 손길을 느낀다. 따뜻함과 친절함이 손을 통해 몸으로 들어오는 것을 상상한다. 자신에게 해 줄 수 있는 위로의 말(예: 많이 힘들지? 이제 곧 지나갈 거야.)을 전한다. 마지막으로 불편함이 머무는 것을 허용한다. 사라지게 하려고 애

쓰지 말고 그대로 둔다. 실습이 끝나면 정서를 명명했을 때 어떤 변화가 있었고 정서와 관련된 신체 감각을 알아차렸는지, 신체 부위를 부드럽게 하고 위로하며 허용했을 때 어떤 정서 또는 신체 감각에서 변화가 있었는지를 성찰하면서 〈부록 8-8〉의 활동지를 통해 그 내용을 기록해 본다.

추가로 자기자비 명상과정에서 자기비난으로 인해 수치심이 올라올 수 있다. 수치심은 자신의 행동이 아닌 자신을 비난하는 것이라서 더 큰 상처를 줄 수 있다. 자기자비 명상을 통해 수치심을 치유하는 방법은 앞에서 설명한 기법과 유사하다. 먼저 〈부록 8-9〉의 기록지를 활용하여 자신에 대해 갖고 있는 부정적 신념의 목록을 적어 본다. 예를 들어, "나는 실패자야. 나는 쓸모없는 사람이야."와 같이 기술한다. 다음은 마음챙김을 통해 이러한 부정적 신념을 갖는 것이 어떤 느낌인지 느끼는 그대로 적어 본다(예: 내가 실패자라고 생각할 때마다 답답하고 힘들다.). 이제 보편적 경험을 통해 다른 사람들은 부정적 신념에 대해 어떻게 생각하는지를 적어 본다(예: 아마 나같이 실패자라고 생각하는 사람들이 많이 있을 거야. 나만 이렇지는 않아). 마지막으로, 부정적 신념으로 힘들어하는 자신에게 건넬 수 있는 친절하고 자비로운 말을 적어 본다(예: 네가 그렇게 느껴서 마음이 참 아프네. 얼마나 힘들까. 나는 네가 그렇지 않다고 생각해. 실패한 적도 있지만 성공한 적도 많이 있잖아. 힘내길 바라.).

일곱 번째 회기는 "도전적 관계 탐색(exploring challenging relationships)" 과정으로서 대인관계에서 중요한 분노와 용서에 대해 배우게 된다. 타인과의 관계에서 많은 사람은 타인을 이해하려고 하기보다 타인이 나를 이해해 주고 인정해 주기를 원한다. 따라서 자신이 심리적 어려움을 경험할 때 가까운 주변 사람이 이러한 어려움을 이해하고 인정해 주기만을 바라게 되고, 타인은 매 번 이렇게 인정해 주는 표현을 하는 것에 지쳐서 타인과의 관계가 악화될 가능성이 있다. 타인의 인정으로부터 벗어나는 방법은 바로 자기자비를 통해서 자신을 인정하고 자신에게 자비스러운 말을 해 주는 것이다.

실습을 위해 〈부록 8-10〉의 활동지를 활용하여 타인과의 관계에서 어떤 불만이 있는지 적어 본다. 예를 들어, "직장동료로부터 충분한 인정을 받지 못해 불만이다." 등이 있을 수 있다. 다음은 이러한 인정 욕구 충족을 위해 타인이 아닌 자신이 스스로에게 해 줄 수 있는 것이 무엇인지 생각해 보고 이를 적어 본다. 예를 들어, "나는 타인의 인정과는 상관없이 충분히 자랑할 만한 일을 했어. 대단해."와 같은 내용을 기술할 수 있다.

대인관계에서 발생하는 분노를 줄이는 데도 자기자비를 활용할 수 있다. 앞에 기술한 내용과 유사한데, 먼저 타인과의 관계에서 타인에 대한 분노가 일어날 경우 분노를 수용하면서 자신의 어떠한 욕구가 충족되지 않았기에 분노가 생긴 것인지 파악한다. 예를 들어, 부부와의 관계가 나빠져서 배우자에게 화가 많이 난 경우 그 원인을 분석해 보면 배우자가 평소 자신을 무시하는 말을 많이 해서 자신이 중요하게 생각하는 존중 욕구가 충족되지 않았기 때문인 것을 인식하게 된다. 다음은 자신을 존중하는 표현을 스스로에게 한다. 예를 들어, "나는 너를 존중해. 너는 존중받을 가치가 있는 사람이야." 같은 말을 반복한다. 처음에는 어색하지만 반복하다 보면 익숙해지고 이를 통해 자신이 존중받는다는 느낌을 갖게 된다. 결국 자신의 욕구가 충족되어 분노를 줄일 수 있게 된다.

상대방에 대한 분노를 줄일 수 있는 또 다른 방법은 타인을 용서하는 것이다. 자기자비 프로그램에서는 용서하는 과정을 다섯 단계로 구분하고 있다. 먼저, 편안하게 앉아서 눈을 감고 심호흡을 몇 번 하고 손을 가슴에 올려놓는다. 자신에게 고통을 주었지만 용서할 준비가 되어 있는 사람을 떠올린다. 첫 번째 단계는 분노로 인한 고통을 수용하는 것이다. 즉, 그 사람이 자신에게 준 고통을 기억하고 이를 그대로 받아들인다. 다음은 자기자비 단계로서 자신에게 고통으로 인해 상처받은 것을 인정하는 말을 하면서(예: 큰 상처를 받았겠구나. 그래서 매우 아팠겠네.) 자신에게 자비로운 말을 한다(예: 그런 고통을 이겨내다니 대단해. 안전하기를 바라.). 세 번째는 지혜 단계로서 상대가 그렇게 심한 말이나 행동을 할 수밖에 없었던 환경적인 원인이 있었을지를 생각해 본다. 예를 들어, "그 당시 그 사람이 회사에서 승진 때문에 엄청 힘들었던 것 같아."와 같이 생각해 볼 수 있다. 다음은 상대를 용서하는 말을 하면서 용서하기 시작한다. 예를 들어, "그래, 당신이 고의였는지 아닌지는 모르지만 내게 고통을 준 것에 대해 나는 당신을 용서하려고 해."와 같이 자신에게 얘기할 수 있다. 마지막은 앞으로는 타인으로부터 상처받지 않겠다고 자신에게 약속하는 것이다.

자신을 용서하는 실습 내용도 타인을 용서하는 내용과 거의 비슷하다. 시작하면서 편안하게 앉고 자신이 고통을 준 사람을 떠올린다. 1단계에서 내가 타인에게 준 고통으로 인해 자신이 느끼는 죄책감과 후회를 느끼면서 이를 수용한다. 2단계에서 자신에게 자비로운 말을 하고, 3단계에서 내가 왜 그렇게 타인에게 고통을 주었는지를 분석하면서 어떤 환경적인 요인이 있었는지를 파악한다. 4단계에서는 이러한 자신을 용서한다는 말을 자신에게 하며, 마지막으로 다시는 타인에게 상처를 주지 않겠다는 다짐을 한다.

마음챙김 자기자비 프로그램의 마지막 회기는 "삶의 포용(embracing your life)" 과정으로서 자신과 자신의 삶에 대해 감사하는 내용을 다룬다. 또한 긍정경험의 중요성을 인식하고 이를 즐기는 방법에 대해 배운다. 마지막으로, 전체 과정을 통해 학습한 내용을 살펴보고 프로그램이 끝난 후 기억하고 싶은 것과 계속 실습하고 싶은 것은 무엇인지를 서로 공유한다.

구체적으로 긍정 정서를 경험하는 방법은, 첫째, 음미하기(savoring)가 있다. 음미하기는 즐거운 경험을 하고 있는 동안 이를 실질적으로 알아차리는 것을 의미한다. 우리는 일상생활에서 즐거움을 느낄 수 있는 많은 것들을 인식하지 못하고 그냥 지나치는 경우가 많다. 날씨 좋은 날의 맑은 공기 냄새와 따뜻한 햇볕, 아프지 않고 오늘도 힘차게 걸을 수 있는 신체건강 상태, 직장 동료의 친절한 말 한마디, 길 가는데 들리는 아이들의 웃음소리 등 얼마든지 조금만 주의를 기울이면 긍정 정서를 경험할 수 있는 사건이나 상황이 많이 있지만 이를 알아차리지 못하고 넘어가는 경우가 많다. 이러한 긍정적 사건이나 상황에 주의를 기울이고 알아차리는 연습을 통해 긍정 정서를 많이 경험할 수 있게 되며 이를 통해 삶의 즐거움을 느끼고 삶에 대해 감사하는 마음을 가질 수 있게 된다.

연습을 위해서 음식을 먹을 때마다 음식의 냄새와 맛이 어떤지 음미해 보는 노력을 기울이고, 더 나아가 음식이 만들어지기까지 재료를 만든 사람, 음식을 만든 주방장 등 다양한 사람의 모습을 떠올리면서 감사하는 마음을 가지는 것도 도움이 된다. 또는 길을 걸을 때도 오감에 집중하면서 자신이 좋아하는 소리가 들리는지, 좋아하는 냄새가 나는지 또는 자신이 좋아하는 옷을 입은 사람이 있는지 등을 살피면서 이를 통해 즐거움을 느끼는 노력을 기울이는 것도 방법이다.

둘째, 감사이다. Lyubormirsky(2008)에 따르면 감사하는 마음을 갖게 되면 삶의 긍정적 경험에 대해 더 큰 의미를 부여할 수 있게 되어 행복을 증진시킨다고 한다. 감사하는 마음을 갖는 것이 긍정 정서와 행복을 증진시킨다는 연구는 많다. 예를 들어, Emmons와 McCullough(2003)은 대학생들을 세 집단으로 구분하고 한 집단은 매주 한 번씩 고맙고 감사할 만한 일 다섯 가지를 기술하게 했고 다른 두 집단은 매주 힘들었던 일과 중요 사건을 열거토록 하였다. 실험은 10주 동안 진행되었으며 10주 후 실험집단 참가자들의 낙관성과 삶의 만족도는 다른 두 집단보다 더 높게 나타났다.

감사하는 마음 연습을 위해 간단히 해 볼 수 있는 것은 잠자기 전 침대에서 오늘 하루 종일 감사할 만한 일들이 무엇이 있을지를 생각해 보고 세어 보는 것이다. 처음에는 쉽지 않겠지만 하다 보면 몇 가지 정도는 떠올릴 수 있을 것이다. 감사하는 마음 연습은 앞에서 설명한 음미하기와 깊게 연계되어 있기 때문에 음미하기 연습을 자주 하다 보면 감사할 대상도 좀 더 쉽게 떠올릴 수 있다.

타인이나 다른 대상에 감사하는 것 이외에도 자신에게 감사하는 연습도 필요하다. 자기감사도 타인에게 감사하는 것처럼 쉽지 않다. 일상생활에서 타인이 자신을 칭찬할 때 이를 수용하면서 긍정적 특성을 가진 자신에게 감사하는 사람도 있지만 이를 수용하지 않고 "아니야. 난 그 정도까지 안 돼." 하면서 반응하는 경우도 자주 있다. 자기감사는 자기자비의 중요 요인 중 하나인 자기친절과 밀접하게 관련되어 있다. 자신을 친절하게 대하고 칭찬할 수 있어야 자신이 긍정적 특성을 가지고 있다는 것을 인식할 수 있기 때문이다. 이를 위해 자신의 긍정적 특성에 대해 감사하는 연습을 하면 된다. 개인에 따라 다소 쑥스럽거나 교만해지거나 안주하게 될지도 모른다는 생각에 자신의 긍정 특성에 대해 감사하는 것이 불편할 수도 있다. 이 과정에서 자신이 다른 사람보다 더 우수하거나 잘났다는 것을 말하려고 하는 것이 아니라 단순히 그런 사실을 수용하는 것이라는 점을 기억할 필요가 있다. 그래야 좀 더 쉽게 자신에 대해 감사하는 마음을 갖게 될 수 있다. 자신에 대한 감사 연습을 위해 〈부록 8-11〉의 기록지를 활용해 먼저 자신에게 감사하다고 얘기할 수 있는 행동을 기술한다(예: 오늘 전철에서 나이 드신 분께 자리를 양보했어.). 다음은 이러한 행동을 한 자신에게 칭찬하는 말을 기술한다(예: 피곤해서 힘들었지만 나보다 더 힘드신 분께 자리를 양보한 것은 충분히 칭찬받을 만한 일이야. 잘했어.).

　이 장에서 자기자비의 개념을 설명하고 Neff와 Germer가 제시한 자기자비 증진 프로그램에 대해 각 단계별로 필자가 판단한 핵심적인 내용에 대해 설명하였다. 이 책을 읽는 독자 입장에서 보면 각 단계에서 기술하는 실습과정을 모두 다 실행하기는 쉽지 않을 것이다. 또한 개인차가 있기 때문에 특정 단계에서 설명하는 실습이 특정 개인에게는 더 쉽게 실행할 수 있고 다른 개인에게는 더 어려울 수 있다. 필자의 판단으로는 각 단계에서 제시하는 내용을 읽으면서 간단히 실습해 보면 어떤 프로그램을 자신이 거부감 없이 더 잘 따라할 수 있는지 인식할 수 있을 것이다. 자신이 잘할 수 있고 자신에게 적합하다고 판단한 실습 내용을 몇 가지만 선택해서 자주 실행해 보는 것도 도움이 될 수 있을 것이다.

또한 코칭과정에서도 코치는 피코치의 자존감 또는 자아존중감이 낮아서 먼저 이를 증진시키는 것이 코칭의 효과를 높이는 데 필요하다는 판단을 할 수 있다. 예를 들어, 다이어트를 목표로 하고 피코치가 "매일 아침 6시에 헬스장에 가서 30분간 러닝머신에서 뛰겠다"고 말은 했지만 실행할 자신감이 없다고 얘기하거나 실행하지 못하는 경우가 나타날 수 있다. 자신감이 낮은 이유로 과거 실패경험을 얘기할 수 있다. 또한 다음 회기 때 자신이 실행하지 못한 것에 대해 "나는 역시 제대로 하는 게 없어."와 같이 자기비난을 심하게 하는 경우가 있다. 이러한 상황에서 코칭 진행이 어렵다고 판단되는 경우 코치는 앞에서 학습한 자기자비 방법을 활용하여 피코치의 자기효능감을 증진시키고 자아존중감을 높이는 노력을 하는 것이 필요하다.

## 4. 자기자비증진 모형

한편, Wasylyshyn과 Masterpasqua(2018)는 기업체 리더들에게도 자기자비 역량이 필요함을 강조하면서 자기자비 역량을 증진시킬 수 있는 모형을 제시한 바 있다. 리더에게 자기자비역량이 중요한 이유는 무엇보다 리더는 많은 구성원을 이끌고 나가야 하며 이 과정에서 구성원들에게 자비를 베푸는 것이 필요하기 때문이다. 자신을 자비롭게 대해야 이를 통해 구성원들에게도 자비를 베풀 수 있게 된다. Neff와 Pommier(2013)는 400명의 성인, 384명의 대학생, 그리고 172명의 명상수행자들을 대상으로 자기자비와 타인에 대한 관심 간의 관계를 분석하였다. 자신에 대해 친절하고 긍정적으로 대하는 사람은 타인에 대해서도 긍정적으로 대할 것으로 가정하였다. 분석 결과, 전반적으로 자기자비는 다양한 타인에 대한 관심 변인들과 유의하게 정적으로 관련되었지만 집단에 따라 차이가 있는 것으로 나타났다. 성인과 명상수행자 집단의 경우 자기자비가 높을수록 타인에 대한 자비가 높고 공감을 잘 해 주고 타인의 관점에서 보려고 하며 이타성과 용서 빈도도 높은 것으로 나타났다. 하지만 대학생의 경우 다른 상관은 유의하였지만 타인의 관점에서 이해하기, 공감, 그리고 용서와는 유의하게 관련되지 않았다. 대학생은 성인(33.3세)이나 명상수행자(47.5세)에 비해 평균연령이 낮았는데(20.9세), 이에 따른 삶의 경험 부족으로 자신의 정체성과 타인과의 관계에 대한 이해도가 낮아서 성인들에 비해 자신과 타인에 대한 이해가 부족해서 나타난 결과로 해석할 수 있다(Neff & Pommier, 2013).

개인의 자기자비가 타인에 대한 관심과 정적으로 관련되어 있다는 결과는 리더를 대상으로 한 자기자비 교육의 중요성을 일깨워 준다. 리더는 다양한 구성원을 이끌어 가고 이들의 성장을 돕는 중요한 역할을 한다. 리더로서 구성원들의 어려움을 이해하고 공감해 주고 다른 관점에서 바라보고 실수를 용서하며 이를 통해 이들이 지속적으로 성장해 나가도록 돕는 행동을 하는 것은 매우 중요하다. 리더의 이러한 행동을 통해 조직문화를 자비로운 문화로 변화시키는 것이 가능해지며 궁극적으로 구성원의 수행을 증진시킬 수 있을 것이다. 리더가 이러한 행동을 보여 주기 위해서는 무엇보다 리더의 자기자비를 높이는 것이 중요하다.

Wasylyshyn과 Masterpasqua(2018)는 코칭을 통해 코치가 리더의 자기자비를 증진시키는 과정을 3단계 모형으로 제시하였다. 1단계는 적절한 시점을 파악하는 것(gauging the right time)이다. 코치는 리더가 자기자비를 증진시키는 것을 자신의 목표로 수용할 준비가 되어 있는지를 유심히 살펴볼 필요가 있다. 많은 리더가 자기자비를 증진시키는 것이 오히려 리더로서 자신의 실수에 대해 반성하지 않고 그냥 대충 넘어가는 것은 아닌지에 대해 의구심을 갖고 있기 때문이다. 따라서 리더는 무엇보다 자기자비를 증진시킴으로써 지나친 자기책망이나 죄책감에서 벗어나서 자신을 긍정적으로 인식할 수 있고 회복탄력성을 높여서 업무적응력을 높일 수 있다는 것을 인식하는 것이 필요하다. 코치는 리더가 이러한 점을 인식하고 코칭받을 준비가 되어 있는지를 확인해야 한다.

2단계는 자비의 세 가지 요인을 리더가 인식하고 수용하도록 돕는 것이다. 여기서 세 가지 요인은 타인의 고통을 인식하는 것, 타인이 느끼는 고통의 감정을 이해하는 것, 그리고 타인의 고통을 완화시키거나 없애는 데 도움을 주기 위한 방법을 찾는 것을 의미한다.

3단계는 이러한 세 요인을 네 가지 차원과 통합하는 것이다. 이 네 가지 차원은 코치가 코칭을 진행하는 과정에 관한 내용이다. 네 가지 차원 가운데, 첫째는 반복 차원(eco dimension)이다. 이 과정에서 코치는 리더가 자신의 고통을 인식하도록 유사한 질문과 권유를 반복한다. 예를 들어, "현재 당신의 마음이 어떤지 들여다보세요. 지난번 실망했던 일로 인해 자신에게 얼마나 상처를 주고 있는지 인식하시나요?" 같은 질문이 가능하다. 또한 리더가 자신이 취약하다는 감정을 느낄 수 있지만 코치는 이러한 감정은 어쩔 수 없으며 조직 내 리더들 모두 공통적으로 경험하는 것임을 강조할 필요가 있다.

둘째는 앵커 차원(anchor dimension)이다. 이 과정에서 코치는 리더가 자기자비의 긍정적 효과를 인식하도록 다시 한 번 강조한다. 예를 들어, 코치는 리더에게 "자신에 대해 지나치게 비난을 하고 계신 것 같은데, 느끼실 수 있으세요? 계속 속으로 비난하셔서 잠도 제대로 주무시지 못한 것 같은데, 어떠세요? 자신에게 좀 더 부드럽게 대하거나 신뢰할 만한 사람과 얘기를 나눠 보면 어떨까요?"와 같은 질문을 할 수 있다.

셋째는 거울 차원(mirror dimension)이다. 이 과정에서 코치는 리더가 자신의 심적 고통에 대한 방어를 최소화하고 현재의 어려움을 다른 관점에서 바라보고 조직 내 구성원들과 의미 있는 상호작용을 하도록 코칭을 진행한다. 예를 들어, 코치는 리더에게 "자, 이제 거울을 보면서 당신이 이사회 회장과 만나 당당히 얘기하는 모습을 살펴보세요. 잘 대응하고 있는 모습을 볼 수 있나요? 이사회로부터 신뢰를 잃을까 봐 걱정했던 모습이 이제 제자리로 돌아온 것 같은데, 어떤 변화가 있었나요?"

넷째는 촉발 차원(spark dimension)이다. 코치는 리더가 이제 자신에 대한 비난이나 죄책감 또는 두려움과 같은 심리적 고통에서 벗어나 자신이 해결해야 할 문제에 대한 대처방법을 적극적으로 찾도록 격려하고 제안하는 내용으로 코칭을 진행한다.

이러한 연구는 조직에서 리더의 자기자비를 증진시키기 위한 코칭은 개인의 수행뿐 아니라 조직 전체의 문화를 변화시키는 데도 긍정적으로 작용함을 보여 준다. 자기자비가 높은 리더는 자신에 대한 부정적 감정에서 좀 더 쉽게 벗어날 수 있고 긍정적 마인드를 가짐으로써 업무에서 새로운 대안을 찾고 자신의 실수를 통해 배우려 하고 동료들과 협력적으로 일하려고 하며 자비로운 조직문화를 만드는 데 더 많은 노력을 기울이게 된다(Wasylyshyn & Masterpasqua, 2018). 향후 일반인뿐 아니라 조직의 리더를 대상으로 한 자기자비 증진 코칭이 확대되면 개인뿐 아니라 조직의 자기자비가 증진되어 구성원의 어려움을 이해하고 배려하는 조직으로 성장하는 계기가 될 수 있을 것으로 기대된다.

## 🌱 부록 8-1 자기자비 일지

| | |
|---|---|
| 부정적 경험 | |
| 마음챙김 | |
| 보편적 인간성 | |
| 자기친절 | |

## 부록 8-2  자기칭찬 연습

| | |
|---|---|
| 과거에 힘들었던 경험 | |
| 현 상황 | |
| 교훈 | |
| 자기칭찬 | |

🌱 **부록 8-3** 명상활동 기록지

| | |
|---|---|
| 신체 감각의 변화 | |
| 떠오른 생각 | |

🌱 **부록 8-4** 저항과 수용 기록지

| | |
|---|---|
| 저항했던 경험 | |
| 수용방법 | |

🌱 부록 8-5 **자애실습 기록지**

| | |
|---|---|
| 타인에 대해 말하기 | |
| 자신에 대해 말하기 | |

🌱 부록 8-6 자비로운 내면의 목소리 기록지

| | |
|---|---|
| 바람직하지 않은 행동 | |
| 내면의 비판 목소리 | |
| 비판 목소리 의미파악 | |
| 자비로운 목소리 | |

## 부록 8-7 깊이 있게 살기 기록지

| | |
|---|---|
| 핵심가치 | |
| 내적 장애 요인 | |
| 외적 장애 요인 | |
| 자기자비 내용 | |

🌱 **부록 8-8**  힘겨운 정서 대처하기 기록지

| | |
|---|---|
| 힘들었던 상황 | |
| 정서 명명 | |
| 신체변화 인식 | |
| 자기위로 | |
| 정서변화 인식 | |

## 부록 8-9   수치심 치유 기록지

| | |
|---|---|
| 부정적 신념 | |
| 부정적 신념으로 인한 느낌 | |
| 일반인들의 보편적 생각 | |
| 자기자비 대화 | |

## 🌱 부록 8-10　관계탐색 기록지

| | |
|---|---|
| 타인과의 관계 불만 | |
| 자기자비 대화 | |

🌱 **부록 8-11** **자신에 대한 감사 기록지**

| | |
|---|---|
| 감사받을 행동 | |
| 자신에 대한 칭찬 | |

--- 제9장 ---

# 생활습관변화를 통한 삶의 질 개선

　라이프코칭에서 가장 많이 논의되는 주제 중 하나는 피코치의 생활습관행동이다. 식습관 개선행동(다이어트 포함), 다양한 지연행동, 스마트폰 과다 사용 또는 금연행동 등과 같이 다양한 생활습관행동을 변화시키기 위해 코칭을 받는 경우가 자주 있다. 바람직하지 못한 생활습관 개선을 위한 라이프코칭을 진행할 경우 피코치가 단순히 실행 의도를 수립하고 이를 실행하도록 격려하고 점검하는 것만으로는 부족하다. 생활습관행동은 피코치가 오랫동안 무의식적으로 해 오고 있는 행동이기 때문이다. 이러한 행동을 변화시키기 위해서는 행동변화를 위한 과거 연구에 대한 이해를 비롯하여 습관의 개념에 대한 이해, 습관개선 성공에 영향을 미치는 요인에 대한 이해, 그리고 실제 생활습관개선 코칭과정에서 효과가 있는 것으로 나타난 기법 등에 대해 이해할 필요가 있다. 이 장에서는 이러한 내용에 대해 필자가 연구한 식습관 개선 코칭 프로그램에서 사용했던 실습 활동지 등을 부록으로 제시하면서 독자들이 생활습관개선과 관련된 코칭을 진행할 때 효과적으로 활용하는 데 도움을 주고자 한다.

## 1. 행동변화에 대한 이해

### 1) 행동의도

행동에 직접적 영향을 미치는 변인 가운데 가장 많이 연구된 변인은 행동의도(behavior intention)이다. 미래에 특정 행동을 하겠다는 의도가 있어야 행동변화가 이루어진다는 기본 논리가 존재하기 때문이다. 이러한 기본 논리는 인간의 행동은 합리적이라는 가정을 토대로 하며, 행동의도와 행동 간의 관계에 관한 여러 이론과 모형도 제시된 바 있다.

대표적인 이론은 Fishbein과 Ajzen(1975)이 제시한 합리적 행동이론(Theory of Reasoned Action: TRA)이다. 이 이론은 개인의 특정 행동에 대해 가지고 있는 긍정적 태도(예: 나는 금연하는 것에 대해 긍정적으로 생각한다.)와 나에게 중요한 사람들이 특정 행동에 대해 어떻게 생각하는지에 관한 주관적 규범(예: 나에게 중요한 부모나 친구들이 내가 금연을 해야 한다고 생각한다.)이 행동의도를 매개변인으로 하여 행동에 영향을 미친다는 것이다. 따라서 이 이론에 따르면 특정 행동을 예측하는 선행변인은 행동의도라고 볼 수 있다.

Ajzen(1985, 1991)은 추후 TRA이론을 수정하여 계획된 행동이론(Theory of Planned Behavior: TPB)을 발표하였는데, 이 이론에서 Ajzen은 행동의도에 영향을 미치는 선행변인으로 태도와 주관적 규범 이외에 개인이 특정 행동을 얼마나 잘 해낼 수 있다고 생각하는지(예: 내가 특정 행동을 하는 것은 쉽다./어렵다.)를 측정하는 지각된 행동통제(perceived behavioral control)를 추가하였다. 이 세 선행변인이 행동의도를 통해 행동에 영향을 준다고 가정하였다.

Ajzen(1991)의 연구 등에서 이 세 선행변인은 행동의도에 영향을 주는 것으로 나타났으며 세 변인 중에서는 지각된 행동통제가 상대적으로 행동의도에 더 큰 영향을 미치는 것으로 나타났다. 이러한 경향은 계획된 행동이론을 검증한 다른 연구에서도 나타난 바 있는데, Godin과 Kok(1996)가 건강 분야에서 이 이론을 검증한 과거 연구들에 관한 고찰 연구에서도 지각된 행동통제가 행동의도를 설명하는 데 가장 큰 영향을 미쳤으며 상대적으로 주관적 규범은 행동의도에 영향을 미치는 정도가 가장 작은 것으로 나타났다.

Ajzen(1991)은 세 가지 변인 이외에도 행동의도에 영향을 줄 수 있는 다른 변인을 지속적으로 탐색하였으며 몇 가지 변인을 제시하였다. 먼저, 개인의 도덕적 의무감(moral obligation) 또는 수행 책임감(responsibility of perform)을 제시하였는데, 즉 특정 행동을 행해야 한다는 개인의 의무감이 그러한 행동을 해야겠다는 의도에 영향을 줄 수 있다는 것이다. 또한 과거 행동도 행동의도에 영향을 줄 가능성을 제시하면서 과거 행동이 행동에 유의한 영향을 준다는 일부 과거 연구를 제시한 바 있다. 이러한 연구결과는 코칭과정에서 특정 행동을 변화시키기 위해 코치는 피코치의 과거 행동 가운데 특정 행동과 동일하거나 유사한 행동을 한 경험이 있는지를 물어보고 이를 이끌어 내는 것이 효과가 있음을 시사한다.

Godin과 Kok(1996)은 건강 관련 분야에서 발표된 계획된 행동이론에 관한 문헌 고찰 연구에서 개인적 규범(personal norm)과 도덕적 규범(moral norm) 등 두 가지 변인이 행동의도에 영향을 줄 가능성이 있음을 제안하였다. 개인적 규범은 개인의 자기정체성 또는 역할정체성에 관한 것으로, 즉 자신이 어떻게 행동해야 한다는 지각을 의미한다. 도덕적 규범은 앞에서 Ajzen이 제안한 것처럼 특정 행동을 행해야 한다는 책임감을 의미한다.

Rogers(1975)는 보호동기이론(Protection Motivation Theory: PMT)에서 개인의 태도와 행동변화를 위해 공포를 불러일으키는 메시지가 효과적임을 강조하면서 이러한 메시지는 특정 행동이 가져오는 부정적 결과의 심각성(결과 심

각성: outcome severity), 부정적 결과가 발생한다는 가능성에 대한 인식(발생 가능성: probability of occurrence), 그리고 특정 행동을 통해 부정적 결과를 피할 수 있다는 기대감(대처반응효능감: coping response efficacy) 등의 세 가지 인지과정에 영향을 주고 이를 통해 특정 행동을 해야겠다는 의도를 가져오며 최종적으로 행동변화가 발생한다고 주장하였다. 흡연의 예를 들어 설명하면, 흡연이 가져오는 부정적 결과의 심각성을 인식하고 흡연을 계속할 경우 이러한 부정적 결과가 나타날 가능성이 높음을 지각하며 금연을 통해 이러한 부정적 결과를 피할 수 있다는 기대감이 있을 때 금연행동을 하려는 의도와 이에 따른 행동변화가 일어난다는 것이다. 따라서 코칭과정에서 피코치의 부정적 행동을 변화시키는 것이 코칭 주제인 경우 코치는 피코치에게 이러한 행동으로 인해 나타나는 부정적 결과의 심각성에 대해 고려해 보도록 하고, 부정적 결과가 나타날 가능성이 얼마나 되는지 판단해 보며, 특정 행동을 통해 부정적 결과를 피할 수 있는 기대감이 어느 정도인지를 생각해 보도록 권유함으로써 부정적 행동을 변화시키려는 의도를 이끌어 낼 수 있을 것이다.

　Maddux와 Rogers(1983)는 이 이론에 반듀라의 자기효능감기대(self-efficacy expectancy; Bandura, 1977)를 추가하여 네 번째 변인으로 포함시켰다. 즉, 흡연행동의 예에서 자신이 노력하면 금연을 할 수 있다는 기대감이 금연 행동의도에 유의한 영향을 미친다는 것이다. Maddux와 Rogers는 실험연구를 통해 앞에서 설명한 네 가지 변인이 금연 행동의도에 미치는 영향을 분석하였다. 분석한 결과, 대처반응효능감(금연행동을 하면 흡연의 부정적 결과를 피할 수 있다는 기대감)과 자기효능감기대의 주 효과가 유의하였으며 자기효능감기대가 금연 행동의도를 예측하는 데 영향력이 가장 큰 것으로 나타났다.

　Conner와 Armitage(1998)는 계획된 행동이론을 고찰하면서 이 이론에서 선행변인으로 고려할 만한 6개의 변인을 제시한 바 있다. 이 추가 선행변인들 가운데 대부분은 이미 앞에서 다른 연구자들도 제안한 바 있다. 첫째, 핵심 믿음(belief salience)으로서 특정 행동에 대해 긍정적인 태도를 가지기 위해서는 특정 행동으로 인해 다양한 긍정적인 성과가 따른다는 믿음이 중요한데, 다양한 믿음 중에서도 가장 핵심적인 믿음의 중요성을 강조하고 있다. 다른 추가 선행변인들은 과거 행동, 자기효능감, 도덕적 규범, 자기정체성인데, 앞에서 이미 설명한 변인들이다. 마지막으로 고려할 추가 변인은 감정(affect)으로서 특정 행동과 관련된 감정이 행동의도에 영향을 미칠 수 있다는 주장이다. 예를 들어, 특정 행동(예: 약물)을 하게 되면 후회할 것 같다는 감정이 들 경우 이러한 부정적 감정이 특정 행동의도를 약화시키는 데 영향을 미칠 것이다.

행동의도 및 행동을 설명하기 위해 이에 영향을 미치는 다양한 선행변인에 관한 이론 및 모형이 제시되었으며, 계획된 행동이론과 같이 많은 선행연구가 진행된 이론도 있고 그렇지 못한 이론도 있다. 또한 해당 이론에 포함된 선행변인은 많이 검증되었지만 일부 변인은 모형에는 포함되지 않고 행동의도 또는 행동에 영향을 미칠 가능성에 대해서만 언급되었다. 한 가지 분명한 점은 개인이 특정 행동을 할 때 영향을 미치는 요인은 계획된 행동이론과 같이 특정 이론에서 제시한 일부 변인만 가지고 설명하기 힘들다는 점이다. 인간의 행동은 때로는 그다지 합리적이지도 않으며 또한 습관을 통해 이루어지는 경우도 많이 있기 때문에 상황에 따라 다양한 변인이 영향을 미칠 수 있을 것이다. 따라서 이 분야에 관한 지속적인 연구가 실행될 필요가 있다.

한편, 행동의도와 행동 간의 상관관계에 관한 메타분석 연구에 따르면 두 변인 간의 관련성은 높게 나타나고 있다. 예를 들어, Armitage와 Connor(2001)의 185개 연구에 대한 메타분석 결과에 따르면, 의도와 행동 간의 평균 상관크기는 .47로 나타났다. 또한 Sheeran(2002)은 과거 10개의 메타분석 연구들에 대해 다시 종합적인 메타분석을 실시하였으며 422개 연구결과를 분석한 결과, 의도와 행동 간의 관계가 .53으로 나타난 바 있다.

하지만 Webb과 Sheeran(2006)은 기존의 메타분석 연구는 단순히 의도와 행동 간의 관계에 관해서만 초점을 두었으며 이러한 상관연구 결과에 대해서는 의도가 행동의 원인이 된다는 인과관계를 해석할 때 주의할 필요가 있음을 강조하였다. 이들은 의도와 행동 간의 관계에 관한 상관연구를 제외하고 실험집단과 통제집단을 포함한 47개의 실험개입 연구결과만을 포함하여 메타분석을 실시하였으며, 분석한 결과 실험개입을 통해 의도가 높아지는 효과는 비교적 큰 것으로 나타났지만(d = .66), 의도가 행동에서의 변화를 가져오는 효과크기는 크지 않은 것으로 나타났다(d = .36). Cohen(1992)의 효과크기 분류에 따르면 d의 값이 .2 이하는 작고 .50 이하는 보통 수준임을 고려할 때 Webb과 Sheeran의 메타연구 결과는 행동의도가 있다고 해서 행동변화가 일어날 가능성은 크지 않음을 시사한다.

또한 이들의 연구에서 의도와 행동 간의 관계에 관한 조절변인 분석 결과, 행동에 대한 통제인식이 높을 때, 흡연과 같은 건강위험 행동보다는 운동과 같은 건강보호 행동을 하려고 할 때, 습관행동이 약하게 형성되어 있을 때, 의도와 행동측정 간의 간격이 짧을 때, 행동측정을 자기보고식이 아닌 객관적으로 측정할 때 의도-행동 간의 관계가 높게 나타났다.

미래에 특정 행동을 하겠다는 의도나 기대가 행동에 큰 영향을 미칠 것으로 기대됨에도 불구하고 이들의 연구에서와 같이 영향이 크지 않게 나타나는 이유는 무엇으로 설명할 수 있을까? 이에 대해서는 바로 앞에서 설명한 조절변인 분석결과를 가지고 설명할 수 있을 것이다. 측정과 관련된 문제점을 제외하면 먼저 행동의도는 있지만 막상 행동을 하려 할 때 행동을 잘할 수 있다는 통제감이 낮으면 자기효능감이 부족하여 행동으로 이어질 가능성이 낮을 수 있다. 두 번째는 행동유형에 따라 의도-행동 간의 관계가 낮게 나타날 수 있는데, 흡연과 같은 건강위험 행동의 경우에는 이 관계가 낮게 나타날 수 있다. 흡연을 하지 않으려는 의도는 있지만 오랜 습관으로 인해 변화가 어려운 점 또는 흡연에서 얻을 수 있는 보상(예: 마음이 편안함, 흡연친구들과의 네트워크 등)을 포기해야 한다는 점 등이 행동으로 이어지는 데 장애가 될 수 있을 것이다.

코칭과정에서 목표를 달성하기 위해 구체적인 행동계획을 수립하는 실행 의도(implementation intentions; Gollwitzer, 1999) 또한 의도-행동 간의 관계를 증진시킬 수 있을 것이다. 단순히 특정 행동을 하겠다는 의도보다는 특정 상황에서 특정 행동을 하겠다는(if-then) 구체적인 실행 의도 계획을 세우게 되면 향후 특정 상황에 직면하게 될 때 특정 행동에 대한 기억이 되살아나고 이에 따라 특정 행동을 통제할 수 있는 가능성이 높아지기 때문이다.

## 2) 행동의향(behavior willingness)

앞의 Webb과 Sheeran(2006)의 연구에서 건강위험 행동보다 건강보호 행동의 경우 의도-행동 간의 관계가 더 높게 나타난 이유는 Gibbons과 Gerrard(1998)가 제시한 원형-의향모형(Prototype-Willingness Model: PWM)을 통해 설명할 수 있다. 이 모형에 따르면 개인의 행동은 기존의 모형에서 주장하듯이 합리적인 사고를 통해 이루어지지 않는 경우가 많다. 특히 청소년의 경우 이러한 비합리적인 행동이 일어나는 경우가 많다. 예를 들어, 흡연과 같은 건강위험 행동의 경우 자신이 흡연을 하고자 하는 의도나 계획을 통해 흡연하기보다는 특정 상황에서 친구의 권유와 같은 사회적 유혹에 넘어가서 의도치 않게 흡연하는 경우가 많이 발생한다. Gibbons과 Gerrard는 이러한 경우의 흡연행동을 사회적 반응(social reaction)이라고 명명하면서 기존의 의도를 통해 나타나는 합리적 행동(reasoned action)과 구분하였다.

이들은 또한 사회적 반응과 같은 행동은 사회적 이미지(원형)가 중요한 영향을 미치게 되며 이 상황에서 행동을 하려는 의도(intention)보다는 의향(willingness)이 더 중요하다고 주장하였다. 예를 들어, 파티에 가서 친구가 담배를 주며 흡연할 것을 권유하는 경우 사람들이 많이 모인 장소에서 담배를 피우는 사람에 대한 이미지(또는 원형)를 생각해 보고 이 이미지가 긍정적일수록 담배를 피우고 싶은 의향이 생기게 되어 흡연행동이 일어나게 된다. 이 경우 원래 담배를 피우려고 계획했던 것이 아니었는데 친구가 권유해서 갑자기 피우게 되는 상황이라서 의도보다는 이와 구분이 되는 의향(willingness)으로 기술하는 것이 적절하다고 주장하였다.

Gibbons, Gerrard, Blanton과 Russell(1998)은 의도와 의향이 개념적으로 구분되고 흡연과 같은 건강위험 행동의 경우 의향이 미치는 영향이 중요하다는 가설을 입증하기 위하여 남녀 중 · 고등학생을 대상으로 흡연행동에 관한 종단적 연구를 실시하였다. 첫 번째 시점에서는 이들의 평소 흡연 빈도를 측정하였다. 두 번째 시점에서는 의도 측정을 위해 미래에 흡연을 할 생각인지를 물어보고 7점 척도(1: 전혀 안 피운다, 7: 분명히 피운다)로 측정하였으며, 의향 측정을 위해서 먼저 상황(예: 친구들과 같이 있는데 친구가 담배를 권할 경우)을 제시한 후 이 상황에서 어떻게 할 것인지 세 가지 응답(예: 받아서 피운다 vs 안 피운다고 한다 vs 그 자리를 떠난다)을 제시하고 각 응답에 대해 7점 척도(1: 전혀 그렇지 않다, 7: 매우 그렇다)를 사용하여 답하도록 하였다. 마지막으로 세 번째 시점에는 다시 흡연 빈도를 측정하였다.

의도와 의향 간의 상관은 .69로 높게 나타났다. 하지만 위계적 회귀분석 결과, 첫 번째 흡연 빈도를 통제한 후 세 번째 시점에서의 흡연 빈도를 예측하는 변인은 의도와 의향 모두 유의하였지만 의향이 의도보다 더 중요한 것으로 나타났다. 의도는 추가적으로 1.4%만을 설명하였지만 의향은 추가적으로 7.3%를 설명하였다.

Gibbons 등(1998)은 두 번째 연구에서 합리적 행동이론에서 주장한 주관적 규범, 태도, 및 의도를 포함하고 추가적으로 과거 행동, 원형, 의향을 추가하여 임신위험 행동(피임 없이 성행위하기)을 예측하는 전체적인 인과모형을 검증하였다. 구조방정식을 통한 검증 결과, 전체 모형의 부합도는 높은 것으로 나타났으며 원형은 의향에 유의한 영향을 주고 의도와 의향 모두 임신위험 행동에 유의한 영향을 주는 것으로 나타났다.

이러한 연구결과는 성인 표집을 대상으로 개인의 행동을 예측하는 경우 의도가 의미 있는 영향을 미치지만 청소년을 대상으로 건강위험 행동을 예측하는 경우에는 의도보다 특정 상황에서의 의향이 더 큰 영향을 미친다는 것을 보여 준다. 즉, 개인 특성과 행동 유형에 따라서 의도보다 의향이 행동에 더 큰 영향을 미칠 수 있음을 시사하는 결과로 해석할 수 있다.

## 2. 습관형성

### 1) 습관이란

습관은 앞에서도 기술하였듯이 일반적으로 특정 상황에서 자동적으로 일어나는 학습된 반복행동으로 정의한다(Verplanken & Aarts, 1999). 즉, 우리가 아침에 일어나서 밥을 먹고 이를 닦고 전철을 타자마자 스마트폰을 보는 것과 같이 특정 행동을 해야겠다고 자신도 의식하지 못하는 상황에서 자동적으로 일어나는 행동을 의미하며, 이러한 행동은 특정한 날에만 일어나는 것이 아니라 매일 특정 시간이 되거나 특정 장소에 있게 되면 반복적으로 하게 된다.

그렇다면 인간의 행동 가운데 이러한 습관행동으로 구분할 수 있는 행동은 대략 어느 정도나 될 수 있을까? Wood, Quinn과 Kashy(2002)는 Texas A & M 대학의 대학생을 대상으로 이들에게 메모장과 손목시계를 나눠 주고 매시간 시계 알람이 울릴 때마다 메모장에 자신이 하고 있던 행동, 당시에 떠오른 생각 및 정서를 적도록 하였다. 연구는 이틀 동안 진행되었는데, 첫날에는 한 가지 행동만 적게 했고 둘째 날에는 모든 행동을 적도록 하였다. 참가자들이 적은 행동 가운데 습관행동은 거의 동일한 장소에서 매일 하는 행동으로 정의하였다. 예를 들면, 밥을 먹거나 인터넷을 하는 등의 행동이었다. 이러한 기준을 토대로 첫날 행동 가운데 습관으로 구분할 수 있는 행동의 비율은

35%였고, 둘째 날의 습관행동 비율은 43%였다.

이들의 연구가 대학생만을 대상으로 실시되어 일반화에 다소 제한이 있음을 인식하여 Quinn과 Wood(2005)는 헬스장에 나오는 17∼79세까지 다양한 연령대의 일반인 100명을 대상으로 거의 동일한 연구를 실시하였다. 이들에 걸쳐 기록한 모든 행동을 동일한 기준에 의해 범주화하였을 때 습관행동으로 구분할 수 있는 행동은 전체 행동의 46%로 나타났다. 따라서 이러한 연구결과를 토대로 우리가 하는 행동의 대략 40% 이상은 습관인 것으로 해석할 수 있다.

Wood 등(2002)의 추가 분석에서는 대학생들이 습관행동을 할 때 해당 행동과 관련된 생각보다는 관련 없는 생각을 하는 경향이 높게 나타났다. 예를 들어, 둘째 날 기록한 행동에 관한 분석 결과, 밥을 먹는 것과 같은 습관행동을 하는 경우 '밥이 맛이 없네'와 같은 관련 있는 생각을 하는 경우(전체의 44%)보다는 '내일 시험 어떻게 보나?'와 같이 관련 없는 생각을 하는 경우(전체의 51%)가 더 많이 나타났다. 반대로 비습관행동을 할 때는 해당 행동과 관련된 생각을 하는 경향이 더 높은 것으로 나타났다(전체의 60%). 이러한 결과는 개인이 습관행동을 할 때는 해당 행동을 어떻게 진행할 것인지에 관한 의식적인 노력을 기울이지 않고 별다른 생각 없이 자동적으로 실시한다는 것을 시사한다.


## 3. 한국인의 생활습관행동

앞에서 습관행동 변화를 위한 다양한 방법과 변화모형을 제시하였다. 개인의 습관행동은 매우 다양하고 개인별로 차이가 있음에도 불구하고 기존의 습관연구에서는 개인이 일상생활에서 보이는 구체적인 습관행동이 무엇인지를 다루지 않아서 습관행동에 관한 기초 자료가 부족한 실정이다. 여기서는 한국인의 일반적인 습관행동에는 구체적으로 어떠한 것들이 있는지 알아보고자 한다. 탁진국 등(2019)은 한국인의 일반적인 생활습관행동을 파악하기 위하여 다양한 연령층(10~50대)에 포함된 30명을 대상으로 한 초점집단면접과 201명을 대상으로 한 개방형 설문을 통해 자신이 개선하고 싶은 습관행동과 유지하고 싶은 습관행동이 무엇인지 물어보았다. 탁진국 등은 내용분석을 통해 최종적으로 개선하고 싶은 58개 습관행동과 유지하고 싶은 28개 습관행동을 도출하였다. 도출된 습관행동을 토대로 남녀 성별과 10대부터 50대까지 연령층을 고려한 951명에게 설문을 실시하여 각 습관행동이 현재 자신의 행동과 얼마나 일치하는지를 7점 척도를 통해 측정하였다.

각 습관행동 점수에 대한 분석 결과, 개선하고 싶은 나쁜 습관행동의 경우 잦은 휴대폰 사용, 취침 전 휴대폰 사용, 늦잠, 장시간 휴대폰 사용, 화가 나면 흥분함 등의 순서로 나타났으며, 유지하고 싶은 좋은 습관행동의 경우 약속 잘 지키기, 상대방 이야기 잘 들어 주기, 외출 전 점검하기, 상대방 입장 생각하기, 존댓말 사용하기 등의 순서로 나타났다. 즉, 개선하고 싶은 습관행동으로는 휴대폰 사용과 관련된 내용이 가장 큰 것으로 나타났으며, 유지하고 싶은 습관행동은 사람과의 관계와 관련된 내용이 큰 것으로 나타났다.

성별을 토대로 한 추가 분석에서 개선하고 싶은 나쁜 습관행동의 경우 전반적으로 여성의 점수가 더 높게 나타났으며, 유지하고 싶은 좋은 습관의 경우 남성의 점수가 더 높게 나타났다. 또한 연령을 토대로 한 추가 분석에서는 연령이 낮을수록 나쁜 습관행동의 점수가 높게 나타났고, 연령이 높을수록 점수가 낮아지는 것으로 나타났으며, 좋은 습관행동의 경우에는 반대로 연령이 높을수록 점수가 높아지는 것으로 나타났다.

## 4. 생활습관변화

### 1) 생활습관변화 성공요인

생활습관변화를 위해서는 먼저 생활습관변화에 영향을 미치는 요인이 무엇인지 알아볼 필요가 있다. 류소형, 유진수, 박소영, 탁진국(2019)은 나쁜 습관행동 가운데 하나인 흡연을 끊고 6개월 이상 금연에 성공한 30세 이상 60세 미만 성인 10명을 대상으로 1시간에서 1시간 30분 정도 심층면담을 실시하였다. 면담을 통해 이들의 금연 성공에 영향을 미친 요인은 무엇인지 질적 연구방법 가운데 하나인 현상학적 연구방법을 통해 분석하였다. 질적 연구과정에서 연구참여자에게 물어본 질문은 "습관을 개선해야겠다고 결심하게 된 계기가 있으셨나요?" "금연을 성공하는 데 개인적으로 노력했던 경험들을 이야기해 주세요." "현재 금연을 유지하기 위해 어떤 노력을 하고 계신가요?" 등이다.

면담 내용을 분석한 결과, 금연과정을 변화준비, 변화과정, 변화유지 등의 3단계로 구분할 수 있었다. 변화준비는 금연 필요성을 인식하게 된 계기와 관련된 내용이고 변화과정과 변화유지는 구체적으로 금연에 성공한 요인들에 관한 내용이다. 먼저, 금연을 하게 된 계기는 대부분 건강의 이상을 인식하게 되거나 직장 퇴사, 아이의 탄생 또는 주변에서 금연하는 사람이 늘어나는 등의 환경적 변화로 인한 경우가 많았다.

변화과정에서 금연에 영향을 준 성공요인으로는, 먼저 인지적인 방법으로 금연에 성공할 수 있다고 자신을 믿는 것이 중요한 것으로 나타났다. 예를 들어, 내가 이 정도는 할 수 있는 사람이라고 마음먹는 것이 중요한 것으로 나타났다. 흡연의 부정적 이미지를 자주 떠올리는 것도 도움이 된 것으로 나타났다. 연구참여자들은 담뱃값이 아깝다고 생각하거나 흡연이 타인에게 피해를 준다는 것을 인식하거나 담배 냄새를 불쾌하게 생각하는 등의 경험을 얘기하였다.

주변 사람들에 대한 공지 및 지지도 금연 성공에 큰 영향을 미치는 것으로 나타났다. 연구참여자들은 금연을 시작하면서 의도적으로 주변 사람들에게 알리기 시작했고 자신이 한 약속을 못 지키면 창피하고 부끄러울 것 같아 금연행동을 열심히 하게 되었다고 얘기했다. 또한 주변 사람들이 자신을 믿고 응원하고 칭찬하는 것이 금연하는 데 큰 도움이 되었다고 했다.

모델링 또한 금연행동에 긍정적인 영향을 미치는 것으로 나타났다. 가까운 지인의 금연 성공을 보고 자극받아 금연을 시작하게 되었고 이를 보면서 도전의식이 생기게 되었다고 얘기한 사람들이 많았다.

금연과정에서 실제 도움이 많이 되었던 방법은 흡연을 대체하는 행동을 찾아 이를 습관화하는 것이었다. 연구참여자들은 담배 생각이 날 때 멍 때리기를 한다거나 딴생각을 한다든가 금연을 해야 할 이유나 장점을 생각하는 등의 대체할 만한 적합한 방법을 찾아 이를 습관화하는 노력이 중요하다고 답변하였다.

이러한 개인적인 방법 이외에도 환경 특성도 금연에 영향을 준 것으로 나타났다. 금연을 요구하는 사회적 분위기의 변화로 인해 흡연이 부담이 되고, 금연구역이 확대되어 흡연하기가 불편해졌고, 담뱃값 상승으로 인해 경제적으로도 부담이 되는 요인들이 금연에 중요한 영향을 미친 것으로 나타났다.

한편, 금연이 장기적으로 지속되고 유지되는 데 영향을 준 대표적 요인은 성공경험을 통한 심리적 만족감이었다. 어려운 금연을 해냈다는 것에 대해 자신이 대단한 사람이라고 생각하게 되었고 금연 성공으로 인해 생긴 자신감이 다른 삶의 영역으로도 확대되면서 전체적인 심리적 만족감이 증대되고 금연을 지속해야겠다는 마음을 강하게 먹게 된 것으로 나타났다. 또한 성공경험을 통해 신체적으로도 더 건강해진 변화를 인식하게 됨으로써 금연을 계속 유지해야겠다는 신념이 강해진 것으로 나타났다.

한편, 최경화, 김혜영, 한석빈, 탁진국(2020)은 식습관 변화 성공에 영향을 주는 요인들을 알아보기 위하여 40~59세 사이에 있는 10명의 중년 여성을 대상으로 질적 연구를 실시하였다. 연구에 참여한 중년 여성은 체중 10% 이상 감량에 성공해서 6개월 이상 감량된 체중을 유지하고 있는 사람으로 국한하였다. 이들과의 반구조화된 인터뷰를 통해 식습관 개선을 결심한 계기는 무엇이었고 식습관 개선 성공에 영향을 준 요인은 무엇이었는지, 그리고 지속적 유지를 위해 어떤 노력을 하고 있는지를 물어보았다. 1시간에서 1시간 30분 정도 인터뷰를 진행하였고 이들의 답변을 근거이론을 토대로 정리하였다.

식습관 개선 성공에 영향을 준 요인으로는 앞서 기술한 금연 성공에서와 같이 주변의 지인들에 대한 공지 및 지지가 중요한 것으로 나타났다. 다이어트를 시작할 때 지인들에게 알리고 협조를 구했으며 실행과정에서 가족과 지인들의 꾸준하고 적극적인 지지 및 긍정적 피드백이 큰 도움이 되었다고 답하는 사람들이 많았다.

개인적인 특성으로 의지력과 끈기도 중요한 것으로 나타났다. 연구참여자들은 긴장이 풀어질 때마다 의지를 다지거나 하다가 실패해도 오뚝이처럼 일어나 다시 시작하는 끈기, 매일매일 꾸준히 해 나가는 꾸준함 등이 식습관 개선 성공에 중요하다고 답하였다. 이와 유사하게 지속적 모니터링도 중요한 것으로 나타났다. 매일매일 다이어리 작성을 통해 자신이 얼마나 잘하고 있는지를 점검하고 확인하는 작업도 지속적으로 식습관 개선을 해 나가는 데 큰 영향을 미쳤다.

건강하지 않은 음식을 먹고 싶을 때 이를 대체하는 행동을 찾아 실행하는 것도 도움이 되는 것으로 나타났다. 연구참여자들은 다이어트에 방해가 되는 음식을 먹고 싶을 때 운동을 한다거나 산책을 나간다거나 공부하기 또는 영화보기 등의 다양한 대체 방안을 실행하는 방법을 통해 음식조절을 해 나간 것으로 나타났다. 또한 나쁜 식습관을 유발하는 환경요인을 제거하거나 피하는 방법도 효과가 있었다. 예를 들어, 집 안에 초콜릿과 같은 음식을 두지 않는다거나 저녁 회식 장소를 가지 않는 등의 방법도 식습관 개선에 효과적으로 작용하였다.

심리학에서 행동변화에 중요한 영향을 미치는 보상도 식습관 개선에 역시 의미 있는 기여를 하는 것으로 나타났다. 앞에서 기술한 지인의 칭찬과 같은 보상뿐 아니라 스스로에게 보상을 주는 방법도 효과가 있었다. 하루 또는 며칠 동안 계획한 대로 건강한 식습관을 유지할 경우 스스로를 칭찬하거나(예: "이렇게 어려운 일을 해내는 것을 보니 너는 참 대단한 사람이야." 등) 자신이 사고 싶었던 물건을 사는 방법을 통해 자신에게 적절한 보상을 주는 것이 효과가 있는 것으로 나타났다.

성공경험을 통해 자신감과 만족감을 갖는 것도 식습관 개선에 의미 있는 영향을 미치는 것으로 나타났다. 연구참여자들은 초반의 어려움을 이기고 일정 기간 동안 식습관 개선에 성공한 경우 이를 통해 얻게 된 자신감과 만족감이 식습관 개선을 지속적으로 진행하는 데 큰 도움이 되었다고 답하였다.

마지막으로, 이러한 식습관 개선 효과의 지속적인 유지에는 체중 감소로 인해 나타난 외적인 몸의 변화를 통해 자신감과 당당함을 갖게 된 것이 큰 요인으로 나타났다. 또한 연구참여자들은 심리적 요인 이외에도 실제로 건강이 좋아짐을 느끼게 되고 과거에 움츠렸던 활동들을 적극적으로 하게 됨으로써 인식하게 된 변화의 장점들이 변화의 지속성에 영향을 미쳤다고 답하였다. 타인이 자신을 바라보는 시선이 긍정적으로 바뀐 것도 도움이 되었으며 마지막으로 자신이 건강해짐으로써 가족을 위해서도 도움이 되었다는 인식을 갖게 된 것 등이 식습관 개선을 유지하는 데 긍정적으로 작용하였다.

이정아, 권혜란, 이애경과 탁진국(2020)은 지연행동과 관련해서 동일한 연구를 실행하였다. 이정아 등은 다양한 유형의 지연습관(예: 학습, 운동 계획 미루기 등)을 개선하고 6개월 이상 개선된 상태를 유지하는 데 성공한 10명의 대학생들을(남학생 8명) 대상으로 지연습관을 개선하는 데 영향을 준 성공요인이 무엇인지를 알아보았다. 연구에 참여한 대학생들을 대상으로 1시간에서 1시간 30분 정도 반구조화된 면접을 실시하여 지연습관을 개선해야겠다고 마음먹은 계기는 무엇이었고 습관개선 성공에 영향을 준 요인은 무엇이었으며 개선된 지연습관을 유지하기 위해 어떠한 노력을 하고 있는지를 물어보았다. 이들의 답변은 현상학적 질적 연구방법을 통해 분석하였다.

분석 결과, 먼저 이들이 지연습관을 개선해야겠다는 결심을 하는 데 영향을 미친 요인으로는 지속되는 지연행동으로 인한 일상생활에서의 불편함과 이로 인한 미래에 대한 불안이 크게 작용한 것으로 나타났다. 다양한 지연행동으로 인해 일상생활에서 불안, 초조감, 그리고 스트레스를 많이 느끼게 되고 무기력감도 느낀 것으로 나타났다. 연구참여자들은 이러한 자신의 초라한 모습을 보면서 한심하고 창피한 느낌에서 벗어나 자신감 있고 당당해지고 싶은 욕구가 생겨나게 되었다고 답변하였다. 또한 주변에서 가족을 비롯한 자신이 신뢰하는 지인의 영향도 크게 작용하였다. 이들의 진심 어린 조언을 듣고 미안하고 책임감을 느껴 지연행동을 개선해야겠다는 마음을 먹게 된 것으로 나타났다.

지연습관 개선에 성공하는 데 영향을 미친 요인으로는 먼저 성실성, 꼼꼼함, 적극성 등과 같은 개인특성이었다. 일단 마음을 먹게 되면 계획을 세우고 성실하게 실행하며 수동적으로 따라가지 않고 능동적이고 적극적으로 일을 처리하는 성격특성이 지연습관을 개선하는 데 도움이 되는 것으로 나타났다.

지속적 자기성찰도 중요한 요인으로 나타났다. 끊임없는 자기성찰을 통해 자신이 부족한 것이 무엇이고 지연행동을 왜 개선해야 하는지에 대한 필요성을 확인하며 자기이해를 통해 자신에게 적합한 방법을 찾는 노력이 지연행동을 성공적으로 개선하는 데 의미 있는 영향을 미치는 것으로 나타났다.

지연습관 개선을 위해 시도하는 초기 과정에서 미래에 대한 긍정적 기대감이 중요한 영향을 미쳤다. 꾸준히 지속하면 좋아질 것으로 기대하고 이 행동만 수정하면 괜찮은 사람이 될 수 있을 거라는 믿음을 가지는 것이 도움이 되는 것으로 나타났다.

매일매일 자신이 해야 할 일들을 미리 계획해서 작성하고 이를 지속적으로 체크하며 점검하는 모니터링 방법도 큰 효과가 있는 것으로 나타났다. 많은 사람이 휴대폰이나 메모장, 애플리케이션 등을 활용하여 해야 할 일을 메모하고 이를 지속적으로 점검하며 시간관리를 해 나가는 것이 지연습관을 개선하는 데 많은 도움이 된다고 응답하였다.

지연습관 개선을 위한 목표를 정할 때 처음에는 어려운 목표보다는 쉽게 해낼 수 있는 것부터 시작하는 것이 도움이 된다고 응답한 사람들이 많았다. 앞서 기술한 금연과 식습관 개선에 관한 연구에서와 같이 지연행동을 개선하는 데 있어서도 주변의 지지와 칭찬이 긍정적 영향을 준 것으로 나타났다. 연구참여자들은 지연행동을 개선하는 과정에서 이를 지켜보는 지인들의 칭찬, 인정, 격려 및 피드백 등이 긍정적 성과를 거두는 데 큰 힘이 되었다고 응답하였다.

또한 지연행동이 조금씩 개선되어 나감에 따라 이러한 성공경험을 통해 자기효능감이 증진되어 동기부여가 되는 것도 크게 작용한 것으로 나타났다. 처음에 계획했던 대로 진행이 잘 되지 않을 경우 스트레스도 받고 부정적 정서도 경험하게 되지만 그 순간을 넘기고 일정 기간 동안 지연행동을 하지 않게 되면 이러한 성공경험이 선순환으로 작용하여 동기를 높이는 것으로 나타났다.

지금까지 금연, 식습관행동 및 지연행동 등의 일상생활습관을 개선하는 데 영향을 미치는 요인들이 무엇인지를 알아보기 위하여 각 습관행동을 개선하는 데 성공한 사람들을 대상으로 인터뷰를 통하여 성공요인을 물어보고 이를 정리하였다. 앞에서 기술하였듯이 일부 성공요인들은 습관행동에 상관없이 공통적으로 나타나고 있으며 일부 성공요인은 각 습관행동별로 다르게 나타나고 있다. 이러한 결과를 과거 습관행동 변화와 관련된 연구결과와의 비교를 통해 어떠한 유사성과 차이점이 있는지를 알아보고자 한다. 전체적으로는 유사성이 많이 있는 것으로 나타났다.

먼저, 식습관과 지연행동 개선과정에서 효과가 있었던 요인으로 변화과정에서 지속적으로 모니터링하는 방법이 있었다. 이 방법은 기존의 습관행동 변화에서도 효과가 있는 것으로 나타났다. 예를 들어, Quinn, Pascoe, Wood와 Neal(2010)은 대학생을 대상으로 일상생활에서 변화시키기를 원하는 행동(예: 흡연, 과식, 수업시간에 조는 것 등)에 대한 개선을 위해 지속적 모니터링(vigiliant monitoring), 주의분산(distraction), 그리고 자극통제 가운데 한 가지 방법을 선택하도록 하고 그 효과를 검증하였다. 지속적 모니터링은 자신의 실수에 대해 주의 깊게 관찰하면서 다시는 이러한 행동을 해서 안 된다고 지속적으로 생각하는 방법을 의미한다. 주의분산은 다른 생각이나 행동을 하는 것(예: 먹는 것으로부터 주의를 돌리기 위해 TV를 보는 등 다른 행동을 함)을 의미하며 자극통제는 특정 습관행동과 관련된 환경자극을 제거하는 것(예: 금연을 위해 집 안에 담배를 두지 않음)을 뜻한다. 분석 결과, 습관행동이 약할 경우 세 가지 방법 사이에는 유의한 차이가 없었지만 습관행동이 강할 경우 지속적 모니터링이 습관행동을 개선하는 데 가장 효과가 있는 것으로 나타났다.

또한 금연에서 흡연행동을 줄이는 데 금연구역과 같은 환경변화가 효과적이었고, 식습관 개선에서도 집 안에 과자 같은 것을 두지 않는 등의 환경 또는 상황을 통제하는 방법을 사용한 것으로 나타났다. 일반적인 습관변화 연구에서도 나쁜 습관과 연합된 환경을 변화하거나 통제하는 것이 나쁜 습관을 변화시키는 데 효과적인 것으로 나타났다. 예를 들어, 이메일을 자주 열어 보는 습관을 변화시키기 위해 이메일이 올 때마다 소리음으로 알려 주는 통지기능을 없애는 방법이 효과를 볼 수 있다.

Wood, Tam과 Witt(2005)는 환경변화에 따라 습관행동이 변화될 수 있음을 실험연구를 통해 보여 주었다. Wood 등은 대학 편입생들을 대상으로 한 연구에서 이들이 새로운 대학의 기숙사로 들어가면서 생활습관(운동, TV 시청, 신문 읽기 등)이 얼마나 변화하는지를 알아보았다. 환경변화 정도는 전에 살던 기숙사와 새로 옮긴 기숙사 내부 환경이 얼마나 유사한지의 정도를 대학생들이 평정토록 하여 점수를 얻었다. 또한 각 습관행동을 얼마나 자주 하는지 습관강도를 측정하였다. 분석 결과, 기숙사 환경이 유사하지 않을수록 생활습관행동이 크게 줄어든 것으로 나타났다. 즉, 환경변화가 클수록 운동이나 TV 시청 및 신문 읽기 등의 행동을 덜하게 되었다. 추가분석에서 이러한 습관변화는 기존의 습관행동의 강도가 강한 경우 크게 나타났지만 습관강도가 약한 경우 습관행동에서 별다른 변화가 나타나지 않았다.

　Wood 등은 이러한 결과가 나타난 이유를 대부분의 습관행동은 특정 환경과 연계되어 나타나기 때문인 것으로 해석하였다. 예를 들면, 많은 사람이 평소에는 팝콘을 잘 먹지 않더라도 극장에 가게 되면 팝콘을 많이 먹게 되는데, 이는 극장과 팝콘을 먹는 행동이 과거 경험을 통해 서로 연합되었기 때문에 나타나게 된다는 것이다. 따라서 Wood 등의 연구에서도 습관행동 강도가 강하다는 것은 과거 자신이 살던 기숙사에서 운동, TV 시청, 또는 신문 읽기 등의 습관행동을 자주 해서 기숙사 환경과 습관행동 간의 연합이 강함을 의미한다. 하지만 새로운 기숙사로 옮기게 되면서 기숙사 환경이 많이 다를수록 학생들의 입장에서는 자신이 습관행동을 했던 환경과 차이가 있기 때문에 환경과 습관행동 간의 연합이 낮아지게 되고 이로 인해 습관행동이 감소되는 것으로 해석할 수 있다.

　앞에서 기술한 습관개선에 관한 질적 연구결과를 보면, 자기보상이 공통적으로 효과가 있는 것으로 나타났다. 보상은 기존의 습관연구에서도 습관개선에 긍정적인 영향을 미치는 것으로 나타난 바 있다(Wendy, 2019). Wendy에 따르면 습관개선을 위해 내적보상과 외적보상 모두 영향을 미치지만 내적보상이 더 중요한 역할을 한다고 하였다. 봉사활동을 습관적으로 하면서 보람을 느낀다거나 공부를 습관적으로 하면서 자신이 몰랐던 것을 새로 알게 되는 재미를 느끼는 것 등이 내적보상의 예이다. Wendy는 봉사활동을 하고 나

서 자신에게 초콜릿을 선물하는 보상방법보다는 보람을 느끼는 방법이 습관
형성에 더 효과가 있다고 하였다.

또한 학생이 봉사활동을 할 경우 학교에서 학생기록부에 가산점을 부여한
다든가, 가정에서 일정 시간 공부할 경우 학생이 좋아하는 컴퓨터 게임을 한
시간 할 수 있게 하는 것 등은 습관형성을 위해 외적보상을 활용한 예이다.
Wendy(2019)는 내적이든 외적이든 보상이 즉시 이루어지는 것이 중요함을
강조하였다. 즉, 습관행동과 보상 간의 연계성이 명확해야 보상의 효과가 커
지게 된다. 보상이 지연될수록 당사자는 자신의 습관행동과 보상이 연계되었
다는 것을 인식하기 어렵게 되고 보상의 효과는 감소하게 된다.

## 2) 생활습관변화 코칭

김혜영, 고승석, 양윤정, 윤방우, 탁진국(2021)은 식습관 개선을 위한 코칭
프로그램을 개발하고 실시하여 그 효과를 검증하였다. 여기서는 프로그램을
개발할 때 사용한 습관 관련 과거 연구결과를 살펴보면서 어떤 내용을 토대
로 프로그램이 구성되었는지를 설명함으로써 라이프코칭 시 피코치의 생활
습관변화를 위한 코칭을 진행할 때 시사점을 얻고자 한다.

식습관 코칭프로그램 전체 과정은 탁진국 등(2019)이 제시한 습관행동 변
화과정에 따라 변화의 필요성을 인식하는 동기단계, 변화에 대한 의지를 가
지고 행동하는 단계, 그리고 변화를 유지하는 단계 등 3단계로 구성되었다.
먼저, 코칭프로그램 참여자들의 변화동기 증진을 위해 식습관 개선 필요성에
대한 인식을 확인하고 올바른 식습관에 대한 교육을 실시하였으며 각자의 코
칭 목표를 설정하도록 하였다. 또한 양가감정 상태에 있는 참여자들의 식습
관 개선 동기를 높이기 위해 Fuller와 Taylor(2013)가 제안한 의사결정저울 방
법을 통해 식습관이 개선되었을 때 얻는 것과 잃는 것을 자신과 타인의 관점
에서 활동지에 적고 장단점을 비교하도록 함으로써 식습관 개선을 통해 얻는

것이 더 많음을 인식토록 하였다.

식습관 개선을 위한 구체적인 행동단계에서는 과거 습관 연구결과와 앞에서 기술한 식습관 개선 성공요인 탐색연구(최경화 외, 2020) 등에서 밝혀진 효과적인 방법들을 적용하였다. 먼저, 참여자들에게 식습관 일지를 작성하는 방법을 알려 주고 매일 작성하면서 자신이 식습관 개선 행동을 지속적으로 하고 있는지를 점검하는 지속적 모니터링(Quinn, Pascoe, Wood, & Neal, 2010) 방법에 대해 설명하고 매일 실행토록 하였다. 식습관 일지를 통해 매일 자신이 목표로 한 내용과 실제로 섭취한 음식을 기술하면서 목표를 실천했는지를 점검하고 자신의 식습관 변화를 인식토록 하였다.

대부분의 습관행동은 특정 환경과 연계되어 있는 경우가 많다. 앞에서 Wood 등(2005)의 연구에 대해 기술하였듯이 습관변화를 위해서는 해당 습관과 연계되어 있는 환경을 변화시키는 것이 효과적이다. 이러한 연구를 토대로 참여자들이 자신의 식습관 행동과 연계되어 있는 상황 또는 환경을 찾고 이때 어떠한 행동을 하고 그 결과는 어땠으며 이로 인한 대처 방안은 무엇인지 활동지를 통해 기술하도록 하였다. 예를 들어, 상황은 친한 친구가 밤에 치맥을 먹자고 할 때이고, 지금까지의 행동은 그냥 같이 가서 먹었고 그로 인해 다음 날 얼굴이 붓는 부정적 결과가 있었으며, 미래의 대처 방안은 '동일한 상황에서 친구에게 자신의 식습관 개선 노력을 얘기하며 거절하기'가 될 수 있다.

습관행동 개선을 위해 자기보상도 효과가 있는 것으로 나타났기 때문에(류소형 외, 2019; 최경화 외, 2020; Wendy, 2019) 코칭프로그램에서도 연구참여자가 자신이 식습관 일지에 작성한 목표를 달성하게 되면 스스로에게 어떤 보상을 줄 것인지를 활동지에 작성토록 하였다. 예를 들어, 목표를 달성하면 자신에게 영화 관람권을 사 주는 것과 같은 실제적인 보상을 주거나 스스로에게 "내가 이러한 목표를 달성하다니 나는 참 대단한 사람이야."라고 말을 하는 등의 내용을 기술하고 이를 실천하도록 하였다.

Gollwitzer(1999)는 목표 달성을 위한 행동계획을 수립할 때 단순히 특정 행동을 하겠다고 마음먹는 것보다 특정 상황에서 특정 행동을 하겠다는 구체적 계획을 의미하는 실행 의도를 수립하는 것이 행동을 실행하게 하는 데 더 효과가 있다고 주장한 바 있으며, 관련 연구를 통해 이를 입증한 바 있다. 식습관 코칭프로그램에서도 이러한 연구결과를 토대로 식습관 행동을 식습관 일지에 작성할 경우 언제, 어디서, 무엇을 먹을 것인지를 구체적으로 기술하도록 하였다. 계획을 세우게 되면 향후 특정 상황에 직면하게 될 때 특정 행동에 대한 기억이 되살아나고 이에 따라 특정 행동을 통제할 수 있는 가능성이 높아지기 때문이다.

Achtziger, Gollwitzer와 Sheeran(2008)의 연구에서 부정적인 내적 상태(예: 걱정, 불안, 분노 등)에서도 실행 의도를 수립하는 것이 개인이 목표 추구 상태에서 벗어나지 않고 지속적으로 목표에 몰입할 수 있도록 하는 데 도움을 주는 것으로 나타났다. 구체적으로 대학생을 실험집단(실행 의도 집단)과 통제집단으로 구분한 후 실행 의도 집단에게는 "고칼로리 음식(예: 초콜릿, 피자, 프렌치프라이 등)에 대한 생각이 날 때, 그 생각을 무시하겠다."와 같은 실행 의도를 수립하도록 요구하였으며 통제집단에게는 아무런 요구도 하지 않았다. 일주일 후 고칼로리 음식을 먹은 횟수를 비교한 결과 통제집단과 비교해 실행 의도 집단에서 음식을 먹은 횟수가 크게 감소한 것으로 나타났다.

이러한 연구결과를 토대로 식습관 코칭프로그램에서도 식습관 개선을 해 나가는 과정에서 부정적인 생각이나 감정을 인식하게 될 때(예: 잘 안 될 것 같은데 내가 해낼 수 있을까 등) 마음속으로 실행 의도를 수립하도록 하고 이를 활동지에 구체적으로 기술하도록 하였다.

과거 성공경험 또한 앞에서 기술한 생활습관 개선 성공요인에 관한 연구에서 습관행동을 개선하는 데 중요한 영향을 미치는 것으로 나타난 바 있다. 따라서 식습관 개선 코칭프로그램에서도 과거 식습관을 개선하는 데 성공했던 상황을 떠올리고 이를 통해 이번 식습관 개선에서도 성공할 수 있다는 자신감을 인식하도록 하였다.

Pham과 Taylor(1999)는 자신의 미래 모습을 시각화하여 머릿속에서 그려 보는 경우 효과가 더 크다는 연구를 발표한 바 있다. 구체적으로 시험공부를 하는 자신의 모습을 머릿속에서 시각화하여 그려 보는 훈련을 받은 학생들이 실제적으로 공부를 더 많이 하는 행동을 보였고 성과도 더 높은 것으로 나타났다. 이러한 연구결과를 토대로 연구참여자들은 코칭을 통해 식습관이 개선될 경우 자신의 모습을 상상해 보고 이를 구체적으로 기술하도록 하였으며 이러한 모습이 자신에게 얼마나 중요한지도 10점 척도(1: 전혀 중요하지 않다, 10: 매우 중요하다)를 활용하여 응답토록 하였다.

또한 참여자들은 식습관 행동 개선을 지속적으로 실행하는 데 도움이 될 수 있는 내적 및 외적 자원을 파악해서 활동지에 기술하고 이를 활용하는 방법에 대해 코치와 논의하였다. 자신의 내적 자원을 탐색하고 이를 활용하는 방법을 찾는 내용을 포함시킨 것은 자신의 강점을 파악하고 이를 활용하게 되면 자신이 세운 목표를 달성할 정도가 높다는 강점 관련 연구결과(Linley, Nielson, Gillett, & Biswas-Diener, 2010)를 토대로 한 것이다. 대학생을 대상으로 한 Linley 등(2010)의 연구에서 자신의 대표강점을 활용하는 정도가 높을수록 자신이 수립한 목표를 달성하는 정도가 높은 것으로 나타났으며 추가적인 종단연구에서 주관적 안녕감도 증진되는 것으로 나타났다.

외적 자원을 탐색하여 식습관을 개선하는 과정에서 자신에게 도움을 줄 수 있는 지인을 찾고 이들에게 도움을 요청할 수 있는 방법을 생각해 보도록 한 것은 앞에서 기술한 생활습관 개선 성공요인에 관한 질적 연구(예: 최경화 등, 2019)에서 지인으로부터의 지원과 긍정적 피드백이 생활습관을 개선하는 데 효과가 있었다는 결과를 토대로 한 것이다.

식습관 개선을 위한 실행을 높이기 위해 앞에서 기술한 다양한 기법을 활용하였으며 마지막 단계인 지속적 유지를 위해서는 코칭이 종료된 후 코치와 SNS 등을 활용해 정기적으로 연락하는 방법에 관해 논의하였다. 또한 지속적으로 실천의지를 높이기 위해 건강한 식습관 실천 선언문을 작성토록 하였다. 탁진국, 조지연, 정현과 조진숙(2017)은 대학생을 대상으로 이들의 주도성 증진을 위한 코칭프로그램의 효과를 검증하였는데, 이 연구에서 코칭 효과의 지속성을 알아보기 위해 코칭 종료 후 1개월과 3개월 시점에 종속변인들을 다시 측정하였다. 이때 코칭에 참여한 학생들을 두 집단으로 구분하여 한 집단(실험집단 21명)에게는 코칭 후 매주 1회 문자를 보내 실행계획을 잘 실행하고 있는지를 물어보았으며, 다른 집단(비교집단 17명)에게는 아무런 연락도 취하지 않았다. 분석 결과, 실험집단은 주도성, 자기효능감 및 대학생활 적응 등의 모든 종속변인에서 점수가 유지되거나 증가하는 경향이 나타났으며 비교집단은 점수가 다소 감소하였다. 이러한 연구결과를 토대로 식습관 개선 코칭프로그램에서도 코칭 종료 후 SNS를 활용하여 주기적으로 코치와 피코치가 식습관 개선 행동을 지속적으로 유지하고 있는지에 관해 소통하는 방법을 포함시키게 되었다.

지금까지 김혜영 등(2021)의 식습관 개선을 위한 코칭프로그램에 포함된 다양한 기법의 내용과 근거에 대해 설명하였다. 코칭프로그램을 개발한 후 식습관 개선을 희망하는 수도권 거주 19세 이상의 성인 20명을 선정하여 무작위로 실험집단과 통제집단으로 구분한 후 8회기 일대일 온라인 코칭프로그램을 실시하고 효과를 검증하였다. 코칭 종료 후 사후검사와 사전검사 결과를 비교해 보니, 실험집단에서는 식습관, 식이행동, 식이효능감 및 체중 등에서 유의한 차이가 있는 것으로 나타났으며 통제집단에서는 유의한 차이가 나타나지 않았다. 이러한 결과는 식습관 개선 온라인 코칭프로그램이 효과가 있음을 입증하는 것이며 앞에서 기술한 다양한 기법이 효과가 있음을 말해 주는 결과로 해석할 수 있을 것이다.

# 5. 라이프코칭에서의 시사점

앞에서 생활습관 개선을 위해 관련 습관연구, 생활습관 개선 성공요인 파악을 위한 질적 연구, 생활습관 개선 코칭프로그램 등을 살펴보았다. 라이프코칭을 진행할 때 코칭의 주제가 생활습관과 관련된 내용이 되는 경우가 자주 있을 수 있다. 여기에서는 앞에서 기술한 생활습관 개선을 위해 효과가 있는 것으로 나타난 요인이나 기법들을 다시 한번 범주별로 정리하고 코칭과정에서 활용할 수 있도록 관련 활동지를 제시하면서 설명하고자 한다.

## 1) 의사결정저울

라이프코칭 초기 단계에서 피코치의 생활습관행동 변화에 대한 동기를 높이기 위해서 활용할 수 있는 방법이다. 피코치가 자신의 바람직하지 않은 생활습관행동을 변화하고 싶어 하지만 아직도 양가감정으로 확신이 서지 않을 때 효과를 볼 수 있다. 이 기법은 〈부록 9-1〉에서 보듯이 특정 생활습관행동이 변화될 때 자신 및 타인에게 나타날 수 있는 긍정적 결과와 부정적 결과를 기술하고 두 결과를 비교해 보는 것이다. 예를 들어, 금주를 하려는 사람의 경우 금주를 통해 자신에게 나타날 수 있는 긍정적 결과로는 '건강이 좋아짐' '술값 절약' 등이 있을 수 있고 부정적 결과로는 '술 친구를 잃게 됨' '심심함' 등이 있을 수 있다. 타인에게 나타날 수 있는 긍정적 결과로는 '배우자와 아이들의 신뢰'가 있을 수 있고 부정적 결과로는 '술 친구들의 실망감' 등이 가능하다. 다양한 긍정적 및 부정적 결과를 고려해 보면서 금주로 인해 나타나는 긍정결과가 상대적으로 크다는 것을 인식하게 되고 이로 인해 양가감정에서 벗어나 금주를 해야겠다는 동기는 높아질 것이다.

## 2) 상황과의 연계 인식

앞에서 기술했듯이 습관행동은 특정 상황과 연계되어 있는 경우가 많다.
식습관행동의 예를 들면, 소파에 앉아 TV를 보면서 건강에 좋지 않은 과자 등
을 습관적으로 먹는 경우가 이에 해당된다. 즉, TV를 보는 특정 상황과 과자
를 먹는 행동이 연계되어 있는 것이다. 하지만 습관행동 자체가 개인이 의식
하지 못하는 상태에서 일어나기 때문에 습관행동이 상황과 연계되어 있다는
것을 인식하기가 쉽지 않다. 따라서 코치는 먼저 피코치가 자신이 변화하고
싶은 생활습관행동을 어떤 상황 또는 환경에서 하고 있는지를 인식하도록 하
는 것이 중요하다. 이를 인식하게 되면 다음은 특정 상황에서 자신이 무의식
적으로 해 왔던 생활습관행동을 대체할 만한 행동을 찾는 것이다. 앞의 예에
서 소파에 앉아 TV를 보면서 과자를 먹는 대신 건강에 좋은 과일을 먹는 등의
방법이 가능하다.

이와 같이 생활습관행동과 연계되어 있는 상황을 파악하고 대체 행동을 찾
기 위해 〈부록 9-2〉와 같은 활동지를 활용하여 피코치가 그 내용을 직접
기술하도록 하는 것이 좋다. 단순히 말로 하는 것보다 글로 써 보는 것이 기
억에 더 오래 남기 때문이다. 〈부록 9-2〉는 식습관행동의 예에 해당하는
내용을 기술한 것인데, 다른 생활습관행동의 경우 습관행동 특성에 따라 내
용을 변경하여 사용하면 된다. 〈부록 9-2〉에서 보듯이 먼저 특정 생활습관
행동과 연계된 상황(예: 친구가 밤에 치맥을 먹자고 함)이 무엇인지 기술하고 해
당 상황에서 자신이 보이는 습관행동(예: 매번 따라가서 먹음)을 기술한다. 다
음은 특정 생활습관행동을 지속적으로 할 경우 나타날 수 있는 부정적 결과
(예: 다음 날 얼굴이 부음)가 무엇인지 기술하게 함으로써 해당 습관행동을 변
화시키려는 동기를 높일 수 있게 하였다. 또한 특정 상황에서 나타나고 있는
현재의 바람직하지 못한 생활습관행동을 어떠한 행동으로 대체할 것인지 구
체적인 행동(예: 정중하게 거절함)을 기술하도록 한다.

### 3) 자기보상

심리학에서 개인의 행동 변화를 위해 보상을 주는 방법의 효과는 이미 많은 연구에서 입증된 바 있다. 생활습관행동을 변화시킬 경우에도 외부에서 보상이 있으면 효과를 볼 수 있겠지만 누가 보상을 줄 수 있을지 확실하지 않기 때문에 자기보상 기법을 활용하는 것이 도움이 된다. 〈부록 9-3〉에서 보듯이 목표를 달성할 때 자신에게 외적 보상을 주는 방법과 내적 보상을 주는 방법이 있다. 외적 보상으로는, 예를 들어 목표를 달성할 때 멋진 신발을 산다든가 맛있는 음식을 먹는 것과 같이 자신이 원하는 실제 보상을 자신에게 주는 경우가 있고 자신을 칭찬하는 경우도 보상이 될 수 있다. 또한 목표를 달성함으로써 자신이 무엇인가를 이루었다는 성취감을 느낄 수 있고 자기효능감이 증진되었다는 것을 느낄 수도 있을 것이다. 경우에 따라서는 변화 과정에서 재미를 느낄 수도 있을 것이다. 이러한 다양한 자기보상 대안들을 구분하여 활동지에 적게 하고 실행토록 함으로써 피코치는 습관행동 변화에 대한 보상을 얻게 되고 지속적으로 바람직하지 않은 습관행동을 변화시키려 노력하게 된다.

### 4) 실행 의도

생활습관행동 변화를 위한 계획을 수립할 때 특정 상황에서 나는 무엇을 하겠다(if- then)는 구체적인 방법을 기술하는 실행 의도(Gollwitzer, 1999)의 효과에 대해서는 이미 앞에서 기술한 바 있다. 특정 행동 이외에도 불안이나 걱정 등의 내적 상태에서도 마음속으로 실행 의도를 수립하는 효과(Achtziger, 2008)에 대해서도 기술한 바 있다. 식습관 개선 행동의 예를 들면, 〈부록 9-4〉에 제시한 활동지를 활용하여 외적 행동의 경우 "매일 아침 일어나면 바로"(if에 해당) "냉장고에서 생수를 한 컵 따라 마신다."와 같이 기술하면 된다. 내적 상태의 경우에는 〈부록 9-4〉에서 보듯이 "과자가 매우 먹고 싶은 경우"(if에 해당) "'이걸 참아야 건강해질 수 있어.'라고(then에 해당) 마음속으로 다짐한다."와 같은 내용을 기술하면 된다.

### 5) 자원 탐색

생활습관행동을 변화해 나가는 과정에서 자신의 강점을 파악하고 이러한 강점을 활용하게 되면 더 큰 효과를 거둘 수 있다. 또한 주변에서 자신의 습관행동 변화 노력에 대해 지지해 주는 사람이 있으면 효과를 볼 수 있다는 내용을 앞에서 기술한 바 있다. 〈부록 9-5〉는 이러한 내적 자원과 외적 자원을 피코치가 탐색해 보게 하고 이를 기술하는 활동지이다. 활동지에서 내적 자원은 피코치가 가지고 있는 강점 가운데 특정 생활습관행동을 변화시켜 나가는 과정에서 활용하면 효과를 볼 수 있다고 생각하는 강점을 기술하게 한다. 피코치가 자신의 강점에 대해 잘 모르겠다고 하면 강점검사를 실시하여 강점을 파악토록 한다. 외적 자원에는 자신의 생활습관변화 행동을 옆에서 지켜보면서 지지해 줄 사람을 적으면 된다. 당연히 지지해줄 사람에게 피코치의 생활습관변화 계획을 알리도록 하고 가끔씩 지지해 줄 것을 정중히 부탁하도록 한다.

### 6) 시각화

시각화는 피코치가 생활습관행동 변화를 통해 미래에 자신의 변화된 모습을 머릿속으로 그려 보는 것을 말하며 앞에서도 기술했듯이 행동 변화에 효과가 있는 것으로 입증되었다(예: Pham & Taylor, 1999). 〈부록 9-6〉에서 보듯이 피코치에게 생활습관변화 목표를 달성할 때 자신의 미래 모습을 상상하면서 이를 글로 기술하도록 하고 추가로 이러한 변화된 모습이 자신에게 얼마나 중요한지 점수를 기입하도록 한다.

## 7) 지속적 모니터링

생활습관행동 변화를 위해 지속적 모니터링의 효과도 검증된 바 있기 때문에(예: Quinn 외., 2010) 피코치가 자신의 매일 매일의 생활습관행동 개선 상태를 점검하는 것이 중요하다. 〈부록 9-7〉은 김혜영 등(2021)의 연구에서 식습관행동 개선의 점검을 위해 사용한 식습관 일지의 예이다. 부록에서 보듯이 먼저 자신의 하루 계획된 식단과 실제로 먹은 식단을 하루에 4번 적고 매번 만족도를 10점 척도(1: 전혀 만족하지 않는다, 10: 매우 만족한다)를 사용하여 기입토록 하였다. 또한 추가로 자신이 수립한 식습관 개선 행동과 관련된 실행 의도를 얼마나 실행했는지를 점검할 수 있도록 하였으며 당일의 전반적인 식습관 행동에 대해 어떻게 생각하는지를 기술토록 하였다.

다른 생활습관행동의 경우에도 이러한 일지를 참조하여 새로운 활동지를 만들어 사용할 수 있을 것이다. 활동지를 활용하여 피코치가 스스로 매일의 생활습관행동 개선 상태를 점검하게 하고 피코치는 이를 통해 개선하려는 동기를 유지하고 증진할 수 있을 것이다.

## 8) 실천선언문

생활습관행동 개선 코칭에서도 다른 코칭에서와 동일하게 중요한 것은 코칭이 끝난 후 피코치가 얼마나 지속적으로 개선 행동을 유지하느냐에 관한 것이다. 〈부록 9-8〉은 식습관 개선에서 사용한 피코치의 실천선언문 활동지이다. 코칭이 끝난 후에도 자신이 지속적으로 식습관 개선 행동을 실천해 나가겠다는 의지를 다지는 내용으로 구성되어 있다. 다른 생활습관행동의 경우 이 활동지를 수정하여 사용할 수 있을 것이다.

〈부록 9-8〉에서 보듯이 먼저 자신이 언제까지 생활습관 개선 행동을 유지할 것인지를 기술하고 처음에 생활습관행동을 개선하기 위해 시도했던 이유가 무엇인지를 확인한 후 이를 통해 개선 동기를 증진시키기 위해 이러한 개선행동이 무엇을 위해서인지 적도록 한다. 유지과정에서 예상하지 않았던 어려움이 나타날 수 있기 때문에 이러한 장애요인에 대해 생각해 보고 이를 극복할 수 있는 방안도 기술하도록 한다. 다음은 생활습관행동 변화를 위한 보상의 중요성을 고려하여 개선 행동을 지속적으로 유지할 경우 주기적으로 어떤 보상을 자신에게 줄 것인지를 기술하고 실천토록 한다. 유지과정에서 피코치가 자신의 내적 자원인 강점을 지속적으로 활용하여 효과를 높이도록 하기 위해 어떤 강점을 활용할 것인지를 기술토록 한다. 마지막으로 자신의 이름과 날짜를 적고 사인한 후 마무리한다.

실천선언문을 작성한 후 인쇄해서 쉽게 볼 수 있는 장소(예: 집 안의 책상 뒤에 있는 벽 등)에 붙여 놓고 수시로 보면서 동기와 의지를 강화시키는 노력이 필요하다. 또한 코칭 종료 후 코치가 피코치와 주기적으로 문자 등을 통해 지속 여부를 물어보는 것도 피코치의 생활습관 개선 행동의 지속적인 유지에 도움이 된다.

🌱 **부록 9-1**   의사결정저울

|  | 생활습관행동 변화를 통해<br>얻을 수 있는 긍정적 결과 | 생활습관행동 변화를 통해<br>잃을 수 있는 부정적 결과 |
|---|---|---|
| 나에게<br>미치는 결과 |  |  |
| 타인에게<br>미치는 결과 |  |  |

🌱 **부록 9-2**   생활습관행동과 상황과의 연계

| 상황 | 특정 습관행동 | 부정적 결과 | 대체 행동 |
|---|---|---|---|
| 친구가 밤에 치맥을 먹<br>자고 함 | 매번 따라가서 먹음 | 다음날 얼굴이 부음 | 정중하게 거절함 |
| 밤에 소파에 앉아 TV<br>를 봄 | 과자를 먹음 | 건강에 좋지 않음 | 건강음식으로 대체함 |

### 부록 9-3 자기보상

| 나는 목표를 달성할 경우 나에게 상으로<br>(          )을 줄 것이다 또는<br>(          )라고 얘기할 것이다. | 나는 목표를 달성할 경우 내적으로<br>(          )을 느낄 것이다. |
| --- | --- |
| 예) 맛있는 음식, 신발 구매 / 그 어려운 목표를 달성하다니 너 참 대단한 사람이야. | 예) 정말 기분이 좋음, 성취감이 큼 |
|  |  |
|  |  |
|  |  |
|  |  |
|  |  |

## 🌱 부록 9-4   실행 의도

### 1. 외적 행동

| 특정 상황이 되면 | 나는 (            )할 것이다. |
|---|---|
| 예) 매일 아침 일어나게 되면 바로 | 냉장고에서 생수를 한 컵 따라서 마신다. |
|  |  |
|  |  |
|  |  |

### 2. 내적 상태

| 만약 (            )한 생각이 든다면 | 나는 (            )할 것이다. |
|---|---|
| 예) 과자가 매우 먹고 싶다는 생각 | '이걸 참아야 건강해질 수 있어.'라고 마음속으로 다짐한다. |
|  |  |
|  |  |
|  |  |

🌿 부록 9-5  **자원 탐색**

| 변화에 도움이 되는 내적 자원<br>(예: 끈기, 자신감 등) | 변화에 도움이 되는 외적 자원<br>(예: 가족, 친구 등) |
| --- | --- |
|  |  |

🌿 부록 9-6  **시각화**

| 목표를 달성했을 때, 변화된 내 모습을 상상하고 어떤 모습일지를 기술해 보세요.<br>또한 변화된 내 모습이 나에게 얼마나 중요한지 점수를 적어 주세요.<br>(10: 매우 중요하다, 1: 거의 중요하지 않다) | 중요도 |
| --- | --- |
|  |  |
|  |  |
|  |  |

## 🌱 부록 9-7 지속적 모니터링

| | 계획된 식단 | 오늘 먹은 식단 | (주관적)<br>만족점수(10점) |
|---|---|---|---|
| 아침 | | | |
| 점심 | | | |
| 저녁 | | | |
| 야간 | | | |

| 실행 의도 실천 점검 | |
|---|---|
| 실행 의도 | 실행 정도(10점) |
| | |
| | |
| | |
| | |

| 오늘 나의 식습관 행동은 어땠나요? | |
|---|---|
| 잘 지킨 점 | 보완이 필요한 점 |
| | |

🌱 **부록 9-8** **식습관 개선 실천선언문**

나 ( )은/는 만족스러운 삶을 위해 건강한 식습관 실천을 다짐합니다!

1. 나는      년      월      일까지 개선된 식습관을 유지할 것이다.

2. 나는 ( )을/를 위해서 반드시 개선된 식습관을 유지할 것이다.

3. 나는 개선된 식습관을 유지하고자 할 때, 어려움이 발생한다면 다음과 같이
   해결할 것이다.

   나는 만약 ( )한 어려움에 처한다면, ( )을/를 할 것이다.

4. 나는 개선된 식습관 유지에 성공한 나에게 매달 ( )라는 보상을
   줄 것이다.

   나는 만약 개선된 식습관 유지에 성공한다면, ( )을/를 할 것이다.

5. 나는 개선된 식습관을 지속적으로 유지하는 데 활용 가능한 ( ) 강
   점이 있다.

○○○     20○○년     월     일

사인

# 제3부

# 라이프코칭의 적용:
# 스트레스 해소

·

·

·

---

제10장

---

# 성장마인드셋 증진을 통한 스트레스 해소

일상생활과 직장생활에서 개인이 스트레스를 받는 원인은 다양하다. 개인 특성 원인 가운데 하나는, 자신이 세운 목표를 달성하려는 이유가 이를 통해 다른 사람들로부터 인정을 받고 싶어 하는 것이기 때문이다. 이러한 사람들이 타인의 인정을 중요시하는 가장 큰 이유는 이들이 사람의 능력이 고정되어서 변화가 어렵다는 믿음을 갖고 있기 때문이다. 이러한 믿음을 갖고 있기 때문에 목표를 달성하지 못할 경우 타인으로부터 인정을 받지 못하게 되며 이로 인해 자신은 무능력자로 각인될 것을 두려워하게 된다. 이러한 믿음을 고착마인드셋(fixed mindset)이라고 한다. 목표 달성에 실패할 경우 타인에게 무능력자로 각인될 것을 두려워하기 때문에 목표를 반드시 달성해야 한다는 강박관념에 시달리고 이로 인해 많은 스트레스를 경험하게 된다.

고착마인드셋의 반대 개념은 성장마인드셋(growth mindset)이다(Dweck & Leggett, 1988). 성장마인드셋을 가진 사람은 사람의 능력이 변화 가능하다고 믿으며 목표를 반드시 달성해야 한다는 강박 없이 목표 달성을 위해 노력하는 과정에서 새로운 것을 학습하여 자신이 성장하는 것에 만족한다. 따라서 목표 달성을 위해 노력하면서도 스트레스를 덜 받게 된다.

라이프코칭 과정에서 코치는 피코치와의 대화를 통해 피코치가 고착마인드셋을 갖고 있다고 판단되는 경우 코칭이슈와 상관없이 피코치의 믿음을 성장마인드셋으로 변화시키는 노력을 해야 할 수 있다. 피코치가 성장마인드셋을 가지게 되면 일상생활에서 스트레스를 덜 경험하게 되고 성과가 높아지며 궁극적으로 삶의 만족이 높아질 수 있기 때문이다. 따라서 이 장에서는 성장마인드셋의 개념과 관련 연구를 살펴보고 성장마인드셋을 증진시키는 코칭방법에 대해 설명하고자 한다. 라이프코칭에서 피코치의 성장마인드셋 증진을 통해 업무뿐 아니라 일상적인 삶의 다양한 영역에서 피코치의 스트레스를 줄이고 도전적인 태도를 증진시키며 자신이 하고 있는 일에서의 성과도 높일 수 있을 것이다. 이 장의 내용 중 라이프코칭에서의 시사점과 부록 등의 내용을 제외하고 대부분의 내용은 탁진국(2019)이 집필한 『코칭심리학』 제8장의 성장마인드셋에 관한 내용을 일부 수정한 것임을 밝힌다.


## 1. 성장마인드셋의 개념

Dweck과 Leggett(1988)는 내현이론(implicit theory)을 통해 개인은 지능 또는 능력의 변화에 대한 믿음에 따라 각기 다른 목표지향성을 갖고 다른 유형의 행동 변화를 추구한다고 하였다. 이들은 지능이나 능력이 고정적이어서 노력해도 향상되지는 않는다고 믿는 고착마인드셋(fixed mindset)을 가진 사람과 지능과 능력은 가변적이어서 개인의 노력에 따라 향상될 수 있다고 믿는 성장마인드셋(growth mindset)을 가진 사람으로 구분하였다.

또한 Dweck과 Leggett(1988)는 각각의 마인드셋을 가진 사람들이 다양한 특성에서도 차이가 있다고 주장하였다. 첫째, 목표지향성에서 차이가 있다.

고착마인드셋을 가진 사람은 수행목표(performance goal)를, 성장마인드셋을 가진 사람은 학습목표(learning goal)를 추구한다. 수행목표를 추구하는 사람들은 목표를 추구하는 주요 이유가 목표를 달성해서 자신의 유능감에 대한 인정을 받기 위해서이다. 반면, 학습목표를 추구하는 사람들이 목표를 추구하는 이유는 새로운 것을 배워서 지금보다 더 성장하고 유능해지기 위해서이다.

고착형 사람이 수행목표 추구에 우선적으로 관심을 갖는 이유는 개인의 지능이나 능력이 변하지 않는다고 믿기 때문에 만약 목표를 달성하지 못해서 자신의 능력에 대해 인정받지 못한다면 자신은 무능력자로 인식되어 더 이상 자신의 능력을 보여 줄 기회가 없다고 생각하기 때문이다. 따라서 이들은 어떻게 하든 목표를 달성하여 주변 사람으로부터 인정을 받기 위해 노력하게 된다.

반면, 성장형 사람은 지능이나 능력이 변화 가능하다고 믿기 때문에 목표를 달성하지 못하여 당장 인정을 받지 못한다 하더라도 목표 달성 과정에서 새로운 것을 배웠다면 이에 만족하고 추후 노력을 통해 충분히 인정을 받을 수 있다는 생각을 하게 된다. 또한 이들은 주변 사람의 인정보다는 목표를 달성하기 위해 노력하는 과정에서 무엇을 학습했고 이를 통해 자신이 성장했는지가 중요하기 때문에 인정에 대한 관심이 상대적으로 낮다.

둘째, 도전적 행동에서 차이가 있다. 고착형 사람은 가능한 한 도전적 행동을 피하려 한다. 이들은 도전했다가 실패하면 능력이 없는 사람으로 각인되고 이로 인해 무능력자로 인식되는 것을 두려워하기 때문이다. 하지만 성장형 사람은 주변의 인정에 대한 관심이 상대적으로 적을 뿐만 아니라 도전했다 실패하더라도 도전을 통해서 무엇인가 새로운 것을 학습하는 것을 즐기고 중요시하기 때문에 적극적인 도전적 행동을 보이게 된다.

## 2. 성장마인드셋의 효과

여기에서는 성장마인드셋의 긍정적 효과에 관한 일부 연구를 기술하고자한다. 먼저, 국내 연구에서 이정아와 탁진국(2018)은 직장인 6명을 대상으로8회기로 구성된 일대일 성장마인드셋 코칭프로그램을 개발하여 실시하고 그효과를 검증하였다. 효과 검증을 위해 종속변인으로 성장마인드셋, 학습목표지향성, 그리고 직무스트레스를 측정하였다. 코칭프로그램은 성장의 의미와필요성, 성장마인드셋으로의 변화 필요성을 인식하고 성장목표를 설계하며이를 달성하기 위한 실행계획을 수립하는 과정으로 진행되었다. 분석 결과,학습목표지향성과 직무스트레스에서 유의한 효과가 있었으며 성장마인드셋의 점수는 증가하였지만 유의하지는 않았다.

조진숙과 탁진국(2018)은 성장마인드셋 개념을 학습코칭 분야에 적용하여코칭프로그램을 개발하여 실시하고 효과를 검증하였다. 단순히 학습전략 내용만으로 코칭프로그램을 구성하는 것보다 지속적인 노력을 하게 되면 지능및 재능이 변화할 수 있다고 믿는 마인드를 심어 주는 것이 효과적일 것으로판단되어 성장마인드셋 개념을 포함시켰다. 학습부진 남자 고등학생을 대상으로 11회기로 구성된 일대일 학습코칭프로그램을 개발하였는데, 프로그램내용은 크게 학습동기와 학습전략으로 구분하였다.

학습동기는 참여자들의 성장마인드셋을 증진시키는 내용으로 구성되었으며, 학습전략은 시간관리, 집중력, 기억력 증진 등의 내용을 포함시켰다. 분석 결과, 성장마인드셋, 내재적 학습동기, 자기효능감, 학업적 자기효능감 등모든 종속변인에서 통제집단에서는 사전과 사후 검사에서 유의한 변화가 없었으나 실험집단에서는 유의한 차이가 나타났다. 이러한 결과는 학습코칭 분야에서도 학생들의 성장마인드셋 변화를 통해 학생들이 노력하면 자신의 지능이나 능력이 변화될 수 있다는 믿음을 갖도록 만드는 것이 학습동기를 높이고 결과적으로 코칭프로그램의 효과를 증진시킬 수 있음을 시사한다.

서은영과 탁진국(2019)은 직장인을 대상으로 성장마인드셋이 창의적 행동에 긍정적 영향을 미친다는 것을 보여 주었다. 성장마인드셋은 성장지향성 척도(경일수, 서은영, 김혜균, 탁진국, 2018)를 통해 측정하였는데, 직장인의 성장지향성은 창의적 행동과 정적으로 유의하게 관련되었다(.49). 또한 성장지향성은 직무개선(job crafting)을 통해 창의적 행동에 부분적으로 영향을 주는 것으로 나타났다. 즉, 직장인의 성장지향성이 높을수록 이들은 자신의 재능과 지능은 지속적인 노력에 따라 변화한다고 믿고 목표 달성보다는 노력하는 과정을 더 중요시하기 때문에 자신이 하고 있는 업무에서 지금보다 좀 더 개선하기 위한 노력을 하게 되며 이를 통해 새로운 아이디어를 내는 행동이 증진되는 것으로 나타났다.

국외 연구에서 Blackwell, Trzesniewski와 Dweck(2007)은 중학교 1학년을 대상으로 성장마인드셋의 효과에 대해 연구하였다. 첫 번째 연구에서 성장마인드셋을 가진 학생은 향후 2년간 성적이 상승하였으나 고착마인드셋을 가진 학생은 변화가 없었다. 두 번째 연구에서는 성장마인드셋에 대한 강의를 들은 후 실험집단 학생들의 학습동기는 강의를 수강하지 못한 통제집단 학생에 비해 긍정적으로 증가한 것으로 나타났다. 또한 통제집단 학생들의 성적은 지속적으로 떨어졌지만 실험집단 학생들의 성적은 지속적으로 향상되었다.

Van Vianen, Dalhoeven와 De Pater(2011)의 직장인 대상 연구에서 성장마인드셋은 성별, 교육, 나이와는 관련이 없는 것으로 나타났다. 또한 고착형일수록 훈련 및 개발의 의지가 낮고, 도전적 업무에 대한 회피 경향이 강한 것으로 나타났다. 반대로 성장형일수록 훈련 및 개발의 의지가 높고 도전적 업무를 회피하려는 경향이 약한 것으로 나타났다.

한편, 성장형 마인드는 자기조절을 증진시키는 것으로 나타났다(Mrazek, Ihm, Molden, Mrazek, Zedelius, & Schooler, 2018). 이들은 개인이 자기조절 변화가 가능하다고 믿는 성장형 마인드를 가지게 되면 노력에 대한 인식을 바꾸게 되고 이를 통해 자기조절이 증진된다고 가정하였다. 대학생을 대상으로 한 Mrazek 등(2018)의 연구에서 자기조절 능력이 노력에 의해 변화 가능하다고 믿는 성장형 마인드 훈련을 받은 학생들은 단순히 관계훈련을 받은 학생에 비해 자기조절(불가능한 단어를 만들어 내는 인내력으로 측정)이 더 향상된 것으로 나타났다.

또한 이 연구에서 피로귀인이 성장형 마인드가 자기조절에 영향을 미치는 과정을 매개하는 것으로 나타났다. 즉, 자기조절 능력이 노력에 의해 변한다는 믿음을 가질수록 실험과정에서 나타나는 피로를 자기조절 능력이 증진됨에 따라 나타나는 현상으로 귀인하였으며 이를 통해 결과적으로 자기조절이 향상된 것으로 해석할 수 있다.

이들은 다른 대학생들을 대상으로 성장형과 고착형 마인드 집단으로 구분하고 각 집단에게 성장형과 고착형 마인드에 관한 기사를 각각 보여 주고 실험을 진행하였다. 분석 결과, 연구 1에서와 동일하게 성장형 마인드는 피로귀인을 매개로 하여 자기조절에 영향을 주었다. 또한 성장형 집단은 고착형 집단에 비해 자기조절이 더 높게 나타났다.

이러한 결과는 자기통제 증진을 위해서는 무엇보다 자기통제 능력이 노력에 의해 변화 가능하다고 믿는 것이 중요함을 시사한다. 개인은 이러한 믿음을 통해 노력하려는 의지가 증진되고 자기조절을 발휘하는 과정에서 나타나는 피로감을 자기조절 능력이 증진된다고 긍정적으로 해석하는 경향이 강하며 이로 인해 지속적으로 노력해서 결과적으로 자기조절 능력을 향상시킬 수 있게 된다.

## 3. 성장마인드셋의 측정

성장마인드셋을 측정하는 기존의 문항은 "단순히 능력이 변화하지 않는다고 생각한다." 등과 같은 3개의 문항을 사용하도록 되어 있다(Chiu, Hong, & Dweck, 1997). 이 척도는 마인드셋의 기본적인 구성개념을 측정한다는 장점이 있지만 이러한 마인드셋을 가진 사람들의 특성은 측정하고 있지 못하다는 단점이 있다. 국내에서 경일수, 서은영, 김혜균, 탁진국(2018)은 이러한 기존 척도의 단점을 보완하기 위하여 개인의 성장마인드를 측정하는 성장지향성 척도를 개발하고 타당도를 검증하였다.

경일수 등(2018)은 척도개발을 위하여 선행연구와 기존 척도를 고찰하여 성장지향성 개념을 확립하고 6개 요인 53문항을 선별하여 예비문항을 작성하였다. 고등학생, 대학생, 성인 등 총 684명을 대상으로 예비조사를 실시하고, 요인분석을 통하여 5개 요인 34문항을 도출하였다. 최종적으로 성장지향성 척도의 구성개념타당도와 준거관련타당도를 검증하기 위해 중학생과 고등학생, 대학생 및 성인 등 총 986명을 대상으로 본 조사를 실시한 후 전체 집단을 두 집단으로 나누어 첫 집단의 자료에 대해서는 탐색적 요인분석을, 두 번째 집단의 자료에 대해서는 확인적 요인분석을 실시하였다.

첫 집단에 대한 탐색적 요인분석 결과 28문항으로 구성된 다섯 개 요인구조 모형이 적합한 것으로 나타났다. 두 번째 집단에 대한 확인적 요인분석 결과 다섯 개 요인구조 모형의 부합도가 높게 나타나 성장지향성의 구성개념타당도가 입증되었다. 최종 다섯 개 요인은 지능신념, 과정지향수행태도, 실패 · 스트레스 회복탄력성, 운명신념, 재능신념으로 나타났다. 성장지향성 척도의 준거관련타당도 분석을 위해 상관분석을 실시한 결과 다섯 개 각 요인과 전체 점수는 세 개의 준거변인(삶의 만족도, 주관적 행복, 자기효능감)과 모두 유의하게 관련되어 성장지향성이 높을수록 삶의 만족도, 주관적 행복, 자기효능감이 높게 나타났다.

다섯 요인 가운데 지능신념, 운명신념, 재능신념은 지능, 운명, 재능이 변화될 수 있다고 믿는 정도를 측정한다. 과정지향수행태도는 결과나 성과보다는 노력하는 과정에서 새로운 것을 배우는 것을 중시하는 태도를 의미하며 마지막으로 회복탄력성은 실수나 실패로 인해 크게 실망하거나 좌절하지 않고 적절하게 대응하는 태도를 측정한다. 구체적인 문항은 〈부록 10-1〉에 제시되어 있다.

## 4. 성장마인드셋의 변화

개인의 마인드셋을 변화시켜서 성장마인드셋을 갖도록 하기 위한 다양한 방법에 대해 살펴보기로 한다. Keating과 Heslin(2015)은 종업원들의 업무몰입을 높이기 위한 개인자원으로 성장마인드셋의 중요성을 인식하고 이를 증진시키는 방법에 대해 기술하였다.

첫째, 뇌의 성장잠재성을 강조하는 것으로서 종업원들에게 뇌와 근육이 서로 연계되어 있다는 것을 인식토록 한다. 구체적으로는 새로운 것을 배울 때 뇌에서 새로운 연합이 생성된다는 신경심리학 분야의 연구결과를 인용하면서 뇌와 능력은 근육과 같아서 적절한 연습을 통해 성장할 수 있다는 것을 인식하도록 한다.

둘째, 사람들이 처음에는 힘들어했으나 지금은 잘하고 있는 영역을 파악하도록 하는 것이다. 지금에 이르기까지의 과정을 생각해 보고 구체적으로 어떤 과정을 거쳤는지 얘기해 보도록 한다. 이를 통해 현재 종업원들이 어려워하고 있는 분야에 있어서도 동일한 노력을 하면 가능할 수 있다는 것을 성찰해 보도록 한다.

셋째, 자신의 주변 사람들 중 능력이나 지능이 변화되기 힘들다고 생각하는 사람을 생각해 보도록 하고 그 사람에게 능력은 충분히 변화할 수 있다는 내용을 담은 글을 2~3장 써 보도록 한다. 이 과정에서 변화 가능한 이유를 자신이나 다른 사람의 예를 활용해서 쓰도록 한다.

넷째, 인지부조화를 이용하는 방법으로서 자신이 알고 있는 사람 가운데, 거의 성공하기 힘들 것으로 생각했지만 결과적으로 새로운 것을 배우는 일에 성공한 사람을 떠올리게 한다. 이를 통해 사람의 능력에 관해 의심을 갖는 것이 잘못된 것이라는 점을 깨닫게 하는 것이 목적이다.

다섯째, 역할연기로서 자신이 과거에 도전적인 과제에 직면했을 때 고착화된 마인드를 가지고 접근해서 제대로 일을 처리하지 못한 때를 떠올리게 하며, 이때 속으로 어떤 생각을 했는지를 자신에게 직접 얘기하게 하고 이를 녹음하도록 한다. 다음은 성장형 마인드를 통해 접근할 경우 자신에게 할 얘기를 하고 이를 녹음토록 한다. 이 두 가지를 비교하면서 어떠한 차이가 있는지를 인식토록 한다.

이러한 다양한 방법은 개인이 노력을 통해서 자신의 재능을 변화시킬 수 있음을 믿게 하는 데 초점을 두고 있다. 이러한 방법을 코칭과정에서 적용할 때 첫 번째 방법을 제외하고는 여기서 제시하고 있는 순서대로 진행할 필요는 없을 것으로 판단된다. 각각의 방법이 개인의 마인드셋을 변화시키는 데 긍정적 영향을 줄 수 있을 것으로 보여서 코치가 특정 방법을 선택해서 진행하면 될 것으로 판단된다.

국내 연구에서 경일수와 탁진국(2019)는 대학생들의 성장마인드셋 증진을 위해 그룹코칭프로그램을 개발하여 실시하고 그 효과를 검증하였다. 코칭 참여를 위해 신청한 48명의 대학생을 대상으로 했는데, 16명은 자체 개발한 성장지향성 증진 프로그램에 배정하고, 다른 16명은 기존의 학습목표지향성 향상 프로그램에 배정하였으며, 나머지 16명은 통제집단으로 구분하였다. 성장지향성 증진 프로그램은 개인의 지능, 재능 및 운명이 변화 가능하다는 내용에 대한 이해, 목표 달성보다는 과정을 중요시하는 학습목표지향성에 대한 이해, 회복탄력성 가운데 자기조절과 긍정성에 대한 이해, 그리고 셀프코칭 등으로 8회기를 구성하였다.

코칭프로그램의 효과를 검증하기 위하여 성장지향성, 삶의 만족도, 지각된 스트레스, 긍정심리자본 및 대인관계를 사후시점과 프로그램 종료 1개월과 3개월 후 등 세 번에 걸쳐 측정하였다. 분석 결과, 모든 종속변인의 사후검사에서 유의한 증가가 있는 것으로 나타났으며 효과크기 면에서도 비교집단보다 더 큰 것으로 나타났다. 또한 프로그램 종료 후에도 코칭의 효과가 지속되는 것으로 나타나서 코칭프로그램의 효과가 입증되었다.

## 5. 라이프코칭에서의 시사점

<부록 10-2>는 앞에서 설명한 일부 내용과 성장마인드셋과 관련된 연구 결과를 토대로 피코치의 성장마인드셋 증진을 위해 필자가 만든 자료이다. 라이프코칭 진행뿐 아니라 개인의 성장마인드셋 증진을 위한 강의나 워크숍 등에서도 활용할 수 있을 것이다. 성장마인드셋 증진을 위한 코칭을 진행할 때 코치는 이 가운데 일부 내용만을 선택하여 진행해도 된다.

첫 번째, 코치는 피코치에게 성장지향성 척도(<부록 10-1>에 제시)를 활용하여 자신의 성장마인드셋 수준을 파악하도록 한다. 현재 이 척도의 규준이 없기 때문에 전체 점수보다는 각 요인별로 평균점수를 구하여 그 값을 토대로 자신의 성장지향성 정도를 추론하는 방법을 사용하는 것이 좋다. 중앙치가 2.5이기 때문에 각 요인에서 2.0 이하는 성장지향성이 다소 낮은 것으로 판단하면 된다. 코치는 피코치가 어떤 요인에서 점수가 낮은지, 또 전체 평균 점수는 어떤지를 파악한다. 피코치가 점수가 낮은 경우 코치는 피코치가 자신의 성장마인드셋을 증진시키는 노력이 필요함을 인식하도록 권유한다.

두 번째, 성장마인드셋에 관한 이해 증진을 위해 피코치가 동영상(https://

www.youtube.com/watch?v=xY2vOa0QeBM)을 시청하도록 한다. 이 동영상은 성장마인드셋의 개념을 한국어로 번역하여 보여 준다. 동영상 시청 후 피코치가 개인의 지능과 특성의 변화 가능성에 대해 생각해 보고 개인의 지능과 특성이 변하는지 또는 변하지 않는지에 대한 자신의 생각과 이유를 구체적으로 기술토록 한다. 마지막으로 뇌와 근육 사이에 유사성이 있다고 생각하는지를 물어보고 대화를 진행한다.

　세 번째, 피코치에게 세계적으로 유명한 미국의 농구스타였던 마이클 조던에 관한 동영상(https://www.youtube.com/watch?v=isUW8NvnZfM; 참좋은 이야기: 마이클 조던이 황제가 된 이야기)을 보여 주고 이 사람의 성과는 타고난 천재이기 때문인지 아니면 엄청난 노력의 결과인지에 대해 생각해 보고 얘기하도록 한다. 동영상에는 마이클 조던이 농구스타가 되기 위해 수많은 노력을 했다는 내용이 포함되어 있다.

　네 번째, 피코치가 노력의 중요성을 좀 더 인식하도록 하기 위한 활동이다. 〈부록 10-2〉의 4번에서 보듯이 피코치가 지금은 잘하고 있지만 처음에 배우기 힘들었던 것이 무엇인지를 생각해 보고 적어 보도록 한다. 예를 들어, 자전거 타기나 피아노 연주 등 다양한 활동이 가능할 것이다. 이어서 어려움을 이기고 지금의 잘하기까지의 과정을 생각해 보고 그동안 어떤 노력을 했는지를 생각해 보고 적어 본 후 얘기하도록 한다. 마지막으로 이러한 활동을 통해 무엇을 느꼈는지 피코치에게 물어본다. 코치는 이 활동을 통해 피코치가 노력의 중요성을 인식하도록 한다.

　다섯 번째, 학습목표와 수행목표 사이의 차이점에 대해 이해하고 성장마인드셋과의 연계에 대해 인식하는 것이다. 먼저, 코치는 피코치에게 현시점에서 중요한 목표가 무엇인지 몇 가지를 적어 보도록 한다. 목표를 기술한 후 각 목표에 대해 이를 달성하려는 이유가 무엇인지 물어본다. 예를 들어, 가족이나 지인으로부터 인정을 받고 싶어 하기 때문일 수도 있고 목표 달성 과정에서 새로운 것을 배울 수 있기 때문일 수도 있다. 인정을 중요시하는 사람일 경우 학습목표지향성이 높은 사람이고 과정에서의 새로운 배움을 중시하는 사람의 경우에는 수행목표지향성이 높은 사람임을 설명해 준다.

기술한 이유가 주변 사람들의 인정일 때, 목표 달성을 위해 노력은 많이 했지만 달성을 하지 못한 경우 느낌이 어땠는지를 물어본다. 아마도 이런 사람들의 경우 매우 실망했거나 좌절했을 가능성이 크다. 이 경우 피코치에게 성장 또는 새로운 배움에 대해서는 어떻게 생각하는지 물어본다. 코치는 이러한 질문을 통해 피코치가 학습목표지향성의 중요성에 대해 인식하도록 한다.

여섯 번째, 실패로부터의 학습에 관한 것이다. 피코치에게 과거 목표 달성에 실패했을 때 일반적으로 들었던 생각이나 보였던 행동은 무엇이었는지 물어본다. 아마도 좌절해서 회복하기가 매우 힘들었다는 피코치부터 쿨하게 털고 바로 일어섰다고 대답하는 피코치도 있을 것이다. 이어서 자신의 과거 실패경험을 생각해 보고 이를 통해 조금이라도 배운 것이 있는지를 적어 보도록 한다. 이러한 활동을 통해 코치는 피코치가 목표 달성에 실패하더라도 모든 것이 끝난 것이 아니라 새롭게 배울 점이 있고 이를 교훈 삼아 지속적으로 노력해 나가는 것의 중요성을 인식하도록 한다.

일곱 번째, 사람들의 성장마인드셋 증진을 위해 어떻게 칭찬하는 것이 바람직한 것인지에 대해 학습하는 것이다. 먼저, 피코치가 평소 다른 사람이 일을 잘했을 때 어떻게 칭찬하는지를 적어 보도록 한다. 매우 똑똑해서 잘했다고 하는 내용부터 목표를 달성하기까지 과정에서 많은 노력을 한 것에 대해 칭찬하는 내용 등 다양할 수 있을 것이다. 성장마인드셋 증진을 위해서는 재능이 뛰어나서 잘했다는 말보다는 과정에서 많은 노력을 했다는 칭찬이 더 효과적인 것임을 피코치가 이해하도록 설명해 준다. 마지막으로 피코치가 자신이 일처리를 잘할 경우 자신을 어떻게 칭찬할 것인지를 구체적으로 기술토록 하고 이를 연습해 보도록 한다.

여덟 번째, 피코치가 고착형 마인드를 가진 사람을 설득하기 위한 글을 쓰도록 하는 것이다. 자신의 주변 사람들 중 능력이나 지능이 변화되기 힘들다고 생각하는 지인을 떠올리고(만약 없다면 가상의 인물을 생각해도 됨) 이 사람에게 능력이나 지능은 충분히 변화 가능하다는 것을 설명해서 설득할 수 있는 글을 적어 보도록 한다. 피코치가 이러한 내용을 기술하면서 성장마인드셋의 중요성과 필요성을 충분히 인식하게 될 것으로 기대할 수 있다.

라이프코칭을 진행하는 코치는 코칭과정에서 피코치가 고착형 마인드가 강한 사람임을 인식할 때가 있다. 이 경우 피코치의 마인드셋을 성장마인드셋으로 변화시키는 노력을 시도해 볼 필요가 있다. 많은 연구에서 성장마인드셋의 사람들이 스트레스를 덜 받고 더 도전적인 목표를 세우며 결과적으로 더 높은 성과를 보이는 것으로 나타나고 있다. 코치는 앞에서 기술한 다양한 활동이나 질문을 모두 실행할 필요는 없다. 자신이 잘 진행할 수 있을 것 같다는 생각, 주어진 코칭시간 등의 기준을 고려하여 적합한 활동을 선택해서 진행하면 된다.

## 🌱 부록 10-1 성장지향성 척도

각 문항의 내용에 얼마나 동의하는지를 Likert 5점 척도(1: 전혀 그렇지 않다, 5: 매우 그렇다)를 사용하여 적절한 번호에 체크하십시오.

1. 요인 1: 지능신념 7개 문항

① 나의 지능은 학습과 노력에 의해 변화될 수 있다.
② 지능은 타고나는 것이지만 얼마든지 향상될 수 있다.
③ 내가 어떤 사람이든 간에, 나의 지능은 바뀔 수 있다.
④ 배움을 통한 지능의 변화는 충분히 가능하다.
⑤ 나의 재능은 향상될 수 있다.
⑥ 비록 재능이 없어도 지속적으로 노력하면 충분히 향상될 수 있다.
⑦ 나는 항상 나의 똑똑한 정도를 크게 바꿀 수 있다.

2. 요인 2: 과제수행태도 8개 문항

① 평가의 결과와 상관없이 알아 가는 배움 그 자체가 즐겁다.
② 내가 공부하는 주된 이유는 학습내용을 철저히 알고 싶기 때문이다.
③ 새로운 것을 배우고 싶어서 종종 여분의 과제를 한다.
④ 시험이나 취업에 직접 관계가 없는 분야일지라도 배움을 위하여 최선을 다한다.
⑤ 수행 과제가 평가에 반영되지 않아도 나는 그 과제에 최선을 다한다.
⑥ 모르는 내용이 있으면 어떻게든 확실히 알려고 노력한다.
⑦ 뻔하고 쉬운 과제보다는 도전을 필요로 하는 어려운 과제에 더 관심이 간다.
⑧ 어려운 문제를 끝까지 풀어내는 자신이 무척 대견스럽다.

3. 요인 3: 회복탄력성 6개 문항

① 나의 실패의 결과에 크게 감정적으로 흔들리지 않는다.
② 실패 이후 부정적인 기분이나 감정으로 인해 일이나 공부에 지장을 받지는 않는다.
③ 나는 실수나 실패에 대해 빨리 잊고 다시 시도하는 편이다.
④ 실패를 먼저 예상하고 미리부터 걱정하지 않는다.
⑤ 큰 평가를 앞에 두고 크게 긴장하거나 떨려서 평가를 망치지는 않는다.
⑥ 비록 결과가 잘 나오지 않았을 때라도 '다음에 잘 보면 되지.'라는 마음이 먼저 든다.

4. 요인 4: 운명신념 4개 문항

① 정해진 운명도 바뀔 수 있다.
② 자신의 운명은 자기 하기 나름이다.
③ 타고난 팔자도 노력하면 바꿀 수 있다.
④ 자신의 앞날은 자신이 만들어 가는 것이다.

5. 요인 5: 재능신념 3개 문항

① 유능한 강점을 가졌더라도 끈기 있게 노력하는 자를 뛰어넘을 수는 없다고 생각한다.
② 위대한 예술가는 1%의 타고난 재능에 99%의 노력이 더해져야 만들어진다.
③ 타고난 재능만을 가진 사람보다는 끊임없이 그것을 개발한 자가 그 재능으로 성공할 수 있다.

**부록 10-2** **성장마인드셋 증진방법**

1. 성장지향성 척도 검사 실시

▶자신의 요인별 평균 점수를 계산해서 적기:

2. 성장마인드셋 동영상 시청

▶개인의 지능과 특성(성격 포함)은 변화 가능한가?

▶'변한다 vs 변하지 않는다'에 대한 자신의 생각과 이유를 적어 보기

_____

_____

_____

▶뇌와 근육과의 유사성에 대한 논의: 뇌도 근육과 같이 새로운 것을 배울 때 시냅스 생성을 통해 성장함

3. 세계적으로 성공한 사람에 대한 논의: 타고난 천재성 vs 노력

▶예) 마이클 조던: 천재성 vs 노력

▶관련 동영상 시청

▶천재처럼 보이지만 많은 노력을 기울임

## 4. 노력의 중요성 인식

▶지금은 잘하지만 처음에는 배우기 힘들었던 것은 무엇인지 적어 보기
　(예: 자전거 타기, 인라인스케이트, 피아노, 미술, 무용 등)

_____

_____

_____

_____

▶그렇게 되기까지의 과정을 생각해 보고 어떤 노력을 했는지 적어 보기

_____

_____

_____

_____

▶이를 통해 무엇을 느꼈는지 소감을 적어 보기

_____

_____

_____

_____

## 5. 학습목표지향 vs 수행목표지향

▶자신에게 현재 중요한 목표를 적어 보기

1) _____

2) _____

3) _____

▶각 목표를 달성하려는 이유에 대해 적어 보기(예: 주변 사람의 인정, 성장 또는 새로운 배움 등)

_____

_____

_____

▶주변 사람의 인정을 중시할 경우 성과가 좋지 않을 때 어떤 느낌일지 적어 보기

_____

_____

▶주변의 인정이 아닌 성장 또는 새로운 배움으로 인식의 변화가 가능할지 적어 보기

_____

_____

_____

6. 실패로부터의 학습

▶목표 달성 실패 시 자신의 전형적인 생각이나 행동을 적어 보기

_____

_____

_____

_____

▶과거에 실패했던 (또는 잘 되지 않았던) 사례를 생각해 보고 이를 통해 배운 것은
   무엇인지 적어 보기

_____

_____

_____

_____

7. 성장마인드 칭찬방법 이해 및 실습

▶평소 타인을 칭찬하는 방법에 대해 적어 보기

1)_____

2)_____

▶성장마인드 증진을 위한 칭찬 방법 적어 보기

1)_____

2)_____

## 8. 고착형 사람을 설득하기

▶자신의 주변 사람들 중 능력이나 지능이 변화되기 힘들다고 생각하는 고착형 사
람을 생각해 보도록 하고(없으면 가상의 인물 설정) 그 사람에게 능력은 충분히 변
화할 수 있다는 설득 내용을 담은 글을 써 보기

_____

_____

_____

_____

_____

_____

_____

_____

## 제11장

# ACT를 활용한 스트레스 해소

이 장에서는 라이프코칭에서 피코치의 스트레스를 해소하기 위한 또 다른 방법으로서 ACT를 활용한 코칭기법에 대해 설명하고자 한다. ACT는 수용전념치료(Acceptance Commitment Therapy)의 약자이다. 수용전념치료는 개인의 생각이나 감정을 변화시키지 않고 이를 수용하면서 행동을 변화시키는 데 초점을 둔다(Hayes, 2004). 따라서 개인의 비합리적인 믿음이나 생각을 수정하거나 변화시키는 데 초점을 둔 기존의 인지치료와는 차이가 있다.

수용전념치료가 인지치료에 비해 좀 더 효과적일 수 있는 예를 들어 보면, 직장에서 팀장으로부터 자주 야단을 맞는 팀원이 있다고 하자. 팀원의 어려움을 해결하기 위해 인지치료 방법으로 접근한다면 팀원이 팀장에 대해 가지고 있는 '팀장은 나를 싫어하고 미워하는 게 틀림없어.'와 같은 믿음이나 생각을 변화시키는 데 노력을 기울인다. 예를 들어, '팀장이 나를 미워해서 그렇게 갑질을 하는 게 아니라 내가 잘되라고 하는 거야.'라고 생각을 바꾸게 되면 마음이 편해질 수 있다. 하지만 현실적으로 이와 같이 믿음이나 생각을 바꾸는 것이 쉽지 않은 사람들이 있다. "분명히 팀장이 나를 싫어해서 못살게 구는 것이 사실인데, 그걸 어떻게 나를 아끼는 마음에서 하는 말이나 행동이라고 생각할 수 있겠어."라고 수용하지 않고 반발할 수 있다.

이러한 상황에서 상사의 책망하는 말이나 행동을 일단 그대로 받아들이고 자신이 그동안 팀장이 주는 스트레스로 인해 등한시해 왔던 중요한 목표나 가치를 생각해 보면서 이에 전념하는 수용전념치료는 하나의 대안이 될 수 있다. 이와 같이 대인관계와 관련된 스트레스를 해소하는 데 필자는 수용전념치료가 인지치료에 비해 좀 더 효과적일 수 있다고 판단한다. 나에게 부정적 태도나 행동을 보이는 상대방을 좋게 생각하는 것은 쉽지 않기 때문이다.

이 장에서는 주로 상담장면에서 많이 활용되어 온 수용전념치료 개념에 대해 기술하고 코칭상황에서 이를 어떻게 활용할 수 있을지 구체적인 실습방법을 제시하면서 설명하고자 한다. 수용전념치료 코칭을 통해 코치는 라이프코칭에서 주요 주제 중 하나인 피코치의 스트레스를 해결하는 데 도움을 받을 수 있을 것이다. 이 장에서 제시하는 내용 가운데 일부(ACT 개념과 사례)는 탁진국(2019)이 제8장에서 기술한 ACT 코칭을 참고로 하였다.

## 1. 수용전념치료의 기본개념

수용전념치료(ACT)에서는 여섯 가지 핵심 과정을 중요시하고 있다(Hayes, 2004). 여섯 가지 핵심 요인은 수용(acceptance), 탈결합(defusion), 맥락으로서의 자아(self-as-context), 현재 상태 몰입(contact with present moment), 가치(value), 전념행동(commitment)이다.

## 1) ACT의 여섯 가지 핵심 과정

먼저, ACT에서 궁극적으로 추구하는 심리적 유연성은 개인이 의식 있는 존재로서 지금 이 순간을 받아들이고, 자신이 추구하는 가치와 일치하는 방향으로 행동하는 것으로 정의한다. 심리적 유연성에 대한 ACT의 여섯 가지 핵심 과정은 서로 상호작용하고 연관되어 있다. 이 여섯 가지 과정은 크게 구분하면 수용, 탈결합, 맥락으로서의 자아를 통해 마음챙김과 수용을 이루는 것과 현재 상태 몰입, 가치, 전념행동을 통한 전념이라는 두 가지 과정으로 나눌 수 있다(Hayes, 2004). 즉, ACT의 핵심적인 내용은 수용전념치료라는 용어에서도 볼 수 있듯이 부정적인 것을 수용하고 새로운 가치 달성을 위해 전념하는 것이다. 다음에서 여섯 가지 핵심 과정에 대해서 간단히 설명하고자 한다(Hayes, Luoma, Bond, Masuda, & Lillis, 2006).

### (1) 수용

수용은 심리적으로 힘든 사고나 감정을 회피하거나 변화시키려 하지 않고 있는 그대로 인식하는 것을 의미한다. 예를 들어, 상사의 폭언으로 인해 심리적인 불안을 경험하고 있는 사람의 경우 이를 피하려 하지 않고 불안한 감정을 그대로 느끼도록 한다. 즉, 상사의 폭언으로 인해 내가 힘들다는 상황을 그대로 받아들이는 것을 의미한다.

### (2) 탈결합

많은 사람이 일상생활에서 특정 사건으로 인해 실패나 좌절을 경험할 때 "나는 정말 능력 없는 사람이야." "나는 뭐든 해도 안 되는 사람이야." 등과 같이 자신을 부정적으로 규정짓는 경우가 있다. 즉, 자신과 부정적인 생각을 결합시켜서 생각하는 것이다. 탈결합은 이러한 결합으로부터 벗어나는 것을 의미하며 이를 통해 자신을 다른 관점에서 볼 수 있게 된다. 예를 들어, 탈결합을 통해 "나는 그렇게 생각하는 것만큼 부족한 사람은 아니야, 과거 성공경험을 고려해 볼 때 나도 긍정적인 부분이 있어." 등과 같이 자신을 좀 더 긍정적으로 바라보게 된다.

### (3) 맥락으로서의 자아

맥락으로서의 자아는 자아를 제한된 관점이 아니라 좀 더 융통성 있게 다양한 관점에서 인식하는 것을 의미한다. 예를 들어, 탈결합을 통해 "나는 가망이 없는 사람이야."에서 벗어나면서 자신이 할 수 있는 다양한 것을 파악하고 "나는 어떠한 것들을 할 수 있다."는 인식을 할 수 있게 된다.

### (4) 현재 상태 몰입

개인이 경험하는 심리적인 사건 및 일반 사건을 판단하지 않고 있는 그대로 받아들이는 것을 의미한다. 일반적으로 개인이 현재 경험하고 있는 사건들에 대해 있는 그대로 얘기하게 함으로써 현재 상태를 폭넓게 인식하게 한다. 현재의 상황을 개인의 판단을 통해 설명하게 되면 제한된 관점에서 상황을 해석하게 된다. 하지만 판단하지 않고 있는 그대로를 설명하게 되면 현 상황을 좀 더 융통성 있게 바라볼 수 있게 된다. 예를 들어, 직장에서 동료와의 갈등이 있을 경우 갈등 상황을 있는 그대로 바라보고 얘기하면 되는데, 사람이다 보니 자신에게 유리한 방향으로 해석하게 되어 그대로 설명하기 힘든 경우가 자주 있다. 가능하면 객관적이고 중립적인 자세에서 상황을 인식하는 노력이 필요하다.

### (5) 가치

가치는 개인이 삶에서 중요시하는 것을 찾는 과정을 의미한다. 심리적인 어려움을 경험하고 있는 경우 이로 인해 자신이 살아가면서 중요시하는 것이 무엇인지에 대해 생각해 볼 기회를 갖지 못하게 되며 이러한 가치와 일치되는 행동을 하기 어렵게 된다. 자신이 중시하는 가치를 탐색해 봄으로써 이러한 가치를 추구하기 위한 행동을 가져올 수 있는 계기가 될 수 있다.

### (6) 전념행동

전념행동은 자신에게 중요한 가치를 추구하기 위해 필요한 행동을 선정하고 이를 실행하는 데 전념하는 것을 의미한다. 가치추구행동이 오랫동안 이루어지기 위해서는 전념행동이 유지될 필요가 있다. 또한 전념행동을 통해 자신이 경험하고 있는 스트레스에서 벗어나 집중할 수 있는 행동에 몰입하게 된다.

## 2. ACT 코칭 진행과정

〈부록 11-1〉은 앞에서 설명한 여섯 가지 요인을 활용하여 ACT 코칭을 수업이나 워크숍 등에서 학생 또는 참가자들에게 설명할 때 단순히 내용만을 설명하지 않고 실습을 통해 참가자들이 ACT 코칭의 기본 개념을 이해하는 데 도움을 주기 위하여 필자가 만든 자료이다. 이 자료를 활용하여 학생 또는 참가자들에게 각자가 경험하는 스트레스의 정도를 파악하고 이를 수용하며 동시에 자신의 추구하고자 하는 가치와 이와 관련된 목표를 탐색하고 이를 달성하기 위해 전념하는 ACT의 기본 개념을 이해시키는 데 도움이 될 수 있을 것이다. 또한 코칭장면에서 피코치의 스트레스를 해소하기 위해 ACT 코칭기법을 적용할 경우에도 〈부록 11-1〉에 나와 있는 내용을 토대로 코치가 필요한 부분만을 발췌하여 활용할 수 있을 것이다. 여기서는 코칭상황을 가정하고 부록에 나와 있는 내용을 설명하고자 한다.

〈부록 11-1〉에서 보듯이, 먼저 피코치의 스트레스가 무엇인지 파악하기 위해 현재 경험하고 있는 스트레스에는 어떤 것들이 있는지 기술하도록 한다. 가능하면 구체적으로 적도록 하고 하나가 아닌 다양한 내용을 기술하도록 한다. 예를 들어, "팀장의 갑질로 회사를 다니고 싶지 않다." "가정에서 배우자와의 갈등으로 인해 집에 들어오면 힘이 든다." 등의 내용이 가능할 수 있다. 기술한 스트레스 내용 가운데 피코치가 대처하기에 가장 어려운 것을 선택하도록 한다. 피코치가 가장 힘들다고 인식하는 스트레스를 수용전념치료를 통해 대처하는 방법을 학습하도록 하기 위해서이다.

다음은 자신이 이러한 스트레스에 대처하기 위해 시도했던 방법들은 무엇이었는지를 생각해 본 후 기술토록 하고 이러한 방법들이 얼마나 효과가 있었다고 생각하는지 답하도록 한다. 대처하기 힘든 스트레스 내용을 선택했기 때문에 대부분의 피코치는 효과가 크지 않았다고 답할 가능성이 크다. 예를 들어, 팀장의 갑질로 인한 스트레스에 대처하기가 가장 힘들고 팀장한테 직접 대들기가 어려워서 동료에게 하소연을 하거나 퇴근 후 술을 마시거나 조깅을 하는 등의 방법을 시도해 봤지만 별 효과가 없었다고 답할 수 있다.

다음은 마음챙김을 통해 마음을 가라앉히는 연습을 한다. 5분가량 눈을 감고 천천히 코로 숨을 들이마시고 5초 동안 참았다가 천천히 입으로 내쉰다. 이때 배를 통해 숨을 들이마시고 내쉬는 복식호흡으로 진행한다. 천천히 숨을 쉬면서 떠오르는 다양한 생각을 떨치려고 하지 말고 그대로 수용하면서 시간을 보낸다. 5분 후 눈을 뜨고 어떠한 생각들이 떠올랐다가 사라졌는지 실습지에 기술해 보도록 한다.

'스트레스에 대한 평가'에서는 피코치가 대처하기 힘들다고 응답한 스트레스 상황을 다시 한 번 생각해 보면서 가능한 한 객관적 시각에서 바라볼 때 얼마나 스트레스가 심한 상황인지를 판단하도록 한다. 예를 들어, "팀장의 갑질만 생각하면 잠도 못 잘 정도로 힘들다."고 답할 수도 있고, "힘들기는 하지만 다시 생각해 보면 그럭저럭 견딜 수 있을 만하다."고 기술할 수도 있을 것이다. 주관적으로 답한 내용을 객관적인 수치로 다시 한 번 정리하기 위해 10점 척도(1: 스트레스가 전혀 없다, 10: 스트레스가 매우 심하다)를 통해 몇 점을 줄 수 있는지 답하게 한다.

추가적으로 앞의 스트레스 상황과 유사한 스트레스 사건에 대해 얘기해 보고 그때의 스트레스 경험과 비교하면 현재의 스트레스 상황은 어느 정도라고 말할 수 있는지 기술토록 한다. 예를 들어, 피코치는 다른 직장에서 갑질하던 팀장을 떠올리거나 학교 다닐 때 자신을 못살게 굴던 같은 반 학생을 떠올릴 수 있다. 이러한 실습은 피코치가 스트레스가 매우 심하다고 생각하는 상황이 냉정하게 다시 한번 판단해 보면 실제로 그렇게까지 심각하지는 않다는 점을 깨닫도록 하기 위한 것이다. 그래야 피코치가 다음 단계에서 실습할 스트레스 상황을 수용할 수 있기 때문이다. 수용전념치료에서 수용과 전념이 무엇보다 중요한데 피코치가 스트레스 상황을 있는 그대로 수용할 수 없다면 전념을 유도하는 것이 힘들게 된다.

다음 단계는 실습지 2번에 나와 있는 수용이다. 수용은 말 그대로 스트레스 상황을 회피하거나 부정하지 않고 있는 그대로 받아들인다는 의미이다. 따라서 실습과정에서는 피코치에게 무조건 힘든 상황을 있는 그대로 받아들일 것을 요구하기 전에 피코치가 힘든 것으로 인식한 스트레스 상황을 그대로 수용할 수 있는지를 생각해 보도록 한다. 이미 앞부분의 실습과정에서 이에 대한 연습을 했기 때문에 피코치가 힘들기는 하지만 어느 정도 버틸 수 있다는 답변이 나올 것을 기대할 수 있다. 만약 피코치의 반응이 자신은 도저히 스트레스 상황을 받아들일 수 없다고 하면 회피하려 하거나 벗어나려고 해도 지속적으로 떠오르기 때문에 다른 방법이 없으니 받아들인다는 말 대신 일단 생각나는 대로 내버려두라고 권유한다.

탈결합은 자신에 대해 부정적으로 생각하고 있는 상황에서 벗어나는 것을 의미한다. 이를 위해 〈부록 11-1〉의 3번에 보이는 것처럼 먼저 자신에 대해 부정적으로 인식하고 있는 내용을 기술토록 한다. 예를 들어, "나는 새로운 일을 시작할 때마다 그 일을 제대로 할 수 없다고 생각한다."와 같은 내용이 가능하다. 다음에는 이러한 부정적 생각을 좀 더 긍정적으로 바꾸어 보는 노력이 필요하다. 자신에 대한 이와 같은 부정적 인식이 얼마나 합리적이고 타당한지를 다시 한 번 생각해 보고 이를 긍정적으로 바꾸어 기술하는 연습을 한다. 예를 들어, 자신이 과거에 했던 많은 일들을 생각해 본다면 처음에 다소 걱정을 했지만 제대로 끝냈던 일들을 생각해 낼 수 있을 것이다. 이를 통해 자신에 대한 부정적 인식이 적절하지 않음을 깨닫게 되고 "나는 새로운 일을 시작할 때 다소 걱정이 되기는 하지만 일을 충분히 끝낼 수 있을 것이다." 와 같은 내용으로 기술할 수 있을 것이다.

4번 가치탐색은 피코치가 자신이 살아가면서 중요하게 생각하는 가치가 무엇인지 생각해 보는 과정이다. 부록에 제시된 여덟 가지 가치 목록을 살펴보면서 이 가운데 현시점에서 자신에게 가장 중요한 가치는 무엇인지 두 개를 선택하도록 한다. 만약, 자신이 중요하게 생각하는 가치가 없다면 마지막 줄의 '기타'에 새로운 가치를 기술하도록 한다. 피코치가 두 가지 가치를 선택하면 왜 이러한 가치를 중요하게 생각하는지 구체적인 이유 및 내용을 기술하도록 한다. 예를 들어, 직장에 다니고 있는 피코치는 무엇보다 자신에게는 커리어가 가장 중요하고 커리어를 쌓아 나가는 과정에서 자신이 다니고 있는 회사에서 임원까지 승진하는 것이 매우 중요하다고 기술할 수 있다.

5번 전념은 앞에서 기술한 가치 내용을 구체적인 목표로 기술하는 것이다. 앞의 예에서 커리어에서 무엇을 중요시하는지 구체적으로 기술하였기 때문에 이 경우 구체적인 목표를 기술하는 것은 비교적 쉽다. 예를 들어, 앞의 예를 통해 도출된 구체적 목표는 "이 회사에서 임원으로 승진하는 것"으로 기술할 수 있다. 구체적 목표를 도출함으로써 피코치는 자신이 회사에 들어올 때 가지고 있었지만 팀장의 갑질로 인한 스트레스 때문에 직장생활이 힘들었고 이로 인해 잊고 있던 "임원으로의 승진"이라는 목표를 다시 한 번 상기하게 되고 이를 달성하기 위한 행동에 몰입할 수 있게 된다. 피코치의 몰입 증진을 위해 피코치가 임원으로의 승진 목표를 달성하려는 의지나 동기가 얼마나 되는지 기술해 보고 목표를 달성할 수 있는 구체적인 행동을 도출하도록 한다.

수용전념치료를 설명하는 과정에서 여섯 가지 요인이 중요하지만 필자의 생각으로는 이 치료기법의 제목에서도 강조하는 것처럼 수용과 전념이라는 두 요인이 상대적으로 더 중요하다고 판단된다. 스트레스를 받는 상황에서 벗어나기 위해서 상황을 회피하거나 감정적으로 격하게 반응하는 것은 오히려 스트레스를 가중시킬 수 있다. 스트레스를 있는 그대로 수용하다 보면 처음에는 힘들지만 훈련을 통해 연습하다 보면 견딜 수 있게 되며, 이를 통해 스트레스로 인해 자신이 그동안 관심을 기울이지 못했던 목표를 찾아 이에 전념하는 행동을 할 수 있고, 이러한 행동을 하게 되면 결과적으로 스트레스에서 어느 정도 벗어날 수 있을 것이다.

〈부록 11-1〉 실습의 마지막 6번에서는 이러한 이해를 토대로 총정리를 해 보는 과정이다. 먼저, 피코치가 처음에 기술한 스트레스가 자신이 수립한 목표를 달성하는 데 얼마나 장애가 되는지를 다시 한번 생각해 보도록 한다. 아마도 실습이 제대로 진행되었다면 이 시점에서 피코치는 처음에 매우 힘들다고 인식한 스트레스가 목표를 달성하는 데 큰 장애요소가 되지 않는다고 답할 가능성이 크다. 마지막으로 피코치가 스트레스를 수용하면서 목표를 향해 노력하려는 의지 또는 동기가 어느 정도인지를 확인하면서 실습 또는 코칭을 마치도록 한다.


## 3. ACT를 활용한 스트레스 관리

Bond와 Bunce(2000)는 수용전념치료를 활용하여 개인의 스트레스를 해소하기 위한 프로그램을 개발하고 그 효과를 처음으로 검증하였다. 이들은 Barkham과 Shapiro(1990)의 심리치료 개입방법을 토대로 프로그램 과정을 구성하였다. Barkham과 Shapiro는 프로그램을 3회로 구성하였는데, 매 회기 시간은 반나절이고 첫째 주와 둘째 주에 만난 후 14주차에 마지막 회기를 갖는 순서로 진행된다. Bond와 Bunce는 이와 동일하게 3개월에 걸쳐 3회기로 진행하며, 집단토의, 강의, 실습, 과제 등으로 프로그램을 구성하였다. 특히 2, 3회기에서는 전 회기의 과제물에 대해 충분히 논의하여 각 참가자의 문제를 해결하는 데 초점을 두었다. ACT 프로그램의 핵심내용은 참가자들이 스트레스와 관련된 생각, 감정, 신체적 감각 등을 변화시키거나 회피 또는 통제하려 하지 않고 이를 그대로 수용하는 방법의 중요성을 이해하는 데 초점을 두었다. 다양한 실습을 통해 참가자들은 불편한 생각, 감정 및 감각을 그대로 경험하려 하고 수용하게 되면 오히려 스트레스를 받지 않게 된다는 것을 학습하게 되었다.

Bond와 Bunce는 이 연구에서 혁신증진프로그램(Innovation Promotion Program: IPP)이라고 하는 또 다른 스트레스 관리 프로그램을 실시하였다. 이 프로그램은 기존의 스트레스 관리 프로그램과 유사한 것으로서 참가자들이 스트레스의 원인을 파악하고 이를 해결하기 위한 창의적이고 구체적인 방법을 찾는 내용으로 구성하였다. 또한 실험집단 프로그램의 효과 비교를 위해 통제집단도 구성하였다.

전체 직장인 참가자 90명을 세 집단에 각각 30명씩 무선으로 할당한 뒤, 프로그램을 실시하고 효과를 분석하였다. 종속변인에 대한 측정은 매 회기 프로그램 전에 한 번씩, 세 번을 측정하였고 마지막으로 27주차에도 네 번째로 측정하였다. 분석 결과, 일반정신건강 수준에서는 ACT 집단에서만 유의한 효과가 나타났다. 우울에서는 ACT 집단의 경우 두 번째와 세 번째 측정점수에서만 유의한 차이가 있었고, IPP 집단에서는 첫 번째와 두 번째 측정점수에서만 유의한 차이가 나타났다. 작업동기와 직무만족에서는 두 집단 모두 유의한 효과가 나타나지 않았다.

이러한 연구결과는 직장인의 스트레스를 해소하는 데 기존의 문제해결 중심의 스트레스 관리방법보다 정서에 초점을 둔 수용전념치료 방법이 더 효과가 있다는 것을 시사한다. 하지만 Bond와 Bunce의 연구에서는 앞에서 기술한 수용전념치료의 전체 내용 가운데 핵심 요인 중 하나인 가치나 전념에 관한 내용을 포함하지 않았고 주로 수용에만 초점을 두었다는 제한점이 있다.

Brinkborg, Michanek, Hesser와 Berglund(2011)는 사회복지사들의 스트레스를 감소시키기 위하여 Bond와 Bunce(2000)의 프로그램 내용을 일부 수정하여 실시하였다. 이들은 프로그램을 4회기로 구성하였고 2주에 한 번 만나 매 회기 3시간씩 진행하였다. 이들의 연구에서는 프로그램 내용에 대한 설명이 제시되어 있지 않았다. 하지만 Bond와 Bunce의 프로그램을 일부 수정하였다고 간단히 기술되어 있기 때문에 스트레스의 수용에 초점을 두었을 것으로 판단된다. 이들은 사회복지사 106명을 대상으로 스트레스검사를 했는데, 스트레스가 높은 집단(고집단: 68명)과 스트레스가 낮은 집단(저집단: 38명)으로 구분하고 각 집단에서 실험집단과 통제집단을 2:1의 비율로 구성하였다.

4회기 수용전념치료 프로그램을 실시하고 효과를 분석한 결과, 고집단의 경우 지각된 스트레스 점수와 일반정신건강 점수 사전검사에서는 실험집단과 통제집단 간에 유의한 차이가 없었지만 사후검사에는 모두 유의한 차이가 나타났다. 하지만 저집단의 경우 두 집단 간에 사후검사에서 지각된 스트레스 점수에서는 유의한 차이가 나타났지만 일반정신건강 수준에서는 유의한 차이가 나타나지 않았다. 따라서 전체적으로 수용전념치료가 참가자의 스트레스를 낮추는 데 효과가 있었으며 특히 스트레스가 높은 집단에서 효과가 더 크게 나타났다.

Ly, Asplund와 Anderson(2014)은 스웨덴의 중간관리자들의 스트레스를 감소시키기 위하여 스마트폰을 활용한 6주 프로그램을 개발하였다. 이들이 사용한 프로그램 내용에 대해 살펴보면, 먼저 첫 주에는 스트레스 개념에 대해 설명하고 스트레스 상황을 해석하는 인지적인 방법에 초점을 두었다. 둘째 주에는 마음챙김에 초점을 두고 마음챙김의 의미와 다양한 과제를 동시에 처리하는 장점에 대해 학습하였다. 셋째 주에는 스트레스를 피하려 하지 않고 있는 그대로 받아들이는 수용의 개념을 이해하고 실제 스트레스 생각이나 감정을 수용하는 실습을 하였다. 넷째 주에는 "나는 참 부족한 사람이야."와 같이 자신을 부정적인 사람으로 연계시키는 것에서 탈피하는 탈결합에 대해 학습하였다. 참가자들은 관련 동영상을 보고 개인의 이미지가 자신의 말이 나 사고를 통해 만들어진다는 것을 이해하였다. 다섯째 주에는 가치의 개념 을 이해하고 자신의 가치가 무엇인지 파악하고 스트레스 상황에서 가치의 역 할에 대해 실습하였다. 마지막 주에는 전념과 관련되어 일상생활에서 자신의 가치를 활용할 수 있는 방법을 탐색하였으며, 가치와 관련된 목표를 수립하 고 프로그램 전반에 대해 느낀 점을 얘기하고 마무리하였다. 이들이 연구에 서 사용한 스트레스 관리 프로그램은 수용전념치료에서 설명하는 여섯 가지 요인을 모두 포함하는 것으로, 앞에서 설명한 Bond와 Bunce(2000)가 수용에 만 초점을 둔 스트레스 대처 프로그램과는 차이가 있다.

Ly 등(2014)은 스마트폰을 이용하여 매주 짧은 동영상을 제작하여 참가자 들에게 보내 주었으며 글과 실습할 수 있는 과제도 함께 제시하였다. 전체 시 간은 15분으로 구성되었고 연구참여자들은 각자 자기 생활을 하면서 매주 최 소 한 번씩 자신의 스마트폰을 활용하여 프로그램에 참여하였다. 또한 37명 의 대기집단에게는 아무런 처치도 하지 않았다. 36명의 중간관리자에 프로 그램을 실시하고 효과를 검증한 결과, 이들의 지각된 스트레스 수준이 감소 하였고 일반정신건강 수준도 향상된 것으로 나타났다. 반면, 실험에 참여하 지 않은 통제집단에서는 지각된 스트레스와 일반정신건강 수준에서 유의한 차이가 없었다.

정혜경과 탁진국(2018)은 ACT 개념을 활용하여 직무스트레스에 대처하는 척도를 개발하였다. 일차적으로 ACT 개념에 대해 충분한 전문지식이 있는 박사수료생 9명을 대상으로 개방형 설문을 실시하여 ACT를 활용한 직무스 트레스 문항을 기술해 줄 것을 부탁하였다. 또한 기존의 ACT 척도를 직무스 트레스 상황에 적합하게 일부 수정하여 수집한 문항들을 포함하여 73개 예비

문항을 완성하였으며 심리학 전공 교수와의 논의를 통해 31개 문항을 선정하였다. 선정된 31개 예비문항을 직장인 201명에게 실시하고 요인분석을 통해 요인구조를 탐색한 결과, 최종 16개 문항과 4개의 하위요인이 도출되었다. 마지막으로 ACT를 활용한 직무스트레스 대처 척도의 타당화를 위하여 직장인 500명을 대상으로 온라인 설문조사를 실시하였다. 확인적 요인분석 결과, 4요인 모형의 부합도가 적합한 것으로 나타났으며 4개 요인은 준거변인 가운데 소진의 하위요인인 직업효능감 감소와 부적으로 유의하게 관련되었다.

정혜경과 탁진국의 연구에서 도출된 4개 요인은 직무스트레스 인식, 가치인식행동, 직무스트레스 수용, 그리고 목표전념행동이었으며, 4개 요인에 포함되는 문항은 〈부록 11-2〉에 제시되어 있다. 직무스트레스 인식 요인은 자신의 직무스트레스 정도가 어느 수준이고 이로 인해 어떤 불편함을 인식하고 있는지를 알아보는 것으로, "내가 받는 스트레스가 어느 정도인지 판단해 본다."와 "스트레스에서 유발된 불편한 감정이 나에게 어떤 의미인지를 찾으려 노력한다." 등과 같은 문항으로 구성되어 있다.

가치인식행동 요인은 자신의 삶이나 직장 생활에서 자신이 중요하게 생각하는 가치가 무엇인지를 탐색하는 정도를 의미한다. 직장에서 직무스트레스가 심하다 보면 자신이 중요시하는 가치가 무엇인지 잊고 사는 경우가 많게 된다. 힘들어도 시간을 내어 자신이 중요시하는 것이 무엇인지를 생각해 보게 되면 이를 토대로 가치와 연계되는 목표를 이끌어 낼 수 있을 것이다. 문항의 예로는 "업무로 인해 힘들 때 내 삶의 가치가 무엇인지 고민한다." "내가 무엇을 위해 회사에서 열심히 일을 하고 있는지 생각해 본다." 등이 있다. 세 번째인 직무스트레스 수용 요인은 개인이 지각하는 직무스트레스를 회피하거나 인지적으로 재구성하지 않고 있는 그대로 받아들이는 정도를 측정한다. 문항의 예로는 "스트레스로 인해 경험하는 생각과 감정을 통제하지 않고 그대로 받아들인다." "업무로 인해 겪는 스트레스를 피하지 않고 그대로 받아들인다." 등이 있다.

마지막으로 목표전념행동 요인은 자신이 직장에서 추구하고자 했던 목표를 다시 한번 인식하고 이를 달성하기 위해 노력하는 정도를 측정한다. 직무 스트레스 정도가 심해서 심리적으로 힘들게 살다 보면 자신이 직장에 들어와서 달성하려고 했던 목표가 무엇인지 인식하지 못하고 시간을 보낼 수 있다. 자신의 목표가 무엇인지 다시 한 번 탐색해 보고 이를 달성하기 위해 전념한다면 스트레스로 인한 어려움을 극복하는 데 도움이 될 수 있을 것이다. 이 요인에 속하는 문항의 예로는 "스트레스가 많지만 내가 추구하고자 하는 바를 달성하는 데 집중한다." "스트레스 상황에서도 나의 역량을 펼칠 수 있는 올바른 전략에 대해 생각한다." 등이 있다.

이 척도를 활용하여 코칭을 진행하는 방법은 먼저 〈부록 11-2〉에 제시되어 있는 척도를 피코치에게 실시하고 전체 척도 및 각 요인의 평균점수를 구한다. 이 척도에서 점수가 높을수록 직무스트레스에 잘 대처한다는 의미이다. 5점 척도로 측정하였기 때문에 코치는 피코치의 전체 척도 및 요인별 평균점수를 보면서 3점(보통)을 기준으로 점수가 높은지 낮은지를 판단한다. 이 척도는 전체 척도 점수보다는 각 요인별 평균점수를 활용하는 것이 적합하다.

이 직무스트레스 대처 척도는 ACT 개념을 토대로 한 것이기 때문에 각 요인이 서로 연계되어 있고 상호작용하면서 직무스트레스에 영향을 주기 때문에 한 요인에서만 점수가 높다고 해서 직무스트레스로 인한 문제점이 해결되는 것이 아니다. 즉, 가치인식행동, 수용, 목표전념 등의 요인들 모두에서 점수가 높게 나와야 직무스트레스에 적절하게 대처할 수 있게 된다. 물론 코치는 피코치가 특정 요인에서 점수가 상대적으로 더 낮게 나온 경우 해당 요인에 좀 더 초점을 두고 피코치가 이 요인에서 점수를 높일 수 있는 방법을 찾도록 유도할 필요가 있다. 특정 요인에서 점수가 높게 나온 경우에도 코치는 피코치에게 어떤 이유로 인해 해당 요인에서 점수가 높은지에 대해 물어볼 필요가 있다. 전체적으로 코치는 피코치의 각 요인별 점수를 어느 수준 이상으로 끌어올린다는 전략을 갖고 피코치가 구체적인 방법을 찾도록 이끌어 나가는 것이 중요하다.


# 4. ACT 사례

다음의 사례는 ACT 기법을 활용한 코칭을 이해하기 위해 Hulbert-Williams 등(2016)이 제시한 것을 요약한 내용이다. 피코치인 30대 중반인 Carla는 현재 법률회사에서 변호사로 일하고 있으며 특별히 업무를 싫어하는 것은 아니지만 현 직업이 자신에게 주는 의미가 없다고 생각한다. 하지만 부모님의 희망을 실망시키기 어려워서 별다른 대안 없이 헤매고 있으며 회사 인사부서에서도 Carla가 스트레스로 인한 문제가 큰 것으로 인식하고 있다. Carla는 6개월에 걸쳐 다섯 번의 코칭을 받았으며 다음은 코칭을 진행한 내용에 관해 설명한 것이다.


## (1) 현재 상태 분석

코치는 Carla가 현 상황에서 자신이 느끼는 감정이나 생각 등을 명확하게 들여다보게 하였다. 이를 통해 Carla는 자신이 도전하지 않고 현재의 문제를 회피하기 위해 아예 신경을 쓰지 않고 술만 마시면서 보냈다는 것을 인식하게 된다.


## (2) 탈결합

Carla는 현재 모든 것이 희망 없다는 생각을 깊게 하고 있으며 코칭과정에서 "이 상황에서 나는 희망이 없어."라는 얘기를 많이 하고 있었다. 하지만 Carla 자신도 변호사라는 직업에 대한 동일시와 결합이 강해서 이를 변화시키는 것이 어려운 실정이었다. 이러한 생각에서 완전히 벗어나는 것은 어렵기 때문에 코치는 Carla가 일단 자신이 희망이 없다고 깊게 생각하는 것을 인식하게 한 후 이에 관심을 갖고 조금이라도 이러한 생각에서 벗어날 수 있도록 하는 데 초점을 두고 진행하였다.

### (3) 맥락으로서의 자아

코치는 Carla가 법률가로서의 자아만이 아닌 자신이 가진 다양한 자아를 인식하도록 하는 데 초점을 두었다. 이를 통해 Carla는 법률가 이외에도 예술가, 친절함 등 다양한 자아가 있음을 인식하게 되었다. 이 과정에서 흥미검사나 강점검사와 같은 심리검사를 통해 피코치가 자신의 또 다른 자아를 파악하는 데 도움을 줄 수 있을 것이다.

### (4) 수용

코치는 Carla가 현재의 고통스러운 생각이나 감정을 제거토록 하지 않고 이를 있는 그대로 수용하는 데 초점을 두고 코칭을 진행하였다. 이를 위해 '불안 괴물과의 줄다리기 게임'을 활용하였다. 이 기법은 코치가 괴물의 역할을 맡고 Carla와 서로 줄다리기를 하는 것으로서 Carla가 계속 줄을 잡아당길수록 상대방도 줄을 잡아당겨 힘만 들게 되는 상황에서 줄을 놓아 버리면 힘든 상황에서 벗어난다는 것을 깨닫도록 하기 위한 것이다. 여러 번의 활동을 통해 Carla는 괴물이 자꾸 게임을 하자고 해도 응대하지 않는 것이 좋은 방법임을 인식하게 되었다. 즉, 현재의 힘든 생각이나 감정을 있는 그대로 수용하는 방법을 배우게 된 것이다.

### (5) 가치

코치는 Carla가 삶 또는 경력에서 중요시하는 가치를 탐색해 보게 하고 어떤 행동을 하고 싶은지를 파악해 보게 하였다. Carla는 무엇보다 타인에게 친절하게 대하는 것을 중요시하는데 현재는 이를 반영하고 있지 못함을 인식하게 되었다.

### (6) 전념

코치는 Carla가 자신이 중요시하는 가치 충족을 위해 어떤 행동을 할 수 있을지를 탐색해 보도록 하였다. Carla의 경우 당장 직업 전환은 어렵고 자신의 가치를 반영해 타인(아이들)을 돕는 행동에 초점을 두고 심리학 공부를 하고 요리를 배우는 활동에 시간을 보내겠다는 마음을 먹게 되었다.

결과적으로 Carla는 전념을 통해 삶의 에너지가 생기게 되었으며 주 4일 근무하고 다른 직업을 탐색하는 노력을 하기 시작했다. 즉, 법률가로서의 정체성에 대한 결합에서 조금 벗어나 아이들을 위해 일하는 직업을 찾기 시작하였다. 코칭이 끝난 6개월 후 Carla는 스트레스에서 많이 벗어나서 일에 몰입하게 되었다. 미래에 대한 불안은 여전히 남아 있었지만 이로 인해 아무것도 못할 수준에서는 완전히 벗어나게 되었다. 이와 같이 ACT의 목표는 증상 자체를 감소시키는 것이 아니라 고통스러운 생각이나 감정과 다른 관계를 맺어(즉, 이를 수용하면서) 삶에서 새로운 의미를 찾는 것이다.

## 🌵 부록 11-1 ACT 코칭 진행방법 실습

1. 스트레스 파악

▶현재 일상생활에서 경험하고 있는 스트레스는 무엇인가요? 구체적으로 기술해
 주세요.

1)_____

2)_____

3)_____

▶이 가운데 가장 대처하기 힘든 스트레스에 체크하세요.

▶이러한 스트레스를 해결하기 위해 노력했던 내용에 대해 기술해 주세요.

1)_____

2)_____

3)_____

▶앞의 노력들이 얼마나 효과가 있었는지 기술해 주세요.

_____

_____

_____

_____

▶마음챙김 연습:

　5분 동안 눈을 감고 머릿속에 떠오르는 생각들을 그대로 받아들이면서 시간을 보내 보세요. 그리고 5분 후 눈을 뜨고 어떤 생각들이 오갔는지 기술해 보세요.

1) _____

2) _____

3) _____

4) _____

5) _____

▶스트레스에 대한 평가: _____

_____

▶앞에서 자신이 체크한 스트레스 상황에 대해 객관적으로 평가해 볼 때 얼마나 스트레스가 심한 상황인지를 기술해 주세요(예: 잠을 못 잘 정도로 힘들다, 그럭저럭 견딜 만하다 등). 또한 10점 만점(1점: 전혀 심하지 않다, 10점: 매우 심하다)에 몇 점을 줄 수 있는지 얘기해 주세요.

_____

_____

_____

_____

▶이 상황과 유사한 정도의 스트레스를 경험한 사건에 대해 얘기해 주세요. 그때와 비교하면 이번에는 얼마나 더 심하거나 약한 상황인가요?

_____

_____

## 2. 수용

▶이 상황을 그대로 받아들인 채 살아가는 것은 솔직히 얼마나 힘든 상황인지 얘기해 주세요(즉, 죽을 만큼 힘든 상황인지 아니면 힘들기는 하지만 그런대로 버티면서 살 수 있는 상황인지 등).

_____

_____

## 3. 탈결합

▶자신 또는 주변 환경에 대해 부정적으로 생각하고 있는 내용들을 구체적으로 기술해 보세요(예: 나는 매사를 부정적으로 생각한다. 나는 그 사람과는 친하게 지낼 수 없다고 생각한다. 나는 정직하지 못한 사람이 많다고 생각한다).

1) 나는 _____

2) 나는 _____

3) 나는 _____

▶앞의 내용과 같이 기술한 내용이 객관적이고 합리적으로 볼 때 얼마나 적절한 표현인지 생각해 보세요.

▶앞에서 기술한 내용을 좀 더 긍정적으로 기술해 보세요.

1) 나는 _____

2) 나는 _____

3) 나는 _____

4. 가치탐색

▶다음 영역에서 현시점에서 자신에게 중요한 두 가지 가치 영역을 선택하고 각 가치에 대해 어떤 점이 중요한지 구체적인 내용을 기술해 주세요.

| 가치 영역 | 구체적인 가치 내용 |
|---|---|
| 1. 자아 | |
| 2. 커리어 | |
| 3. 여가 | |
| 4. 가족 | |
| 5. 건강 | |

| | |
|---|---|
| 6. 사랑 | |
| 7. 친구 | |
| 8. 재정 | |
| 9. 기타 | |

5. 전념

▶앞에서 기술한 구체적인 가치 내용을 구체적인 목표로 기술해 주세요.

| 가치 영역 | 구체적인 목표 |
|---|---|
| 1. | |
| 2. | |

▶앞에서 기술한 목표를 달성하려는 의지나 동기가 어느 정도인지 얘기해 주세요.

_____

_____

▶앞에서 기술한 목표를 달성하기 위해 구체적으로 어떤 행동을 할 수 있는지 기술해 주세요.

1) _____

2) _____

3) _____

## 6. 총정리

▶처음에 기술한 스트레스가 앞에서 작성한 목표를 달성하는 데 얼마나 장애가 된다고 생각하는지 기술해 주세요.

_____

_____

_____

▶이러한 스트레스를 그대로 받아들이면서 앞의 목표를 달성하기 위해서 노력하려는 의지 및 동기가 어느 정도나 되는지 기술해 주세요.

_____

_____

_____

🌱 **부록 11-2** **ACT 활용 직무스트레스 대처 척도**

다음은 귀하가 직장에서 스트레스에 어떻게 대처하는지에 대해 알아보기 위한 문항입니다. 다음 문항을 잘 읽어 보시고 각 내용에 동의하는 정도에 따라 1점(전혀 그렇지 않다)에서 5점(매우 그렇다)으로 표시해 주십시오.

1. 요인 1: 직무스트레스 인식 5문항

① 현재 경험하는 스트레스 정도를 과거와 비교해 본다. 　1　2　3　4　5
② 과거에 지금과 같은 스트레스가 없었는지 생각해 본다. 　1　2　3　4　5
③ 내가 받는 스트레스가 어느 정도인지 판단해 본다. 　1　2　3　4　5
④ 스트레스에서 유발된 불편한 감정이 나에게 어떤 의미인지 　1　2　3　4　5
　를 찾으려 노력한다.
⑤ 내가 겪는 스트레스가 지속되었을 때 어떠한 상황이 전개될 　1　2　3　4　5
　지 생각해 본다.

2. 요인 2: 가치인식행동 4문항

① 업무로 인해 힘들 때 내 삶의 가치가 무엇인지 고민 　1　2　3　4　5
　한다.
② 내가 중시하는 삶의 가치의 우선순위를 생각하고 내가 중요 　1　2　3　4　5
　하게 생각하는 가치를 명확하게 재정립한다.
③ 내가 무엇을 위해 회사에서 열심히 일을 하고 있는지 생각 　1　2　3　4　5
　해 본다.
④ 나의 삶에서 직장이 가지는 가치가 어느 정도인지 판단해 　1　2　3　4　5
　본다.

3. 요인 3: 직무스트레스 수용 4문항

① 스트레스로 인해 경험하는 생각과 감정을 통제하지 않고 그    1   2   3   4   5
대로 받아들인다.

② 업무로 인해 겪는 스트레스를 피하지 않고 그대로 받아들인    1   2   3   4   5
다.

③ 스트레스를 받는 것은 자연스러운 것이라고 생각한다.       1   2   3   4   5

④ 다른 사람들도 일반적으로 스트레스를 겪는다고 생각하며    1   2   3   4   5
내가 겪는 스트레스를 그대로 받아들인다.

4. 요인 4: 목표전념행동 3문항

① 스트레스 상황에서도 나의 역량을 펼칠 수 있는 올바른 전    1   2   3   4   5
략에 대해 생각한다.

② 스트레스가 많지만 내가 추구하고자 하는 바를 달성하는 데    1   2   3   4   5
집중한다.

③ 스트레스 상황을 수용하면서 발전적인 대안을 찾는다.       1   2   3   4   5

———— 제12장 ————

# DBT를 활용한 스트레스 해소

다이어렉티컬 행동치료(Dialectical Behavior Therapy: DBT, Linehan, 1993)는 경계선 성격장애나 자살을 시도하려는 사람들 및 자해행위를 하는 사람들을 치료하는 데 많이 활용되고 있다. 다이어렉티컬은 본래 철학 용어로 변증법으로 불리고 있다. Linehan이 치료 이름을 이와 같이 명명한 이유는 치료 과정이 변증법에서 주장하는 논리와 유사하기 때문이다. 변증법에서 주장하는 기본 논리는 정명제와 이와 모순되는 반명제가 서로 논쟁을 벌이다 적절한 시점에 합을 이루게 된다는 것이다. 일반 심리치료에서는 대부분 문제가 되는 행동을 제거하는 데 초점을 둔다. 하지만 DBT는 문제가 되는 행동이나 생각(예: 자해하려는 생각)을 수용하는 것을 강조한다. 또한 동시에 이를 변화하려는 노력을 기울이면서 수용과 적절한 균형을 이룸으로써 문제를 해결한다는 점을 강조한다. 이러한 과정이 변증법에서 주장하는 논리와 유사한 부분이 있다.

　DBT를 심리치료에 적용하는 기법은 매우 많다. McKay, Wood와 Brantley

(2019)가 기술한 『DBT 스킬 워크북』에서 제시하는 있는 기법만 해도 수십 가지가 된다. 필자는 이들의 책에서 제시하고 있는 다양한 기법을 살펴보면서 이 가운데 여러 기법들이 일상생활에서 다양한 스트레스를 경험하는 일반인에게도 적용 가능하다고 판단하였다. 이 장에서는 그중에서도 라이프코칭 시 일반인에게도 적용하여 코칭 효과를 볼 수 있다고 판단되는 일부 기법들을 소개하고자 한다.

# 1. 스트레스 감내 스킬

DBT는 크게 보면 스트레스 감내 스킬(distress tolerance skill), 마음챙김 스킬(mindfulness skill), 정서조절 스킬(emotion regulation skill), 대인관계 효율성 스킬(interpersonal effectiveness skill) 등 4개의 스킬로 구성되어 있다 (McKay, Wood, & Brantley, 2019). 또한 각 영역은 다양하고 구체적인 세부 스킬들을 포함한다. 이 가운데 McKay 등(2019)이 워크북에서 제시하고 있는 스트레스 감내 스킬에 해당하는 기법은 대략 30개 정도 된다. 여기서는 이 가운데 필자가 판단하여 일반인에게도 효과를 볼 수 있다고 생각되는 몇 가지의 내용을 간단히 설명하고자 한다.

## 1) 기초 스트레스 기술(basic distress tolerance skills)

살아가면서 스트레스로 인해 부적 정서를 경험하게 될 때 슬기롭게 대처하지 못하여 오히려 스트레스가 심해지는 경우가 자주 나타난다. 예를 들어, 스트레스를 초래한 사람에게 화를 크게 내서 관계가 더 악화가 되는 경우가 있다. 또한 그 사람과 아예 만나는 것을 피하는 회피방법을 사용하는 경우 오히려 더 외로워지고 우울해질 수도 있다. 이러한 자기파괴적이고 부정적인 대처방법에서 벗어나 적절한 대처방법을 사용하기 위해서는 현재 자신의 스트레스 대처방법과 그로 인해 나타나는 부정적 결과를 인식하는 것이 중요하다. 이를 위해 다음의 '실습'에서와 같이 직접 자신의 대처방법을 기술하고 그로 인해 나타나는 부정적 결과를 직접 기술해 보는 것이 도움이 된다.

### 실습 스트레스 대처방법 및 부정적 결과

| 대처방법 | 부정적 결과 |
| --- | --- |
| 스트레스 상황을 피하기 위해 사람들과 만나는 것을 피함 | 더 외로워지고 더 우울해짐 |
| 다른 사람에게 화를 내는 등과 같이 감정 표출 | 관계가 더 악화됨 |

이를 통해 자신의 현 대처방법상에 문제가 있다는 것을 인식하고 새로운 대처방법을 찾게 된다. McKay 등은 이를 위해 REST란 방법을 제시하고 있다. 이 방법은 스트레스 상황에서 벗어나기 위해 먼저 여유를 가지고(relax), 현 상황을 점검 및 평가하고(evaluate), 구체적인 해결방법을 찾고(set an intention), 실행하는(take action) 과정을 거치는 것을 의미한다.

첫째, 여유를 가진다는 의미는 부정적 정서를 경험하는 상황에서 순간적으로 심호흡하면서 마음속으로 '스톱' 또는 '여유' 등의 단어를 속으로 외치면서 긴장을 푸는 것이다. 둘째, 점검 및 평가는 부정적 정서를 가져온 현 상황을 살펴보고 자신의 신체적, 정서적 및 심리적 변화 상태를 점검하면서 부정적 정서 수준을 평가한다. 셋째, 해결방법 모색은 새로운 대처방법을 선택하는 것이다. 마지막으로, 실행은 선택한 대처방법을 실행하는 것으로서 어떤 행동을 하고 있는지를 인식하는 것이 중요하다.

McKay 등이 워크북에서 제시한 브라이언의 사례를 통해 REST 방법을 설명하면 다음과 같다.

브라이언은 평소 부인에게 화나면 소리 지르고 근처 술집에 가서 술을 많이 마시고 오는 습관이 있어 이를 개선하기 위하여 REST 방법을 활용하고자 하였다. 브라이언은 어느 날 부인이 다음 주 자신의 출근복을 세탁하지 않은 것을 알고 순간적으로 분노가 치솟았다. 이때 브라이언은 먼저 순간적으로 깊게 숨을 쉬면서 근육의 긴장을 풀었다(relax).

다음 단계는 점검 및 평가단계(evaluate)로, 현 상황을 판단해 보니 당장 내일 출근할 것도 아니고 부인한테 세탁해 달라는 얘기도 한 적이 없으며 아직도 세탁할 수 있는 충분한 시간이 있음을 인식하였다. 또한 자신이 순간적으로 화가 크게 난 상태라는 것도 인식하게 되었다. 이 상황에서 흥분을 가라앉히기 위해 현장에서 벗어나 침실로 들어가는 방법을 사용했다(set an intention). 마지막으로 침실로 바로 들어가 누워 조용한 음악을 들으면서 복식호흡하며 흥분을 가라앉힌 다음 거실로 나와 부인한테 화를 낸 것에 대해 사과하였다(take action).

## 2) 철저한 수용(radical acceptance)

일반적으로 갑자기 화가 난 상황에서는 상황을 제대로 인식할 마음의 여유가 없게 되고, 따라서 제대로 대처하지 못하고 바로 화를 내게 된다. 이러한 상황에서 적절하게 대처하는 방법은 먼저 화를 불러일으키는 대상에 대해 철저히 수용을 하는 것이다. 앞의 사례를 통해 설명하면 브라이언이 먼저 부인의 행동에 대해 있는 그대로를 수용하는 것을 의미한다. 즉, 부인이 세탁하지 않은 것에 대해 '뭐 그럴 수 있지.' '그래 이미 발생한 일인데 어쩌겠어.' '뭐 과거에 집착해 봐야 아무런 소용없어, 현재에 집중해야 해.' 등과 같은 생각을 스스로 하면서 현 상황을 있는 그대도 받아들인다.

## 3) 다른 생각을 하거나(distract your thoughts) 상황에서 벗어나기

스트레스에서 벗어나기 위해 다른 생각을 하는 것도 도움이 된다. 힘들었던 스트레스 상황을 떠올리지 않기 위해 노력을 하는 것은 실제로 별 도움이 되지 않는다. 아무리 노력해도 자꾸 부정적 경험이 생각나기 때문이며 잊으려고 노력할수록 더 생생하게 떠오르기도 한다. 이러한 상황에서는 오히려 잠시 눈을 감고 자신이 좋아하는 영웅을 떠올리거나 즐거웠거나 재미있었던 과거 경험을 생각해 보는 것 등이 도움이 된다.

즐거웠고 재미있던 일을 생각하면서 그때 어디에서 무엇을 했고 누구와 같이 보냈고 그 당시 기분은 어땠으며 그 후에도 어떤 상태였는지 등을 계속 생각해 본다. 자신이 영웅이 되는 것을 상상하면서 무엇을 하고 어떻게 할 것이며 사람들은 뭐라고 얘기할지에 대해 상상한다. 또한 자신에게 중요한 사람으로부터 칭찬받는 것을 상상하는 것도 도움이 된다. 자신이 무엇을 했고 그 사람이 뭐라고 말하는지 등을 자세하게 상상해 본다.

부정적 정서 상황에서 벗어나서 다른 곳으로 이동하는 것도 좋은 방법이다. 앞의 브라이언의 예처럼 부인이 옆에 있을 경우 분노를 참지 못하고 계속해서 화를 낼 가능성이 높기 때문에 그 상황에서 벗어나 방으로 잠시 들어가거나 밖으로 나가는 것도 상황을 더 악화시키지 않는 방법이 될 수 있다.

### 4) 안전한 장소 시각화 방법(safe-place visualization)

이 방법을 통해 진행하는 과정을 설명하면 다음과 같다.

먼저, 20분 정도 집중할 수 있는 조용한 장소를 선택한다. 편한 의자에 앉아 눈을 감고 천천히 코로 숨을 들이마신 후 5초 동안 참았다가 천천히 입으로 내쉰다. 세 번 정도 하고 다음부터는 참지 않고 천천히 숨을 쉰다. 가능하면 복식호흡으로 하면 좋다. 숨을 쉬면서 눈을 감고 안전하고 여유를 가질 수 있는 실제(예: 집에서 가장 편안한 곳, 지난여름 휴가 가서 편하게 지냈던 곳 등) 또는 상상 속(예: 달 표면) 장소를 떠올린다.

다음은 오감을 이용하여 시각, 청각, 후각, 촉각, 미각과 관련된 내용을 상상해 본다. 시각과 관련해서는 시각적으로 장소와 관련된 상세한 내용들을 상상해 본다. 예를 들어, 장소의 모양, 낮 또는 밤, 가구 모양, 하늘 색깔 등이다. 이 가운데 마음을 진정시키는 무언가 (예: 하늘 색깔)를 선택하고 살펴보는 것을 상상한다.

다음은 청각과 관련해 상세한 내용을 상상해 본다. 예를 들어, 어떤 소리가 들리는지를 상상해 본다. 음악 소리일 수도 있고 동물 소리, 사람 소리 등 다양한 소리를 상상해 본다. 이 가운데 마음을 진정시키는 하나를 선택하고 들리는 소리를 상상한다. 이어서 후각, 촉각, 미각의 순서로 관련된 내용을 상상한다. 후각의 경우 해당 장소와 관련해 냄새를 맡을 수 있는 모든 것(예: 꽃, 바다 등)에 대해 상상해 보고 이 가운데 마음을 가장 진정시키는 하나를 선택하고 냄새를 상상한다. 촉각의 경우 만지는 것을 통해 촉감을 느낄 수 있는 것들(예: 소파, 책상, 개 등)을 상상해 보고 이 가운데 마음을 차분하게 하는 한 가지를 선택해서 촉감을 느껴 본다. 마지막으로 미각과 관련해서는 상상하는 모습에서 어떤 것을 마시거나 먹고 있는지를 살펴보면서 마음을 진정시키는 것이 있다면 그것을 선택하고 맛을 보는 것을 상상한다.

오감과 관련해 상상해 보는 단계가 끝나면 마음이 상당히 진정된 상태가 되며 오감을 통해 지각한 장소를 다시 한 번 살펴보고 그 모습이 어떤지를 기억하기 위해 노력한다. 이를 통해 나중에 필요할 때 언제든지 그 모습을 쉽게 떠올리는 것이 가능해진다. 마지막으로 눈을 감은 채 호흡에 집중하면서 천천히 숨을 쉬고 눈을 뜨며 현재 방으로 돌아온다.

필자의 경험에 따르면 어떤 장소를 상상하는지에 따라 오감을 모두 활용하기 어려운 경우가 나타나기 때문에 관련되는 감각만 활용하면 된다. 또한 오감을 활용하지 않고 안전한 장소만 떠올리면서 심호흡에 집중해도 효과를 볼 수 있었다.

## 5) 단서-통제 완화(cue-controlled relaxation)

이 방법은 긴장 완화를 위해 이와 관련된 단어(예: 희망, 평화, 안심 등)를 생각하면서 심호흡을 하는 것이다. 시작은 앞에서 기술한 방법과 동일하며 안전한 장소를 상상하는 것이 아니라 긴장 완화와 관련된 단어를 생각한다는 점에서 차이가 있다.

> 처음에 20분 정도 집중할 수 있는 조용한 장소를 선택하고 편한 의자에 앉아 눈을 감고 천천히 코로 숨을 들이마신 후 5초 동안 참았다가 천천히 입으로 내쉰다. 세 번 정도 하고 다음부터는 참지 않고 천천히 숨을 쉰다.
>
> 다음은 하늘에서 내려온 광선이 머리를 비춘다고 상상하며 머리가 따뜻해짐을 느낀다. 천천히 광선이 머리에서 아래쪽으로 내려오면서(예: 이마 > 눈 > 코 > 입 …… > 다리 > 발) 해당 부위가 따뜻해지고 긴장이 완화됨을 느낀다.
>
> 천천히 숨을 들이마셨다가 내쉬면서 단서 단어(예: 희망)를 생각하며 몸의 긴장이 완화됨을 느끼는 것이 중요하다. 천천히 몇 분 동안 반복한다. 하루에 두 번 정도 실습하면서 긴장이 완화되는 데 걸리는 시간을 기록한다.

필자는 개인적으로 안전한 장소 시각화 방법과 단서통제 방법을 혼합하여 사용해 봤는데 효과를 볼 수 있었다. 좀 더 시간을 단축시키기 위하여 안전한 장소 시각화 방법 가운데 심호흡하면서 안전한 장소를 상상하고 오감을 통한 상상은 실시하지 않았다. 여기에 단서통제 방법을 포함시켜 숨을 내쉴 때 '안정'이라는 단어를 생각하였다. 이를 통해 스트레스 상황에서 긴장을 완화하는 데 도움이 되었다. 독자들도 여기서 소개하고 있는 다양한 방법 가운데 일부를 선택하여 혼합해 사용하는 것도 시도해 볼 수 있을 것이다.

## 6) 자기격려 대처 사고와 자기긍정 진술문

이 기법은 스트레스 상황에서 스스로 긍정적인 생각을 하는 방법이다. 예를 들어, '뭐 이런 상황이 오래 지속되지는 않아. 과거에도 많은 힘든 상황을 겪었고 살아남았어. 마음이 편치 않지만 이 정도는 수용할 수 있어. 나는 강해서 현 상황에 충분히 대처해 나갈 수 있어.'와 같은 생각을 하는 것이다.

이와 유사한 방법으로 자기긍정 진술문이 있다. 자신의 긍정적인 면을 스스로에게 얘기하는 방법으로 예를 들면, "내가 실수를 했지만 난 아직 훌륭한 사람이야." "나는 지속적으로 성장하고 있어."와 같은 내용의 진술문이 가능하다. 이를 한 번만 얘기하면 잊기 쉽기 때문에 포스트잇 등에 써서 컴퓨터, 집 안, 스마트폰 등에 붙여서 자주 보고 인식하는 것도 중요하다.

## 7) 점진적 근육이완 기법

이 방법은 Jacobson(1929)이 처음 개발하였는데 스트레스 상황에서 근육이 긴장되기 때문에 이를 이완시킴으로써 몸과 마음을 편안하게 하는 방법이다. Wolpe(1958)는 이를 토대로 좀 더 간단히 실시할 수 있는 기법을 제시하였다. 이 기법의 특징은 특정 근육 긴장 및 완화 훈련을 통해 향후 스트레스 상황에서 특정 부위의 긴장을 인식할 수 있고 이를 이완함으로써 정서를 안정시킬 수 있다는 논리이다.

McKay 등(2019)이 소개하고 있는 다섯 단계 동작으로 이루어진 약식 절차를 설명하면 다음과 같다. 먼저, 기본 과정은 5초 동안 특정 근육을 긴장한 후 바로 빠르게 이완하고 15초에서 30초 정도 이완 및 완화된 느낌을 인식한다. 다시 동일한 근육을 5초 동안 긴장하고 바로 이완한 후 15초에서 30초 정도 이완된 느낌을 인식한다. 즉, 동일 동작을 두 번 반복한다.

첫 번째, 두 주먹을 꽉 쥐고 양팔에 알통을 만들면서 U자 형태로 만든다. 이때 어깨와 상부 등에 긴장이 됨을 느껴야 한다. 손, 팔, 어깨에 긴장됨을 느끼면서 5초간 유지하다 바로 이완한다. 이 동작을 한 번 더 반복한다.

두 번째, 좌측 귀를 좌측 어깨 방향으로 기울이고 천천히 고개를 숙이며 오른쪽으로 돌리며 우측 귀가 우측 어깨까지 오도록 한다. 이어서 반대로 오른쪽에서 시작하여 고개를 숙이며 좌측 어깨까지 오도록 한다. 이 과정에서 목, 등, 턱에 긴장을 느끼도록 한다. 바로 이완하고 15초에서 30초 정도 이완된 느낌을 인식한 후 다시 동일 동작을 반복한다.

세 번째, 얼굴과 어깨 근육을 모두 수축하는 것으로서 얼굴 전체를 조이고 어깨를 올리는 동작을 취하는데 이때 눈, 입, 이마, 어깨가 긴장됨을 느껴야 한다. 5초 긴장 후 바로 이완하고 잠시 쉬었다가 다시 동일 동작을 반복한다.

네 번째, 등을 뒤로 보내면서 가슴을 펴는 동작으로서 이때 가슴, 어깨, 등, 배에 긴장을 느껴야 한다. 5초간 긴장 후 바로 이완하고 15초에서 30초 이완된 느낌을 인식하고 다시 동일 동작을 반복한다.

마지막은 하반신 근육에 긴장을 하는 것이다. 의자에 앉아서 다리를 펴고 발가락이 얼굴 쪽으로 향하도록 하고 5초간 유지하다가 바로 이완한다. 이때 다리의 위쪽과 아래쪽에 긴장을 느껴야 한다. 이어서 다리를 펴고 발가락이 얼굴에서 멀어지도록 하며 5초간 유지하다가 이완한다. 동일한 곳에 긴장을 느껴야 한다. 잠시 쉬다가 이 동작을 한 번 더 반복한다.

이 기법을 활용할 때 주의해야 할 점은 신체에 이상이 있는 경우 긴장 시 조심해야 하며 지나친 긴장은 피해야 한다는 것이다. 지나칠 경우 근육에 무리가 갈 수 있다. 근육을 이완할 때는 빠르게 해야 한다는 점도 기억해야 한다. 예를 들어, 어깨를 올리면서 긴장시켰다가 이완하는 경우 어깨를 천천히 내리지 말고 빠르게 내려야 한다. 이를 통해 이완된 느낌을 더 강하게 인식할 수 있다.

## 2. 마음챙김 스킬

마음챙김(mindfulness)은 자신을 판단하거나 비판하지 않고 현재의 순간에 몰입하면서 자신의 사고, 정서, 신체감각, 행동 등을 인식하는 능력을 의미한다(McKay et al., 2019). 마음챙김이 중요한 이유는 현재 상황에서 한 가지에 집중하도록 도움으로써 정서를 통제하는 데 도움을 주기 때문이다. 또한 스트레스 상황에서 부적절한 판단을 함으로써 스트레스를 더 받는 경우가 자주 있는데 자신의 부정적 경험과 판단적 사고를 분리함으로써 스트레스를 경감시키는 데 도움을 준다. 예를 들어, 직장에서 상사의 업무 피드백이 부정적인 경우 자신의 업무 능력의 미흡함을 객관적으로 인식하지 않고 상사가 자신을 미워해서 갑질한다고 판단하여 스트레스를 필요 이상으로 받는 경우가 있다. 이 상황에서 상사의 부정적 피드백을 있는 그대로 받아들이고 지나치게 과대 해석하지 않는 노력이 스트레스를 줄이는 데 도움이 된다. McKay 등(2019)의 워크북에서 마음챙김과 관련된 기법이 약 20개 정도 제시되어 있는데, 여기서는 이 가운데 일부만 간단히 설명하고자 한다.

### 1) 마음챙김 호흡

일상생활에서 개인은 수시로 다양한 생각과 다른 자극으로 인해 정신이 산만해지는 경우가 많이 나타난다. 마음챙김 호흡(mindful breathing)은 이때 호흡의 들숨과 날숨에 집중하면서 긴장을 푸는 데 도움을 주게 된다. 이 방법은 숨을 세면서 호흡에 집중하여 들숨과 날숨에 따라 가슴과 배가 부풀려졌다가 들어가는 것을 관찰하며, 이를 통해 호흡하는 동안 발생하는 다양한 산만한 생각을 지각하고 또 이것이 사라지도록 노력하는 활동을 의미한다. 처음에는 타이머를 3~5분 정도 설정하고 진행하다가 익숙해지면 10분 또는 15분과 같이 더 길게 갈 수도 있다. 구체적인 방법은 다음과 같이 진행하면 된다.

먼저, 마음챙김 호흡을 하는 동안 방해받지 않고 편안히 집중할 수 있는 곳을 찾은 뒤 방해가 되는 소리를 차단하고 타이머를 맞춘다. 이제 눈을 감고, 천천히 길게 숨을 쉬고 긴장을 풀며 시작한다. 한 손을 배에 대고, 천천히 코로 숨을 들이쉬고 입으로 천천히 숨을 내쉬는데, 숨을 들이마시면서 배가 풍선처럼 공기로 가득 차고 숨을 내쉴 때 쉽게 수축되는 느낌을 받는 것을 상상한다. 숨이 콧구멍을 가로지르는 것을 느끼고 촛불을 끄는 것처럼 숨이 입술을 통해 나가는 것을 느껴 본다. 숨을 쉴 때 몸의 감각을 확인한다. 자신이 어디에 있든 몸의 무게를 인식한다. 숨을 쉴 때마다 몸이 점점 더 편안해지는지 확인한다.

이제 매번 숨을 내쉴 때마다 숫자를 1부터 세기 시작하며 4까지 세면(즉, 네 번 내쉬게 되면) 다시 1부터 센다. 계속 숨을 쉬면서 어떻게 숨을 쉬는지 집중한다. 즉, 가슴과 배가 어떻게 움직이며 숨이 코로부터 입으로 나가는 과정을 느낀다.

이 과정에서 호흡에 집중하는 데 방해가 되는 다른 산만한 생각(예: 안 좋은 기억, 정서, 주변 소리 등)이 날 수 있는데, 그렇다면 이러한 생각에 잠시 머무르다가 거기에서 벗어나 다시 숨을 세는 데 집중한다. 이때 다른 생각을 떠올리는 자신에 대해 비난해서는 안 된다. 모든 사람이 다 그러한 생각이 나기 때문이다. 편안한 마음으로 천천히 호흡하면서 숨을 센다. 타이머가 울리면 천천히 눈을 뜬다.

## 2) 마음챙김을 통한 정서인식(mindful awareness of emotions)

이 방법은 마음챙김을 통해 자신의 정서상태를 인식하는 기법으로서 진행방법은 다음과 같다.

먼저, 앞에서 말한 것과 같이 방해받지 않을 편안한 장소를 찾은 뒤 길고 천천히 숨을 들이쉬면서 공기가 코를 통해 들어와 목 뒤로 내려가 폐까지 내려가는 느낌을 확인한다. 한 번 더 숨을 들이쉬고 내쉬면서 몸에서 어떤 일이 일어나는지 몸의 감각을 파악한다.

이제 주의를 정서로 돌려서 현재 내면에서 느끼는 정서를 찾거나 또는 현재 특별히 느끼는 정서가 없다면 최근 경험한 정서를 찾아도 좋다. 그 정서가 긍정적인지 부정적인지, 즐거웠거나 불쾌했는지 생각해 본다.

해당 정서를 잘 설명할 수 있는 단어를 찾는다. 흥분, 만족, 걱정, 불안 등이 가능하다. 마음속의 정서를 계속 느껴 보며, 어떤 변화가 있는지 확인하고, 변화가 있다면 무엇이 다른

지 생각해 본다. 이때 다른 생각이나 방해자극이 떠오를 경우 거기에 빠지지 말고 자연스럽게 사라지도록 한다. 만약 정서가 더 강해지거나 약해지면 어떻게 변화하는지 생각해본다.

계속 정서에 집중하면서 정서의 변화를 표현할 수 있는 단어를 찾는다. 새로운 정서로 변화될 경우 그 변화를 나타내는 단어를 찾는다. 계속 방해자극이 나타날 때마다 자연스럽게 사라지도록 하며 정서에 다시 집중한다. 정서에 집중하며 정서의 변화를 확인할 때까지 계속한다.

## 3) 판단에서 벗어나기 (judgment defusion)

매일의 일상생활에서 개인은 많은 판단을 하게 된다. "직장 상사는 작은 일에도 칭찬을 잘 해 주어서 힘이 나곤 해. 상사는 참 좋은 사람이야."와 같은 긍정적 판단을 하게 되면 긍정 정서를 경험하게 되고 스트레스도 덜 받게 된다. 하지만 "직장 상사는 툭하면 나한테 갑질하고 정말 나쁜 사람이야."와 같은 판단을 하게 되면 부정정서를 경험하게 되고 심리적으로 스트레스를 받게 된다. 이러한 부정적 판단에 사로잡히게 되면 다른 생각을 하기가 힘들어지고 부적 정서가 유발될 가능성이 매우 크다. 이러한 문제점을 해결하는 방법 가운데 하나는 부정적 판단이나 생각이 자연스럽게 사라지도록 하는 것이다. 이를 위해 자신의 판단을 시각화해서 들여다보며 분리하는 연습이 필요하다.

연습을 실행하기 위해서는 먼저 다른 마음챙김 연습과 같이 일정 시간 동안 방해받지 않고 편안하게 앉을 수 있는 공간이 필요하다. 타이머를 맞추고 길게 숨을 몇 번 들이쉬고 내쉬면서 긴장을 풀고 눈을 감는다.

상상 속에서, 자신의 판단이 머무르고 있는 곳을 찾는다. 그곳이 개울가든, 들판이든, 방이든, 어떤 곳이든 상관없다. 단지 그 장면을 상상하기 위해 최선을 다한다. 이제 자신이 현재 갖고 있는 판단을 인식하기 시작한다. 즉, 떠오르는 판단을 관찰하기 시작한다. 현재 떠오르는 판단이 없으면 최근 판단을 떠올려도 된다. 생각을 멈추려 하지 말고, 어떤 판단을 하든 판단을 하는 자신을 비난하지 않기 위해 최선을 다한다. 그 판단이 나타나는 것을 지켜보면서 그것에 빠지지 않고 다시 사라지는 것을 지켜본다.

그 판단이 크든 작든, 중요하든 중요하지 않든 상관없이 판단이 마음속에서 떠올랐다 사라져 가는 것을 지켜본다. 앞의 정서인식 연습에서 했던 것처럼 해당 판단을 나타내는 단어를 떠올리거나 적절한 그림을 연계시켜도 된다. 그 판단에 빠지지 않고 시간을 두고 사라지는 것을 지켜보는 것이 중요하다. 하나 이상의 판단이 떠오르면 모두가 사라지는 것을 지켜본다. 다 마치면 천천히 길게 몇 번 심호흡을 하면서 천천히 눈을 뜬다.

## 4) 자기자비(self-compassion)

스트레스를 많이 받는 상황에서 발생하는 또 다른 어려움은 개인이 자신을 비난하는 것이다. 상사가 자신에게 자주 화를 내서 스트레스를 받는 경우 자신의 잘못이 아니라 상사의 권위적인 태도가 문제임에도 불구하고 자신이 잘못해서 그렇게 된 것으로 생각하고 자신을 비난하거나 자책하는 경우가 있다. 이로 인해 문제가 해결되지 못하고 악순환이 일어난다. 자기자비는 자신을 비난하거나 자책하지 않고 자신에 대해 자비롭고 친절하게 대하는 것을 말한다. 이 또한 말처럼 쉽게 이루어지는 것이 아니라 일정한 정도의 연습이 필요하며 이에 대해 간단히 설명하고자 한다.

먼저, 다른 기법처럼 방해받지 않고 마음챙김에 집중할 수 있는 편안한 장소를 찾아 앉은 다음, 눈을 감는 것이 편안하면 눈을 감고 몸이 이완되도록 한다. 천천히 몇 번 길게 호흡을 하고 긴장을 풀어 준다. 한 손을 배에 올려놓고 천천히 코로 숨을 들이쉬고 입으로 내쉬면서 신체가 이완되는지 지켜본다. 천천히 숨을 쉬고 내쉴 때마다 마음챙김 호흡에서 했던 것처럼 1부터 4까지 숫자를 센다. 4까지 다 세면 1부터 다시 반복한다.

이제 자신의 몸 안에 집중하면서 자신의 호흡과 생명력을 인식한다. 이 알아차림을 유지하면서, 조용히 또는 소리를 내서 숨을 내쉴 때마다 천천히 다음과 같은 문장을 반복한다. "나는 평화롭다." "나는 안전하다." "나는 건강하다." "나는 행복하고 고통으로부터 자유롭다." 이 문장을 두세 번 반복하면서 각각의 의미를 깊게 인식한다. 자신에 대한 자비로움을 느끼고 이를 수용하도록 노력한다. 모든 과정이 끝나면 천천히 호흡을 몇 번 더 하고, 조용히 휴식을 취하며 선한 의지와 자비를 느껴 본다.

필자의 경험으로는 마음챙김 스킬은 다른 스킬보다 익숙해지는 데 더 많은 노력이 필요하다. 특히 정서인식과 판단에서 벗어나기 스킬은 필자도 여러 번 시도해 봤지만 익숙해지는 것이 쉽지 않았다. 독자들도 이 장에서 제시된 다양한 세부 방법들을 직접 실습해 가면서 자신에게 적합하고 효과가 있는 방법을 선택하는 것이 중요하다.

## 3. 정서조절기법

정서, 사고, 행동은 서로 영향을 주고받는다. 예를 들어, 직장동료가 나한테 소리를 지르면 화가 나고 순간적으로 '나를 무시하는 건가?' 하는 생각이 들어서 같이 소리를 지르는 행동이 나타나며 결과적으로 분노가 더 커지고 더 심한 행동도 하게 되는 악순환에 빠지게 된다.

특히 특정 정서를 경험할 때 특정 행동을 하고 이 행동이 반복되는 것은 행동에 대한 보상이 있기 때문인 경우가 많다. 예를 들어, 어떤 직장인이 직장에서 기분이 좋지 않아서 집에 돌아간 후 별로 중요하지 않은 일로 부인에게 화를 낸다고 가정하자. 언쟁 끝에 부인은 남편이 직장에서 좋지 않은 일이 있었고 그로 인해 감정이 좋지 않다는 것을 알고 이해하려 한다. 이를 통해 남편은 부인으로부터 보상을 받은 셈이 된다. 즉, 화를 냈을 때 이에 대해 처벌을 받는 것이 아니라 상대가 수용해 주고 이해해 주는 보상을 받게 됨으로써 화를 내는 행동을 반복하게 된다. 따라서 이 사람은 향후 기분이 좋지 않을 때 부인뿐 아니라 다른 사람에게도 화를 내는 행동을 할 가능성이 높아지게 된다.

McKay 등(2019)이 기술한 워크북에서는 10개 이상의 기법을 소개하고 있는데, 여기서는 마음챙김을 활용한 정서인식에서 정서조절 방법을 설명한 바 있기 때문에 추가로 한 가지만 소개하기로 한다.

### 1) 정서노출(emotion exposure)

일상생활에서 부정적 정서를 경험할 때 이에 대처하는 다양한 방법이 있다. 이러한 상황에서 많은 사람들은 특정 정서를 직면하고 이를 인식하려 하지 않고 이를 회피하려는 방법에만 치중하는 경향이 있다. 예를 들어, 화가 날 때 현재 자신의 분노가 어느 정도인지 인식하려 하기보다는 분노를 이기지 못하고 순간적으로 벗어나서 다른 사람에게 큰 소리를 지르거나 더 심한 행동을 하는 경우가 많다.

정서노출은 자신의 현재 정서를 인식하고 정서가 어떻게 변화하는지를 지켜봄으로써 정서를 조절하는 방법이다. 즉, 현재 느끼고 있는 격한 정서에서 벗어나지 않고 이를 계속 지켜보면서 같이 머물러 있는 것이 중요하다. 순간적으로 떠오르는 부정적 판단이나 부정적 행동 충동을 인식하고 자연스럽게 사라지게 하며 자신의 감정에만 초점을 두고 이를 지켜보게 되면 처음에 격했던 정서도 완화된다. 당연히 정서조절을 위한 연습이 필요하며 다음과 같은 단계를 거쳐 진행하면 된다.

먼저 3, 4회 정도 천천히 복식호흡을 한다. 숨이 몸 안으로 들어오면서 폐를 채우고 가슴과 복부까지 가는 것을 느낀다. 천천히 호흡하면서 몸 안에서, 특히 복부와 가슴에서 어떤 변화가 있는지 느껴 본다. 목, 어깨, 얼굴에서도 어떤 변화가 있는지 인식한다.

이제 어떤 정서가 느껴지는지 주의를 기울인다. 어떤 정서인지 이름을 붙인다. 정서가 얼마나 강한지 느껴 보고 그 강도를 나타낼 수 있는 단어를 떠올린다. 그 정서가 강해지고 있는지 아니면 줄어들고 있는지 인식한다. 정서를 파도에 비유하면 파도의 어느 부분에 와 있는지 인식한다. 정상으로 올라가고 있는지, 정점에서 내려가고 있는지 확인한다.

그 정서에 어떤 변화가 있는지 확인해 본다. 혹시 다른 정서가 처음 느낀 정서와 연계되어 새롭게 나타나는지 파악한다. 만약 있다면 자신에게 새로 나타난 그 정서를 설명해 본다. 그 정서의 강도가 아주 조금씩 변화하는 것을 계속 지켜보면서 그 변화를 설명할 수 있는 단어를 떠올린다.

정서를 계속 지켜보다 보면 그 정서를 차단하거나 밀어내야겠다는 생각이 들 수 있다. 그러한 생각이 드는 것은 지극히 정상적이지만 그래도 조금만 더 정서를 계속 지켜보는 노력을 기울인다. 자신이 느끼는 정서를 계속해서 자신에게 설명하면서 나타나는 변화를 인식한다.

자신의 정서대로 행동하지 않는 것, 그 정서를 분출하거나 회피하지 않는 것, 자신에게 상처 주지 않는 것이 어떤 느낌일지를 생각해 본다. 행동하지 않고 그저 정서를 지켜보기만 한다.

이러한 정서는 살아가면서 경험하게 되는 수많은 다른 정서의 파도들처럼 그저 지나가는 파도에 불과하다는 것을 인식한다. 자신의 삶에서 좋은 시간도 많았음을 확인하고, 이 파도 역시 지나가는 것에 불과하고 또다시 평온한 때가 온다는 것을 인식한다. 파도를 지켜보며 천천히 지나가도록 놔둔다.

이때 자신에 대해 판단하는 마음이 올라오면 그런가 보다 생각하고 자연스럽게 사라지도록 놔둔다. 지금 느끼고 있는 정서에 대해서도 판단하는 마음이 든다면, 그것도 자연스럽게 사라지도록 한다. 무엇보다 자신이 느끼는 정서를 수용하기 위해 노력한다. 살다 보면 겪게 되는 역경 중 하나에 불과하다고 생각한다.

자신의 정서에 조금만 더 주의를 기울인다. 정서가 변하고 있다면 변하는 대로 내버려둔다. 자신이 어떠한 정서를 느끼는지 스스로에게 설명한다. 정서가 변하거나 차츰 사라질 때까지 계속 지켜본다.

몇 분간 마음챙김 호흡을 하고 연습을 마친다.

처음에는 짧은 시간(약 5분 정도) 동안 정서노출 연습을 하는 것이 좋다. 정서에 집중하는 데 더 익숙해지면 좀 더 긴 시간 동안 정서표출을 감내할 수 있게 된다. 마지막은 항상 마음챙김 호흡으로 마무리하여 격렬해진 정서를 부드럽게 하고 마음의 안정을 찾도록 한다. 이를 통해 마음챙김 기술 역량을 향상시킬 수 있게 된다.

앞에서 기술한 단계별 연습과정의 핵심을 간단히 기술하면 다음과 같다.

- 호흡에 집중한다.
- 자신의 몸 안에서 느껴지는 것에 집중한다.
- 자신의 정서를 인식하고 이를 설명한다.
- 해당 정서가 격해지고 있는지 또는 완화되고 있는지를 인식한다.
- 새로운 정서 또는 정서 변화를 설명한다.
- 정서를 차단하고 싶은 욕구를 인식하되, 차단하지 말고 계속해서 정서를 지켜본다.
- 정서에 따라 행동하고 싶은 충동을 인식하되, 그에 따라 행동하지 말고 계속해서 정서를 지켜본다.
- 자신이나 타인, 또는 정서 그 자체를 판단하려는 마음을 인식하고 이를 자연스럽게 사라지도록 한다.
- 정서가 변하거나 완화될 때까지 계속해서 정서를 지켜본다.
- 수 분간 마음챙김 호흡을 하고 연습을 마무리한다.

## 4. 대인관계 스킬

　여기서는 Mckay 등(2019)이 기술한 20개에 가까운 대인관계 스킬 중에서 기초 대인관계 스킬에 속하는 타인에 대한 자비와 고급 대인관계 스킬에 포함되는 자기주장(assertiveness) 기술에 대해 기술하고자 한다.

### 1) 타인에 대한 자비(compassion for others)

　살다 보면 일상생활에서 타인과의 관계가 좋지 않은 경우가 발생하게 된다. 여러 가지 이유가 존재한다. 나와 의견이 같지 않아서 비난하는 경우도 있고, 내가 기대했던 대로 행동하지 않을 경우에도 사이가 나빠지게 된다. 이와 같이 관계가 나빠지는 데는 '상대방은 이렇게 행동해야 할 것 같은데…… 왜 그런지 모르겠다.'는 나의 판단이 밑바탕에 깔려 있는 경우가 많다. 이로 인해 상대방의 어려움이나 그렇게 행동하는 이유에 대해 이해하려는 노력을 적게 하게 된다. 실제로 상대방이 급한 개인적인 일이 생겨서 심리적으로 어려움을 겪고 있다거나 신체적으로 큰 병에 걸린 것을 알게 되어 평소와는 다르게 행동할 수 있을 것이다. 하지만 상대방이 겪고 있는 어려움에 대해 파악하고 이해하려는 노력이 부족하다 보니 관계가 나빠지게 된다.

　타인에 대한 자비는 상대방도 그렇게 행동하는 데는 나름대로 이유가 있을 것이라고 생각하고 상대방에 대해 갖게 되는 부정적인 판단과 정서에서 벗어나서 마음을 열고 상대를 이해하고 긍정적으로 대하는 마음을 가짐으로써 상대와의 관계를 긍정적으로 유지하기 위한 기법이다. McKay 등이 기술한 구체적인 방법을 설명하면 다음과 같다.

　먼저, 다른 마음챙김 기법에서처럼 우선 방해를 받지 않는 방에서 앉을 수 있는 편안한 장소를 찾고 방해되는 소리는 모두 끈다. 만약 눈을 감는 것이 편하다면 그렇게 한다.

천천히 긴 숨을 몇 번 들이마시면서 긴장을 푼다. 한 손을 배 위에 올려놓고 코로 천천히 숨을 들이마셨다가 입으로 천천히 내쉬면서 배가 불렀다 들어갔다 하는 것을 느껴 본다. 숨을 쉬면서 몸 안의 감각에 주목한다. 폐가 공기로 가득 찬 것을 느껴 보고 앉아 있는 몸의 무게를 느껴 본다. 숨 쉬면서 몸이 점차 편안해지는 것도 느껴 본다.

계속해서 숨을 쉬면서, 숨을 내쉴 때마다 조용히 또는 큰 소리로 호흡을 세어 본다. 코를 통해 천천히 숨을 들이마시고 입으로 천천히 숨을 내쉬면서 1을 센다. 다시 들이마시고 내쉬면서 2를 세고, 4를 셀 때까지 반복한다. 4를 세면 다시 1부터 반복한다. 2회 정도 반복한다.

몸의 내부 감각에 집중해 본다. 자신의 몸 안에 집중하면서 자신의 호흡과 생명력을 인식한다. 자신에게 행복을 가져다주고 미소 짓게 하는 사람을 떠올린다. 그 사람이 같이 있다는 것이 어떤 느낌인지 느껴 본다. 이 사람이 행복하고 고통에서 벗어나길 원한다고 생각한다. 이를 인식하면서 마음속으로 다음 구절을 반복한다.

"평안하기를 바랍니다."

"무사하기를 바랍니다."

"건강하기를 바랍니다."

"행복하고 고통받지 않기를 바랍니다."

두세 번 더 반복하면서 문장의 의미를 깊이 깨닫는다. 자신이 좋아하는 이 사람에 대한 자비를 느끼고 이를 받아들인다.

이제 자신이 싫어하거나 같이 있기 힘든 사람의 이미지를 떠올린다. 이 사람 또한 나름대로 살아가기 위해 노력하고 있으며 이 과정에서 나에게 고통을 주고 있음을 인식하고 다음 문장을 마음속으로 반복한다.

"내가 평안하고 고통에서 벗어나고 싶은 것처럼 당신도 평화를 찾기를 바랍니다."

"내가 평안하고 고통에서 벗어나고 싶은 것처럼 당신도 무사하기를 바랍니다."

"내가 평안하고 고통에서 벗어나고 싶은 것처럼 당신도 건강하기를 바랍니다."

"내가 평안하고 고통에서 벗어나고 싶은 것처럼 당신도 행복하고 고통에서 벗어나기를 바랍니다."

다시 한 번 두세 번 더 반복하며 문장의 의미를 깊이 깨닫는다. 같이 지내기 힘든 이 사람에게 자비를 느끼고 이를 받아들이려고 노력한다.

마지막으로, 몇 번 더 천천히 숨을 쉬고 조용히 쉬면서 자신의 선한 의지와 자비를 깨닫는다.

다음 주 동안, 이 타인 자비명상을 실천해 본다. 타인과의 일상적인 상호작용 시 적용해 본다. 누군가를 만날 때 스스로에게 다음과 같이 말해 본다. "나처럼 그들도 행복하고 고통에서 벗어나길 원해." 또는 연습이 되면 간단히 "나처럼."과 같이 축약해서 시도해 본다.

## 2) 자기주장(assertiveness)

자기주장은 대인관계에서 상대에게 자신이 원하거나 요구하는 내용을 적절하게 전달하는 스킬을 의미한다. 이러한 기법을 적절히 익히지 못하면 상대의 말에 그대로 따르는 수동적인 사람이 되거나 또는 자신이 하고 싶은 대로 상대에게 강요하는 공격적인 사람이 될 가능성이 있다. 따라서 자기주장 스킬은 상대와 건강한 관계를 유지하는 데 매우 중요하다.

자기주장을 잘 표현하는 데는 두 가지 기본요인과 두 가지 선택요인이 있다. 첫 번째 기본요인은 상대에게 '나는 생각한다(I think).'가 들어가는 문장을 활용하여 요구하는 것이다.

이것이 의미하는 바는 구체적으로 설명하면 상대에게 어떤 것을 요구할 때는 상대방의 동기에 대해 판단이나 가정을 하지 말고, 먼저 현재의 사실에 관련된 얘기로 시작할 필요가 있다는 점이다. 예를 들어, "내 생각에 우리는 최근에 많은 시간을 함께 보내지 못한 것 같아. 지난주에는 이틀 밤이었고, 그

이전 주에는 하룻밤이었어." "최근 당신은 미팅에 대부분 늦었어." 등이 가능하다.

두 번째는 '내 느낌(I feel)'으로서 McKay 등은 이 요인을 필수가 아니라 해도 되고 안 해도 되는 선택사항으로 구분하고 있다. 특히 이 기법은 친구나 가족에게 사용하는 것이 효과적이고 특정 상황으로 인해 촉발된 정서를 짧고 비판단적으로 표현하는 것이다. 자신의 특별한 느낌을 전달하기 때문에 '나' 전달법(진술)이라고도 하며 반드시 '나'로 시작해야 한다. 예를 들어, "나는 무섭다." "나는 외롭다." "나는 잊혀지고 투명인간이 된 것 같다." 등과 같은 표현이 가능하다.

자신의 정서를 표현할 때 상대방이 나쁘다거나 잘못했다는 식으로 들리게 해서는 안 된다. 자신의 느낌에 대해 상대방을 비난하면 상대방은 방어적이 되어 양보나 타협이 어려워진다. 비난하고 탓하는 말은 대개 '너'라는 말로 시작하므로 '너' 전달법(진술)이라고 한다. 자기주장을 할 때는 '너'란 단어를 쓰지 않도록 한다. 예를 들어, "너는 나에게 상처를 주고 있어." "너는 내게 관심이 없어." "너는 매번 늦어." 등과 같은 표현을 하지 않도록 한다.

한편, '나'로 시작하지만 결과적으로는 '너' 전달법이 되는 경우도 있다. 예를 들어, "나는 네가 이기적이라고 느껴져." "나는 네가 나를 조종하고 있다고 느껴져."와 같은 진술의 경우 자신의 정서를 직접 전달하기보다 상대방이 어떠하다는 판단을 전달하는 것이라서 '너' 전달법에 해당한다. 상대방 입장에서는 자신을 비난하는 것으로 평가하게 된다.

세 번째 요인은 '나는 원한다(I want).'로서 자기주장의 핵심 요인이다. 이 표현을 할 때 주의할 점은 무엇보다 태도가 아니라 행동 변화를 요구하는 것이다. 믿음이나 정서는 자신의 의지대로 통제하기 어렵기 때문에 상대에게 이를 변화하라고 요구해도 효과를 거두기 힘들다. 따라서 행동을 변화할 것을 요구하는 것이 바람직하다. 다음 주의사항은 한 번에 한 가지를 요구하는 것이다. 너무 많은 변화를 요구하게 되면 압력을 느끼게 되어 효과가 떨어진다. 세 번째 주의사항은 현시점에서 변화가 가능한 것을 요구하는 것이다. 예를 들어, "우리가 다음번에 휴가 갈 때, 나는 당신이 ~하기를 바라."와 같은 요구는 효과가 없다. 다음 휴가 때는 잊어버리고 실행하지 않을 가능성이 높기 때문이다. 마지막으로 구체적으로 요구할 필요가 있다. 예를 들어, "지금보다 좀 더 친절하길 바라."와 같은 요구를 할 경우 어떤 행동이 더 친절한 것인지 애매하기 때문에 효과를 보기 어렵다. 대신 "나는 당신이 매일 한 번씩 설거지를 해 주면 좋겠어."와 같이 구체적으로 요구하는 것이 효과를 볼 수 있다.

마지막 요인은 자기돌봄 기법(self-care solution)으로서 McKay 등은 이를 선택요인으로 구분하고 있다. 이 기법은 상대에게 어떤 요청을 하는데 상대가 들어주지 않을 경우 자신이 스스로를 돌보기 위해 어떤 행동을 하겠다고 상대에게 말하는 것을 의미한다. 예를 들어, "당신이 집안일을 도울 수 없다면, 나는 파출부를 고용할 수밖에 없고, 그 비용은 둘이 나누어서 내도록 해."와 같은 진술문이 가능하다. 이 방법은 상대에게 상처를 입히려는 의도가 있는 것이 아니고 자신의 권리를 보호하고 자신의 욕구를 충족시키기 위한 것이다.

앞에서 기술한 네 가지 요인에 관한 내용을 토대로 예를 들어 보면 다음과 같은 경우가 가능하다.

내 생각: 나는 오늘밤 마감시간까지 끝내야 할 일이 있어서 저녁 할 시간이 없을 것 같아.

나는 느낀다: 제시간에 마무리하지 못할까 봐 불안하고 걱정이 매우 커.

나는 원한다: 내가 계속 일할 수 있게 오늘 저녁은 당신이 해 주면 좋겠어.

자기돌봄: 당신이 그렇게 해 주기 힘들면, 그냥 피자 주문하려고.

📖 참 | 고 | 문 | 헌

경일수, 서은영, 김혜균, 탁진국(2018). 성장지향성 척도 개발 및 타당화. 한국심리학회
　　　지: 일반, 37(1), 1–31.

경일수, 탁진국(2019). 대학생 성장지향성 증진 그룹코칭 프로그램이 성장지향성, 삶
　　　의 만족도, 지각된 스트레스, 긍정심리자본 및 대인관계에 미치는 효과: 사회인
　　　지동기모형을 기반으로. 한국심리학회지: 학교, 16(3), 231–263.

김경의, 이금단, 조용래, 채숙희, 이우경(2008). 한국판 자기자비 척도의 타당화연구:
　　　대학생을 중심으로. 한국심리학회지: 건강, 13(4), 1023–1044.

김기년, 탁진국(2013). 청소년 강점척도 개발 및 타당화. 한국심리학회지: 일반, 32(4),
　　　803–828.

김기년, 탁진국(2018). 청소년의 삶의 만족증진을 위한 강점코칭프로그램의 효과. 한
　　　국심리학회지: 학교, 15(3), 331–360.

김민, 탁진국(2017). 여자고등학생의 강점인식이 진로미결정에 미치는 영향: 강점활용
　　　의 매개효과. 청소년학연구, 24(7), 279–301.

김혜영, 고승석, 양순정, 윤방우, 탁진국(2021). 식습관 개선을 위한 온라인 코칭프로
　　　그램의 개발 및 효과성 검증. 한국심리학회지: 코칭, 5(1), 1–32.

노지혜, 이민규(2011). 나는 왜 감사해야 하는가? 스트레스 상황에서 감사가 안녕감에
　　　미치는 영향. 한국심리학회지: 임상, 30(1), 159–183.

류소형, 유진수, 박소영, 탁진국(2019). 성인남성의 자가금연 성공경험에 관한 현상학
　　　적 연구. 지역과 세계, 43(3), 119–147.

박선영, 권석만(2012). 삶의 의미의 원천, 구조의 탐색 및 다차원적 삶의 의미 척도의
　　　개발: 대학생을 대상으로. 인지행동치료, 12(2), 199–224.

원두리, 김교헌, 권선중(2005). 한국판 삶의 의미 척도의 타당화 연구: 대학생을 대상
　　　으로. 한국심리학회지: 일반, 12, 576–585.

서은영, 탁진국(2019). 성장지향성과 직무 개선이 창의적 행동에 미치는 영향: 개인이 지
　　　각한 발전문화의 조절된 매개효과. 한국심리학회지: 산업 및 조직, 32(4), 389–417.

선혜영, 김수연, 이미애, 탁진국(2017). 강점코칭프로그램이 직장인의 강점자기효능
　　　감, 긍정 정서, 자기효능감, 직무열의와 조직몰입에 미치는 영향. 한국심리학회
　　　지: 산업 및 조직, 30(2), 223–248.

이정아, 권혜란, 이애경, 탁진국(2020). 대학생 지연습관 개선 성공경험에 관한 현상학적 연구. 지역과 세계, 44(3), 31-68.

이정아, 탁진국(2018). 성장마인드셋 코칭프로그램이 성장마인드셋, 학습목표지향성, 직무스트레스에 미치는 효과. 한국심리학회지: 코칭, 2(1), 1-27.

정혜경, 탁진국(2018). 직무스트레스 대처 척도 개발 및 타당화: ACT 개념을 토대로. 한국심리학회지: 건강, 23(2), 427-446.

조진숙, 탁진국(2018). 학습부진 고등학생을 위한 성장마인드셋 기반 학습코칭프로그램의 효과. 청소년학연구, 25(11), 323-345.

최경화, 김혜경, 한석빈, 탁진국(2020). 중년 여성 식습관 개선을 통한 체중조절 성공경험과정에 관한 질적 연구. 한국심리학회지: 건강, 25(4), 667-698.

최경화, 탁진국(2021). 한국형 웰니스 척도 개발 및 타당화. 2021 제75차 한국심리학회 온라인 연차학술대회발표.

탁진국(2019). 코칭심리학. 서울: 학지사.

탁진국, 권혜란, 류소형, 서은영, 이연희, 이정아, 조진숙, 최경화, 황지연(2019). 한국인의 생활습관에 관한 연구. 지역과 세계, 43(1), 179-214.

탁진국, 임그린, 정재희(2012). 행복 증진을 위한 긍정심리기반 코칭프로그램 개발 및 효과성 검증. 한국심리학회지: 일반, 33(1), 139-166.

탁진국, 조지연, 정현, 조진숙(2017). 대학신입생 주도성 향상을 위한 코칭프로그램의 효과성 연구. 청소년학연구, 24(8), 55-81.

Achtziger, A., Gollwitzer, P. M., & Sheeran, P. (2008). Implementation intentions and shielding goal striving from unwanted thoughts and feelings. *Personality and Social Psychology, 34*(3), 381-393.

Adams, T., Bezner, J., & Steinhardt, M. (1997). The conceptualization and measurement of perceived wellness: Integrating balance across and within dimensions. *Journal of Health Promotion, 11*(3), 208-218.

Ahrens, C. J. C., & Ryff, C. D. (2006). Multiple roles and well-being: sociodemographic and psychological moderators. *Sex Roles, 55*, 801-815.

Ajzen, I. (1985). From intentions to action: A theory of planned behavior. In J. Kuhl & J. Beckmann (Eds.), *Action-control: From Cognition to Behavior* (pp. 11-39). New York: Springer.

Ajzen, I. (1991). The theory of planned behavior. *Organizational Behavior and*

*Human Decision Processes, 50*, 179-211.

Armitage, C. J., & Conner, M. (2001). Efficacy of the theory of planned behavior: A meta-analytic review. *British Journal of Social Psychology, 40*, 471–500.

Allen, K., I., Machara, M., & Baker, T. C. (2019). Family life coaching: A growing practice. *International Coaching Psychology Review, 14*(2), 57–68.

Arloski, M. (2009). Wellness coaching for lasting lifestyle change. Duluth, Minnesota: Whole Person Associates.

Bandura, A. (1977). *Social Learning Theory*. Englewood Cliffs, NJ: Prentice Hall.

Battista, J., & Almond, R. (1973). The development of meaning in life. *Psychiatry, 36*, 409-427.

Blackwell, L., Trzesniewski, K., & Dweck, C. S. (2007). Implicit theories of intelligence predict achievement across an adolescent transition: A longitudinal study and an intervention. *Child Development, 78*(1), 246–263.

Blount, A. J., Dillman Taylor, D. L., & Lambie, G. W. (2020). Wellness in the helping professons: Historical overview, wellness models, and current trends. *Journal of Wellness, 2*(2), 1–10.

Bond, F. W., & Bunce, D. (2000). Mediators in change in emotion-focused and problem-focused worksite stress management interventions. *Journal of Occupational Health Psychology, 5*, 156–163.

Breines, J. G., & Chen, S. (2012). Self-compassion increases self-improvement motivation. *Personality and Social Psychology Bulletin, 38*(9), 1133–1143.

Brinkborg, H., Michanek, J., Hesser, H., & Berglund, G. (2011). Acceptance and commitment therapy for the treatment of stress among social worker: A randomized controlled trial. *Behavior Research and Therapy, 49*(6-7), 389–398.

Chamberlain, K., & Zika, S. (1988). Religiosity, life meaning, and wellbeing: Some relationships in a sample of women. *Journal for the Scientific Study of Religion, 27*, 411–420.

Cohen, J. (1992). Quantitative methods in psychology: A power primer. *Psychological Bulletin, 112*(1), 155–159.

Conner, M., & Armitage, C. J. (1998). Extending the theory of planned behavior: A review and avenues for further research. *Journal of Applied Social Psychology,*

*28*, 1429–1464.

Cooper, S. E. (1990). Investigation of the Lifestyle Assessment Questionnaire. *Measurement and Evaluation in Counseling and Development, 23*(2), 83-87.

Chiu, C., Hong, Y., & Dweck, C. S. (1997). Lay dispositionism and implicit theories of personality. *Journal of Personality and Social Psychology, 73*(1), 19–30.

Clifton, D. O., & Nelson, P. (1992). *Soar with Your Strengths*. New York: Delacorte Press.

Debats, D. L., van der Lubbe, P. M., & Wezeman, F. R. A. (1993). On the psychometric properties of the Life Regard Index(LRI): A measure of meaningful life. *Personality and Individual Differences, 14*, 337-345.

Diener, E., Emmons, R. A., Larsen, R. J., & Griffin, S. (1985). The satisfaction with life scale. *Journal of Personality Assessment, 49*, 71-75.

Deci, E. L., & Koestner, R., & Ryan, R. M. (1999). A meta-analytic review of experiments examining the effects of extrinsic rewards on intrinsic motivation. *Psychological Bulletin, 125*, 627–668.

Deci, E. L., & Ryan, R. M. (1985). *Intrinsic Motivation and Self-determination in Human Behavior*. New York: Plenum Press.

Deci, E. L., & Ryan, R. M. (2008). Facilitating optimal motivation and psychological well-being across life's domain. *Canadian Psychology, 49*(1), 14–23.

DeStefano, T. J., & Richardson, P. (1992). The relationship of paper-and-pencil wellness measures to objective physiological indexes. *Journal of Counseling & Development, 71*, 226–230.

Dunn, H. L. (1959). What high level wellness means. *Canadian Journal of Public Health, 50*(11), 447–457.

Dunn, H. L. (1961). *High Level Wellness*. Arlington, VA: R. W. Beatty Press.

Dweck, C. S., & Leggett, E. L. (1988). A social–cognitive approach to motivation and personality. *Psychological Review, 95*(2), 256–273.

Elliot, A. J., & McGregor, H. A. (2001). A 2 x 2 achievement and goal framework. *Journal of Personality and Social Psychology, 80*(3), 501–519.

Emmons, R. A., & McCullough, M. E. (2003). Counting blessings versus burdens: An experimental investigation of gratitude and subjective well-being in daily life. *Journal of Personality and Social Psychology, 84*(2), 377–389.

Fishbein, M., & Ajzen, I. (1975). *Belief, Attitude, Intention and Behavior: An Introduction to Theory and Research.* Reading, MA: Addison Wesley.

Fuller, C., & Taylor, P. (2013). 동기강화기술입문 (A toolkit of motivational skills: Encouraging and supporting change in individuals, 2nd ed.). (신성만, 이상훈, 이아람 공역). 서울: 시그마프레스. (원저는 2008에 출판).

George, L. S., & Park, C. L. (2016). Meaning in life as comprehension, purpose, and mattering: Toward integration and new research questions. *Review of General Psychology, 20*(3), 205–220.

George, L. S., & Park, C. L. (2016). The Multidimensional Existential Meaning Scale: A tripartite approach to measuring meaning in life. *Journal of Positive Psychology,* 1–15.

Germer, C., & Neff, K. D. (2019). Mindful self-compassion(MSC). In I. Ivtzan (Ed.), *The Handbook of Mindfulness-basedprograms: Every Established Intervention, from Medicine to Education* (pp. 357-367). London: Routledge.

Gibbons, F. X., & Gerrard, M. (1995). Predicting young adults' healthrisk behavior. *Journal of Personality and Social Psychology, 69,* 505–517.

Gibbons, F. X., Gerrard, M., Blanton, H., & Russell, D. W. (1998). Reasoned action and social reaction: Willingness and intention as independent predictors of health risk. *Journal of Personality and Social Psychology, 74,* 1164–1180.

Gilbert, P. (2015). The evolution and social dynamics of compassion. *Social and Personality Psychology Compass, 10,* 1–16.

Godin, G., & Kok, G. (1996). The theory of planned behavior: A review of its application to health-related behaviors. *American Journal of Health Promotion. 11*(2), 87–98.

Gollwitzer, P. M. (1999). Implementation intentions: Strong effects of simple plans. *American Psychologist, 54,* 493–503.

Goode, W. J. (1960). A theory of role strain. *American Sociological Review, 25*(4), 483–496.

Govindji, R., & Linley, P. A. (2007). Strengths use, self-concordance and well-being: Implications for strengths coaching and coaching psycholgists. *International Coaching Psychology Review, 2*(2), 143–153.

Grant, A. M. (2003). The impact of life coaching on goal attainment, metacognition and mental health. *Social Behavior and Personality, 31*(3), 253–264.

Grant, A. M., & O'Hara, B. (2006). The self-presentation of commercial Australian life coaching schools: Cause for concern? *International Coaching Psychology Review, 1*(2), 21–33.

Grant, A. M., & Stober, D. (2006). Introduction. In D. Stober & A. M. Grant (Eds.), *Evidence Based Coaching: Putting Best Practices to Work for Your Clients* (pp. 1–14). New Jersey: Wiley and sons.

Green, L. S., Grant, A. M., & Rynsaardt, J. (2007). Evidence-based life coaching for senior high school students: Building hardiness and hope. *International Coaching Psychology Review, 2*(1), 24–32.

Green, L. S., Oades, L. G., & Grant, A. M. (2006). Cognitive-behavioral, solution-focused life coaching: Enhancing goal striving, well-being, and hope. *The Journal of Positive Psychology, 1*(3), 142–149.

Gröpel, P., & Kuhl, J. (2009). Work-life balance and subjective well-being: The mediating role of need fulfilment. *British Journal of Psychology, 100*(2), 365–375.

Hanh, J., & Oishi, S. (2006). Psychological needs and emotional well-being in older and younger Koreans and Americans. *Personality and Individual Differences, 40*(4), 689–698.

Harari, M. J., Waehler, C. A., & Rogers, J. R. (2005). An empirical investigation of a theoretically based measure of perceived wellness. *Journal of Counseling Psychology, 52*(1), 93–103.

Hayes, S. C. (2004). Acceptance and commitment therapy, relational frame theory, and the third wave of behavioral and cognitive therapies. *Behavior Therapy, 35*(4), 639–665.

Hettler, B. (1983). Wellness promotion on a university campus: Family and community health. *Journal of Health Promotion and Maintenance, 3*, 77–95.

Hettler, B. (1984). Wellness: encouraging a lifetime pursuit of excellence. *Health Values, 8*(4), 13–17.

Horton, B. W., & Snyder, C. S. (2009). Wellness: Its impact on student grades and implications for business. *Journal of Human Resources in Hospitality &*

*Tourism, 8*, 215–233.

Hulbert–Williams, L., Hochard, K., Hulbert–Williams, N., Archer, R., Nicholls, W., & Wilson, K. (2016). Contextual behavioral coaching: An evidence–based model for supporting behavioral change. *International Coaching Psychology Review, 11*(2), 142–154.

Kasser, T., & Ryan, R. M. (1996). Further examining the American dream: Differential correlates of intrinsic and extrinsic goals. *Personality and Social Psychology Bulletin, 22*(3), 280–287.

Kasser, T., & Ryan, R. M. (1999). The relation of psychological needs for autonomy and relatedness to vitality, well–being, and mortality in a nursing home. *Journal of Applied Social Psychology, 29*(5), 935–954.

Keating, L. A., & Heslin, P. A. (2015). The potential role of mindsets in unleashing employee engagement. *Human Resource Management Review, 25*(4), 329–341.

Keeney, J., Boyd, E. M., Sinha, R., Westring, A. F., & Ryan, A. M. (2013). From "work-family" to "work-life": Broadening our conceptualization and measurement. *Journal of Vocational Behavior, 82*, 221–237.

Kelliher, C., Richardson, J., & Boiarintseva, G. (2019). All of work? All of life? Roconceptualising work–life balance for the 21st century. *Human Resource Management Journal, 29*, 97–112.

King, L. A., Hicks, J. A., Krull, J. L., & Del Gaiso, A. K. (2006). Positive affect and the experience of meaning in life. *Journal of Personality and Social Psychology, 90*(1), 179–196.

King, L. A., & Napa, C. K. (1998). What makes a life good? *Journal of Personality and Social Psychology. 75*(1), 156–165.

Koestner, R., Lekes, N., Powers, T. A., & Chicoine, E. (2002). Attaining personal goals: Self–concordance plus implementation intentions equals success. *Journal of Personality and Social Psychology, 83*(1), 231–244.

Lally, P., Van Jaarsveld, C. H. M., Potts, H. W. W., & Warlde, J. (2010). How are habits formed: Modeling habit formation in the real world. *European Journal of Social Psychology, 40*, 998–1009.

Linley, P. A., & Harrington, S. (2005). Playing to your strengths. *The Psychologist,*

*19*, 86–89.

Linley, P. A., Nielsen, K. M., Gillett, R., & Biswas-Diener, R. (2010). Using signature strengths in pursuit of goals: Effects on goal progress, need satisfaction, and well-being, and implications for coaching psychologists. *International Coaching Psychology Review, 5*(1), 6–14.

Lunau, T., Bambra, C., Eikemo, T. A., van der Wel, K. A., & Dragano, A. (2014). A balancing act? Work-life balance, health and well-being in European welfare states. *European Journal of Public Health, 24*(3), 422-427.

Ly, K. H., Asplund, K., & Anderson, G. (2014). Stress management for middle managers via an acceptance and commitment-based smartphone application: A randomized controlled trial. *Internet Interventions, 1*, 95–101.

Lyubomirsky, S. (2008). 행복에도 연습이 필요하다 (The how of happiness: A scientific approach to getting the life you want). (오혜경 역). 서울: 지식노마드. (원저는 2007년에 출판).

Lyubomirsky, S., Sheldon, K. M., & Schkade, D. (2005). Pursuing happiness: The architecture of sustainable change. *Review of General Psychology, 9*(2), 111–131.

Maddux, J. E. & Rogers, R. W. (1983). Protection motivation and self-efficacy: A revised theory of fear appeals and attitude change. *Journal of Experimental Social Psychology, 19*, 469–479.

McCullough, M. E., Emmons, R. A., & Tsang, J. A. (2002). The gratitude disposition: A conceptual and empirical topography. *Journal of Personality and Social Psychology, 82*(1), 112–127.

Mckay, M., Wood, J. C., & Brantley, J. (2019). *The Dialectical Behavior Therapy Skills Workbook*. New Harbinger Pub. Oakland, CA.

Morgan, J., & Farsides, T. (2009). Psychometric evaluation of the meaningful life measure. *Journal of Happiness Studies, 10*, 351–366.

Mrazek, A. J., Ihm, E. D., Molden, D. C., Mrazek, M. D., Zedelius, C. M., & Schooler, J. W. (2018). Expanding minds: Growth mindsets of self-regulation and the influences on effort and perseverance. *Journal of Experimental Social Psychology, 79*, 164–180.

Myers, J. E., Luecht, R. M., & Sweeney, T. J. (2004). The factor structure of wellness: Reexamining theoretical and emppirical models underlying the Wellness Evaluation of Lifestyles(WEL) and the five factor wel. *Measurement and Evaluation in Counseling and Developoment, 36*(4), 194–208.

Myers, J. E., Sweeney, T. J., & Witmer, J. M. (1998). *The Wellness Evaluation of Lifestyle.* Greensboro, NC: Authors.

Myers, J. E., Sweeney, T. J., & Witmer, J. M. (2000). The wheel of wellness counseling for wellness: A holistic model for treatment planning. *Journal of Counseling & Development, 78*(3), 251–266.

National Wellness Institute. (1983). *Life Style Assessment Questionnaire* (2nd ed.). Stevens Point, WI: National Wellness Institute.

Neff, K. D. (2003). The development and validation of a scale to measure self-compassion. *Self and Identity, 2,* 223–250.

Neff, K. D., & Germer, C. K. (2013). A pilot study and randomized controlled trial of the mindful self-compassion program. *Journal of Clinical Psychology, 69*(1), 28–44.

Neff, K. D., & Germer, C. K. (2020). 나를 사랑하기로 했습니다 (The mindful self-compassion workbook: A proven way to accept yourself, build inner strength, and thrive). (서광, 효림, 이규미, 안희영 공역). 서울: 학지사. (원서는 2018년에 출판).

Neff, K. D., & Pommier, E. (2013). The relationship between self-compassion and other-focused concern among college undergraduates, community adults, and practicing mediators. *Self and Identity, 12*(2), 1–17.

Otake, K., Shimai, S., Tanaka-Matsumi, J., Otsui, K., & Fredrickson, B. L. (2006). Happy people become happier through kindness: A counting kindnesses intervention. *Journal of Happiness Studies, 7,* 361-375.

Palombi, B. J. (1992). Psycholmetric properties of wellness instruments. *Journal of Counselling & Development, 71,* 221–225.

Park, N., & Peterson, C. (2009). Achieving and sustaining a good life. *Perspective on Psychological Science, 4,* 422–428.

Peterson, C., & Seligman, M. E. P. (2004). *Character Strengths and Virtues: A Handbook and Classification.* New York: American Psychological Association & Oxford University Press.

Pham, L. B., & Taylor, S. E. (1999). From thought fo action: Effects of process-versus outcome-based mental simulations on performance. *Personality and Social Psychology Bulletin, 25*, 250-260.

Phillips, W. J., & Hine, D. W. (2021). Self-compassion, physical health, and health behavior:a meta-analysis. *Health Psychology Review, 15*(1), 113-139.

Quinn, J. M., & Wood, W. (2005). *Habits across the Lifespan.* Unpublished manuscript. Duke University.

Quinn, J. M., Pascoe, A., Wood, W., & Neal, D. T. (2011). When do habits persist despite conflict with motives. *Personality and Social Psychology Bulletin, 37*, 1428-1437.

Reker, G. T., Peacock, E. J., & Wong, P. T. P. (1987). Meaning and purpose in life and well-being: A life-span perspective. *Journal of Gerontoloty, 42*(1), 44-49.

Rogers, R. W. (1975). A protection motivation theory of fear appeals and attitude change. *Journal of Psychology, 91*, 93-114.

Roscoe, L. J. (2009). Wellness: A review of theory and measurement for counselors. *Journal of Counseling & Development, 87*(2), 216-226.

Ruderman, M. N., Ohlott, P. J., Panzer, K., & King, S. N. (2002). Benefits of muptiple roles for managerial women. *Journal of Academy Management, 45*(2), 369-386.

Ryan, R. R., & Deci, E. L. (2000). Self-determination theory and the facilitation of intrinsic motivation, social development, and well-being. *American Psychologist, 55*(1), 68-78.

Ryff, C. D., & Keyes, C. L. M. (1995). The structure of psychological well-being revisited. *Journal of Personality and Social Psychology, 69*(4), 719-727.

Ryff, C. D., & Singer, B. H. (1998). The contours of positive mental health. *Psychological Inquiry, 9*, 1-28.

Schnell, T. (2009). The sources of meaning and meaning in Life Questionnaire (SoMe): Relations to demographics and well-being. *The Journal of Positive Psychology, 6*(4), 483-499.

Sheeran, P. (2002). Intention-behavior relations: A conceptual and empirical review. In W. Stroebe & M. Hewston (Eds.), *European Review of Social*

*Psychology* (Vol. 12, pp. 1-36). London: Wiley.

Sheldon, K. M., & Elliott, A. J. (1998). Not all personal goals are personal: comparing autonomous and controlled reasons for goals as predictors of effort and attainment. *Personality and Social Psychology Bulletin, 24*, 546–557.

Sheldon, K. M., Ryan, R. M., Deci, E. L., & Kasser, T. (2004). The independent effects of goal contents and motives on well–being: It's both what you pursue and why you pursue it. *Personality and Social Psychology Bulletin, 30*(4), 475–486.

Spence, G. B., & Grant, A. M. (2007). Professional and peer life coaching and the enhancement of goal striving and well–being: An exploration study. *The Journal of Positive Psychology, 2*(3), 185–194.

Steger, M. F., Frazier, P., Oishi, S., & Kaler, M. (2006). The meaning in life questionnaire: Assessing the presence of and search for meaning in life. *Journal of Counseling Psychology, 53*(1), 80–91.

Stewart, J. L., Rowe, D. A., & LaLance, R. E. (2000). Reliability and validity evidence for the testwell: Wellness inventory–high school edition(TWI[HS]). *Measurement in Physical Education and Exercise Science, 4*(3), 157–173.

Tafarodi, R. W., Bonn, G., Liang, H., Takai, J., Moriizumi, S., Belhekar, V., & Padhye, A. (2012). What makes for a good life? A four–nation study. *Journal of Happiness Study, 13*, 783–800.

Tang, M., Wang, E., & Guerrien, A. (2020). A systematic review and meta–analysis on basic psychological need satisfaction, motivation, and well–being in later life: Contributions of self–determination theory. *PsyCh Journal, 9*, 5–33.

Van Vianen, A. E. M., Dalhoeven, B. A. G. W., & De Pater, I. E. (2011). Aging and training and development willingness: Employee and supervisor mindsets. *Journal of Organizational Behavir, 32*(2), 226–247.

Verplanken, B., & Aarts, H. (1999). Habit, attitude, and planned behavior: Is habit an empty construct or an interesting case of goal directed automaticity? *European Review of Social Psychology, 10*, 101–134.

Wasylyshyn, K. M., & Masterpasqua, F. (2018). Developing self–compassion in leadership developing coaching: A practice model and case study analysis. *International Coaching Psychology Review, 13*(1), 21– 34.

Webb, T. L., & Sheeran, P. (2006). Does changing behavioral intentions engender behavior change? A meta-analysis of the experimental evidence. *Psychological Bulletin, 132*(2), 249-268.

Witmer, J. M., & Sweeney, T. J. (1992). A holistic model for wellness and prevention over the life span. *Journal of Counseling & Development, 71*, 140-148.

Wood, W. (2019). 해빗 (Good habits, bad habits: The science of making positive changes that stick). (김윤재 역). 경기: 다산북스. (원저는 2019년에 출판).

Wood, W., Quinn, J. M., & Kashy, D. A. (2002). Habits in everyday life: Thought, emotion, and action. *Journal of Personality and Social Psychology, 48*, 1281-1297.

Wood, W., Tam, L., & Witt, M. G. (2005). Changing circumstances, disrupting habits. *Journal of Personality and Social Psychology, 88*, 918-933.

World Health Organization (1967). *Constitution of the World Health Organization.* Geneva, Switzerland.

Yang, J. W., Suh, C., Lee, C. K., Son, B. C. (2018). The work-life balance and psychosocial well-being of South Korean workers. *Annals of Occupational and Environmental Medicine, 30*, 1-7.

Zander, L. H. (2018). 어떻게 나로 살 것인가 (Maybe it's you). (김인수 역). 서울: 다산북스. (원서는 2018년에 출판).

Zandvoort, M. V., Irwin, J. D., & Morrow, D. (2009). The impact of Co-active Life Coaching on female university students with obesity. *International Journal of Evidence Based Coaching and Mentoring, 7*(1), 104-118.

Zessin, U., Dickhauser, O., & Garbade, S. (2015). The relationship between self-compassion and well-being: A meta-analysis. *Applied Psychology: Health and Well-Being, 7*(3), 340-364.

# 찾 | 아 | 보 | 기

저자
소개

탁진국(Jinkook Tak)

미국 Kansas State University 심리학박사

전   한국산업및조직심리학회장

한국코칭심리학회장

한국심리학회장

한국직무스트레스학회장

미국 Ohio State University 심리학과 방문교수

미국 Michigan State University 심리학과 방문교수

일본 나고야 대학교 심리학과 방문교수

광운대학교 교육대학원장

광운대학교 인문사회과학대학장

현   광운대학교 산업심리학과 코칭심리전공 교수 /

교육대학원 코칭심리전공 주임교수

# 라이프코칭
## Life Coaching

2022년 5월 20일 1판 1쇄 인쇄
2022년 5월 30일 1판 1쇄 발행

지은이 • 탁진국
펴낸이 • 김진환
펴낸곳 • (주) **학지사**
        04031 서울특별시 마포구 양화로 15길 20 마인드월드빌딩
대표전화 • 02)330-5114      팩스 • 02)324-2345
등록번호 • 제313-2006-000265호

홈페이지 • http://www.hakjisa.co.kr
페이스북 • https://www.facebook.com/hakjisabook

ISBN 978-89-997-2682-8 93180

정가 18,000원

### 출판미디어기업 **학지사**

간호보건의학출판 **학지사메디컬** www.hakjisamd.co.kr
심리검사연구소 **인싸이트** www.inpsyt.co.kr
학술논문서비스 **뉴논문** www.newnonmun.com
교육연수원 **카운피아** www.counpia.com